COMMERCE ET PROTECTION DU MILIEU MARIN

Situation et perspective du droit international, régional et national

TRADE AND MARINE ENVIRONMENTAL PROTECTION

Status and Perspective of International, Regional, and National Laws

COMMERCE ET PROTECTION DU MILIEU MARIN

Situation et perspective du droit international, régional et national

TRADE AND MARINE ENVIRONMENTAL PROTECTION

Status and Perspective of International, Regional, and National Laws

Sous la direction de / *Edited by*

Michel Trochu, Danielle Charles-Le Bihan,
Trinh Thi Thu Huong, Vu Kim Ngan, Nguyen Ngoc Ha

PUL

Presses de
l'Université Laval

Financé par le gouvernement du Canada
Funded by the Government of Canada | Canada

Nous remercions le Conseil des arts du Canada de son soutien.
We acknowledge the support of the Canada Council for the Arts.

Conseil des arts du Canada | Canada Council for the Arts

Les Presses de l'Université Laval reçoivent chaque année de la Société de développement des entreprises culturelles du Québec une aide financière pour l'ensemble de leur programme de publication.

SODEC
Québec

Catalogage avant publication de Bibliothèque et Archives nationales du Québec et Bibliothèque et Archives Canada

Titre : Commerce et protection du milieu marin : situation et perspective du droit international, régional et national / sous la direction de Michel Trochu, Danielle Charles-le-Bihan, Trinh Thi Thu Huong, Vu Kim Ngan, Nguyen Ngoc Ha = Trade and marine environmental protection : status and perspective of international, regional, and national laws / edited by Michel Trochu, Danielle Charles-le-Bihan, Trinh Thi Thu Huong, Vu Kim Ngan, Nguyen Ngoc Ha.

Autres titres : Trade and marine environmental protection

Noms : Commerce et protection du milieu marin : situation et perspective du droit international, régional et national (Colloque) (2023 : Hanoi, Viêt-nam), auteur. | Trochu, Michel, éditeur intellectuel. | Charles-Le Bihan, Danielle, éditeur intellectuel. | Trinh, Thi Thu Huong, éditeur intellectuel. | Vu, Kim Ngan, éditeur intellectuel. | Nguyen, Ngoc Ha, éditeur intellectuel.

Description : Actes du colloque Commerce et la protection du milieu marin : situation et perspective du droit international, régional et national, tenu à Hanoi, Viêt-nam, les 6 et 7 avril 2023. | Comprend des références bibliographiques. | Textes en français et en anglais.

Identifiants : Canadiana (livre imprimé) 20240027426F | Canadiana (livre numérique) 20240027434F | ISBN 9782766305599 | ISBN 9782766305605 (PDF) | ISBN 9782766305612 (EPUB)

Vedettes-matière : RVM : Développement durable—Viêt-nam—Congrès. | RVM : Pêches—Droit—Viêt-nam—Congrès. | RVM : Aide de l'État aux pêches—Droit—Congrès. | RVM : Énergies renouvelables—Viêt-nam—Congrès. | RVM : Développement durable—Coopération internationale—Congrès. | RVM : Accords commerciaux—Aspect de l'environnement—Congrès. | RVM : Conservation des ressources marines—Aspect économique—Congrès. | RVMGF : Actes de congrès.

Classification : LCC HC444.Z9 E5 2023 | CDD 333.91/6409597—dc23

Révision linguistique : Solange Deschênes et Mary Thaler
Mise en pages : Diane Trottier
Maquette de couverture : Laurie Patry

Imprimé au Canada
Dépôt légal 4e trimestre 2024

ISBN : 978-2-7663-0559-9
ISBN PDF : 9782766305605
ISBN ePub : 9782766305612

Les Presses de l'Université Laval
www.pulaval.com

Cet ouvrage réunit les contributions présentées dans le colloque international organisé par l'École supérieure de commerce extérieur (ESCE, Viet Nam), en partenariat avec l'Université de Tours et l'Université de Rennes 2 (France) et avec le soutien de l'Organisation mondiale du commerce dans le cadre de son WTO Chair Programme financé à l'ESCE les 6 et 7 avril 2023 à Ha Noi, Viet Nam.

This book includes the papers presented at the international conference on 6–7 April 2023, in Ha Noi, Viet Nam, organized by the Foreign Trade University (FTU), Viet Nam, in partnership with University of Tours and University of Rennes 2 (France), and with the support of the World Trade Organization (WTO) within the WTO Chairs Program funding for FTU.

Table des matières
Contents

1

APPROCHE UNIVERSELLE DES OUTILS DU DROIT INTERNATIONAL / A UNIVERSAL APPROACH BY TOOLS OF INTERNATIONAL LAW

2

APPROCHE RENFORCÉE DES OUTILS DU DROIT RÉGIONAL ET NATIONAL / A REINFORCED APPROACH BY TOOLS OF REGIONAL AND NATIONAL LAWS

CHAPTER 10

3

APPROCHE SPÉCIFIQUE FACE AUX MENACES PARTICULIÈRES ET PERSPECTIVES / A SPECIFIC APPROACH TO PARTICULAR THREATS AND PERSPECTIVES

CHAPTER 11

1

APPROCHE UNIVERSELLE DES OUTILS DU DROIT INTERNATIONAL

A UNIVERSAL APPROACH BY TOOLS OF INTERNATIONAL LAW

CHAPITRE 1

L'accord sur les subventions à la pêche de l'OMC

Un succès inachevé

Christian Vidal-León

RÉSUMÉ

L'Accord sur les subventions à la pêche (ASP) constitue un succès remarquable de la fonction négociatrice de l'Organisation mondiale du commerce (OMC). Le mandat de cette négociation remonte à la Conférence ministérielle de l'OMC tenue à Doha en 2001. Cependant, ce n'est qu'à partir de l'adoption de l'Objectif de développement durable (ODD) 14.6 par l'Assemblée générale de l'Organisation des Nations unies en 2015 que les membres de l'OMC se sont résolument affairés à négocier un accord basé sur des lignes directrices spécifiques figurant dans l'ODD 14.6. L'accord a finalement été conclu en juin 2022 lors de la 12e Conférence ministérielle de l'OMC. Il prohibe les subventions favorisant la pêche illicite, non déclarée et non réglementée (pêche INN) et contribuant à la surexploitation des ressources halieutiques. L'ASP prohibe également les subventions accordées pour se livrer à la pêche dans des eaux en dehors du champ de compétence d'un État ou d'une organisation ou d'un arrangement régional de gestion de la pêche. L'ASP contient en outre des obligations de faire preuve « d'un soin particulier » et « de modération » en lien avec les subventions accordées à des navires ne battant pas le pavillon du pays qui subventionne, ainsi qu'avec les subventions accordées pour se livrer à la pêche dans des pêcheries n'ayant pas été évaluées. L'ASP prévoit également des dispositions relatives au traitement spécial et différencié, y compris un « mécanisme de financement volontaire » et des obligations complexes en matière de notifications. Cependant, l'ASP reste un produit incomplet. Les membres de l'OMC n'ont pas été à même de se mettre d'accord sur la prohibition des subventions contribuant à la surcapacité et à la surpêche, bien que ces disciplines figurent dans le mandat de l'ODD 14.6. Les membres de l'OMC se sont accordé un délai de quatre ans à compter de l'entrée en vigueur de l'ASP pour tenter d'arriver à un accord sur cette discipline manquante, faute de quoi l'ensemble de l'ASP expirera. Vu la menace d'une éventuelle expiration de l'ASP, les membres de l'OMC s'attèlent à présent à négocier un accord d'ici la 13e Conférence ministérielle de l'OMC prévue pour 2024.

Mots clés : *Subventions à la pêche, Organisation mondiale du commerce, pêche INN, stocks surexploités, surcapacité, eaux litigieuses, ODD 14.6, gestion de la pêche*

Le 17 juin 2022, la 12e Conférence ministérielle de l'Organisation mondiale du commerce (OMC) a adopté l'Accord sur les subventions à la pêche (ASP). Vu la paralysie chronique que subit la fonction « législative » de l'OMC, l'ASP constitue l'un des rares accords passés depuis 1995.

Si les négociations dont l'ASP est issu se sont intensifiées depuis 2015, les préoccupations relatives aux effets des subventions sur la durabilité des ressources halieutiques remontent plusieurs années en arrière. Il convient de rappeler que l'industrie de la pêche en mer suit des règles économiques différentes de celles qui sont applicables à d'autres secteurs industriels. L'activité de la pêche en mer utilise donc une ressource commune, n'étant ni fabriquée ni cultivée, mais exploitée[1]. Cela signifie que les pêcheurs dépendent du cycle naturel de reproduction des poissons, de telle sorte que, si on ne lui permet pas de se reproduire, la ressource halieutique sera gravement menacée d'extinction. Toutefois, si certains pêcheurs décident de pêcher à grande échelle, d'autres pêcheurs en feront autant afin d'avoir accès plus rapidement aux ressources halieutiques[2]. Cela aurait pour effet de parvenir à un « nivellement par le bas », ce qui occasionnerait l'éventuelle disparition des poissons. Ce phénomène est connu en tant que « tragédie des biens communs[3] ».

1. H. S. Gordon, « The Economic Theory of a Common-Property Resource: The Fishery », *Journal of Political Economy*, 1954, vol. 62, p. 124-142.
2. Selon l'article 87.2 de la Convention sur le droit de la mer, tous les États parties jouissent de la « liberté de la pêche », tandis que l'article 116 du même traité prévoit que « [t]ous les États ont droit à ce que leurs ressortissants pêchent en haute mer ».
3. G. Hardin, « The Tragedy of the Commons », *New Series*, 1968, vol. 162, nº 3859, p. 1243-1248.

Pour inciter l'exploitation des ressources halieutiques en mer, les gouvernements sont tentés d'octroyer des subventions à leurs pêcheurs afin qu'ils puissent bénéficier d'une activité de la pêche plus performante. Le niveau annuel des subventions octroyées au secteur de la pêche s'est élevé à 35,4 milliards de dollars américains en 2018[4]. D'ailleurs, diverses études révèlent que, dans les pays membres de l'Organisation de coopération et de développement économiques (OCDE), le niveau de subventions ne cesse d'augmenter depuis 2010[5]. La Chine, quant à elle, semble être de loin le pays qui subventionne le plus, avec 21 pour cent des toutes les subventions à l'échelle mondiale[6].

Dans ce contexte, la pression exercée par les subventions rend l'activité de la pêche en mer de plus en plus intenable. D'une part, la durabilité des stocks est compromise par l'envie d'avoir accès à la ressource halieutique avant que les autres le fassent. D'autre part, plusieurs pays dépendent de cette ressource pour garantir leur sécurité alimentaire. Et, ici, il s'agit en particulier des pays africains ainsi que des pays-archipels dans les océans Indien et Pacifique. S'ils n'ont pas accès aux ressources halieutiques à cause des activités de pêche massives de certains pays – encouragées par l'octroi massif des subventions de grandes économies –, des crises alimentaires pourraient très aisément survenir.

C'est sur fond de ce problème que l'ASP fut négocié. Le but de cet article est de présenter un aperçu général de l'état de situation de l'ASP. Pour ce faire, cet article se divise en trois parties : premièrement, il explique la préoccupation internationale croissante à l'égard des effets nuisibles des subventions sur la durabilité de la pêche ; deuxièmement, il passe au crible l'accord tel qu'il a été adopté par la 12e Conférence ministérielle de l'OMC en juin 2022 ; finalement, on explique les raisons pour lesquelles l'ASP est un accord inachevé ainsi que les efforts actuels pour essayer de compléter la négociation de l'ensemble des disciplines figurant dans le mandat de négociation accordé à l'OMC.

---

4. U.R. Sumaila et collab., « Updated estimates and analysis of global fisheries subsidies », *Marine Policy*, 2019, vol. 109, p. 2.
5. D. Vivas-Eugui et collab., *Fisheries subsidies deal: Why we need it and how to implement it*, UNCTAD, 28 mai 2022, [En ligne], https://unctad.org/news/blog-fisheries-subsidies-deal-why-we-need-it-and-how-implement-it.
6. U.R. Sumaila et collab., *op. cit.*, note 5, p. 2.

1. LA PRÉOCCUPATION CROISSANTE DE LA COMMUNAUTÉ INTERNATIONALE À L'ÉGARD DES EFFETS DES SUBVENTIONS À LA PÊCHE SUR LA DURABILITÉ DES STOCKS HALIEUTIQUES

Jusqu'aux années 1950, la perception générale consistait à considérer les ressources halieutiques comme étant infinies[7]. Or, la recherche scientifique s'est aperçue que les stocks de poissons ont, au fil des décennies, progressivement diminué, ce qui a tiré la sonnette d'alarme de plusieurs organisations chargées du développement durable. Les années qui s'ensuivirent ont vu survenir des épisodes catastrophiques dans les pêcheries de plusieurs pays, comme l'illustre l'effondrement des stocks de la morue du Nord dans la province canadienne de Terre-Neuve vers la fin des années 1980[8].

Il était donc devenu évident que l'activité économique de la pêche était à l'origine de la surpêche de plusieurs stocks. Ainsi, plusieurs études publiées dans les années 1990 montrent un lien néfaste entre l'activité économique favorisant la surpêche et les subventions octroyées par des gouvernements. Dans ce contexte de prise de conscience progressive, on peut retracer l'origine de la réglementation internationale de la pêche à la réunion du Comité des pêches de l'Organisation des Nations unies pour l'alimentation et l'agriculture (FAO: Food and Agriculture Organization) de 1991, laquelle a demandé aux membres de cette organisation de créer des concepts dans le but de garantir la durabilité des pêcheries[9]. Une année plus tard, la Conférence internationale sur la pêche responsable tenue à Cancún en 1992 a demandé à la FAO de préparer un code de conduite sur la pêche responsable[10], lequel a finalement été publié en 1995[11]. La même année, la FAO a publié un rapport intitulé *Pêches maritimes et droit de la mer: 10 ans de*

7. U. R. Sumaila, *Infinity Fish: Economics and the Future of Fish and Fisheries*, Elsevier: London, 2022, p. 1-5; W. F. Royce, *Historical Development of Fisheries Science and Management*, NOAA Fisheries, [En ligne], https://www.fisheries.noaa.gov/new-england-mid-atlantic/about-us/historical-development-fisheries-science-and-management.
8. C. Walters et J.J. Maguire, « Lessons for stock assessment from the northern cod collapse », *Reviews in Fish Biology and Fisheries*, 1996, vol. 6, p. 125-137; R. A. Myers et collab., « Why do Fish Stocks Collapse? The Example of Cod in Atlantic Canada », *Ecological Applications*, 1997, vol. 7, n° 1, p. 91-106.
9. Organisation des Nations unies pour l'alimentation et l'agriculture, *Rapport de la dix-neuvième session du Comité des pêches*, n° 459, Rome, 8-12 avril 1991, par. 31-53.
10. *Declaration of Cancún; Report on the International Conference on Responsible Fishing*, Cancún, Mexico, 6-8 May 1992, par. I.
11. Organisation des Nations unies pour l'alimentation et l'agriculture, *Qu'est-ce que le Code de conduite pour une pêche responsable ?*, Rome, 2001, p. 1-14.

mutations montrant les effets nuisibles des subventions sur les stocks de poissons[12]. Ce rapport marque selon toute vraisemblance la première fois qu'une organisation internationale lie les subventions à la surcapacité et à la surpêche.

En 1998, l'organisation régionale chargée de la préservation des ressources halieutiques autour de l'Antarctique a, pour la première fois, fait usage de l'expression pêche illicite, non déclarée et non réglementée (pêche INN) comme un fléau global à combattre. Cela a déclenché tout un débat international sur la pertinence de créer des règles à l'échelle internationale afin de lutter contre la pêche INN. Dans cet ordre d'idées, la FAO a publié en 2001 le *Plan d'action international visant à prévenir, à contrecarrer et à éliminer la pêche illicite, non déclarée et non réglementée* (Plan d'action sur la pêche INN[13]).

Les discussions sur la durabilité des ressources halieutiques ont finalement fait leur entrée à l'OMC lors de la Conférence ministérielle de l'OMC tenue à Doha en novembre 2001. Là, il a été décidé que les membres de l'OMC allaient démarrer des négociations afin d'« améliorer les disciplines de l'OMC concernant les subventions aux pêcheries » sous l'angle de la protection à l'environnement[14]. Quatre ans plus tard, la Conférence ministérielle de l'OMC tenue à Hong Kong a fourni plus de précisions sur les aspects spécifiques à couvrir lors des négociations sur les subventions à la pêche en faisant allusion à la surcapacité et à la surpêche[15]. Sur cette base, le Groupe de négociation sur les règles de l'OMC a par la suite entrepris des

12. *Pêches maritimes et droit de la mer : 10 ans de mutations ; chapitre spécial (révisé) de* La situation mondiale de l'alimentations et de l'agriculture 1992, FAO, circulaire sur les pêches, nº 853, p. 32.

13. *Plan d'action international visant à prévenir, à contrecarrer et à éliminer la pêche illicite, non déclarée et non réglementée,* [En ligne], https://www.fao.org/3/y1224f/Y1224F.pdf.

14. *Déclaration ministérielle, adoptée le 14 novembre 2001,* WT/MIN(01)/DEC/1, 20 novembre 2002, par. 28 et 31. L'intérêt de l'OMC sur les effets des subventions sur les stocks de poissons tire son origine des communications des États-Unis et de la Nouvelle-Zélande datées des 19 et 21 mai 1997, respectivement. Les États-Unis ont expliqué que « [l]es subventions encouragent la surpêche et l'épuisement de la ressource » halieutique et qu'« elles faussent les échanges et nuisent à l'efficience de la production ». (*Les avantages environnementaux et commerciaux de la suppression des subventions dans le secteur des pêches,* communication des États-Unis, WT/CTE/W/51, 19 mai 1996, p. 1). La Nouvelle-Zélande a, pour sa part, fourni des études montrant que « [l]e subventionnement de la pêche détruit l'environnement marin, porte préjudice aux intérêts de certains pays en développement et contribue à empêcher certains pays de financer leur développement durable » (*Point 6 : Le secteur des pêches,* communication de la Nouvelle-Zélande, WT/CTE/W/52, 21 mai 1997, par. 17).

15. *Déclaration ministérielle adoptée le 18 décembre 2005,* WT/MIN(05)/DEC, annexe D, par. 9.

discussions. Cependant, bien qu'une proposition d'accord ait été présentée par le président de ce groupe[16], les membres de l'OMC ne sont pas, à l'époque, parvenus à passer un accord. Ces négociations ont ainsi été abandonnées dans les années qui ont suivi.

En 2015, les membres de l'OMC ont donné un nouveau souffle à la négociation des disciplines sur les subventions à la pêche. Ce nouvel élan a tiré son origine d'une résolution de l'Assemblée générale des Nations unies contenant de nombreux « objectifs de développement durable » (ODD). Parmi ceux-ci, l'ODD 14.6 se lit comme suit :

> D'ici 2020, interdire les subventions à la pêche qui contribuent à la surcapacité et à la surpêche, supprimer celles qui favorisent la pêche illicite, non déclarée et non réglementée et s'abstenir d'en accorder de nouvelles, sachant que l'octroi d'un traitement spécial et différencié efficace et approprié aux pays en développement et aux pays les moins avancés doit faire partie intégrante des négociations sur les subventions à la pêche menées dans le cadre de l'Organisation mondiale du commerce[17].

Le mandat conféré par l'ODD 14.6 était de négocier trois types de subventions prohibées : celles favorisant la pêche INN, celles contribuant à la surcapacité et celles contribuant à la surpêche. Ces disciplines devaient être négociées en tenant compte du principe du traitement spécial et différencié (TSD) dont les pays en développement bénéficient à l'OMC.

Il convient de rappeler que l'OMC a déjà un accord portant sur les subventions et les mesures compensatoires (l'accord SMC), lequel réglemente les effets commerciaux et économiques des subventions. En revanche, l'ASP est un accord visant à protéger la durabilité des stocks de poissons. L'OMC étant une organisation à caractère strictement commercial, on peut se demander pourquoi l'ONU a confié à l'OMC la conclusion d'un accord portant sur la durabilité des stocks halieutiques. D'autres organisations, telles que la FAO, étaient probablement mieux placées pour discuter des effets nuisibles des subventions sur la durabilité de l'activité de la pêche en mer. Quoi qu'il en soit, comme nous l'avons expliqué plus haut, l'OMC s'était déjà intéressée à la question des subventions à la pêche d'un point de vue de la durabilité des stocks halieutiques depuis sa conférence ministérielle tenue à Doha en 2001.

---

16. *Projets de texte récapitulatifs des Accords antidumping et SMC présentés par le président*, TN/RL/W/213, 30 novembre 2007, p. 94-101.
17. *Transformer notre monde : le Programme de développement durable à l'horizon 2030, résolution adoptée par l'Assemblée générale de 25 septembre 2015*, Soixante-dixième session de l'Assemblée générale des Nations unies, A/RES/01, 21 octobre 2015, p. 26.

Pour donner suite à l'ODD 14.6, les négociateurs de l'OMC se sont très rapidement attelés à négocier un accord. À en juger par le nombre de propositions déposées entre 2016 et 2017, on peut très aisément constater l'enthousiasme de plusieurs délégations basées à Genève pour ce sujet[18]. Le but semblait être d'arriver avec un accord à la Conférence ministérielle prévue pour décembre 2017 à Buenos Aires. Ces efforts se sont avérés trop ambitieux, en raison des divergences importantes entre les membres de l'OMC. Au lieu de parvenir à un accord, la Conférence ministérielle de l'OMC a passé une décision contenant le même mandat figurant dans l'ODD 14.6[19].

Cependant, la décision ministérielle de Buenos Aires a eu pour effet d'entériner le mandat de l'ONU de passer un accord sur les subventions à la pêche. La date butoir était 2020. Cela signifiait que l'accord devrait être passé lors de la Conférence ministérielle prévue pour l'été 2020 au Kazakhstan. On ne saura jamais si la conclusion d'un tel accord aurait été possible avant la date prévue. Mais, en mars 2020, la pandémie de la COVID-19 a frappé le monde entier et l'OMC s'est vue contrainte de repousser la tenue de la Conférence ministérielle jusqu'à nouvel ordre[20]. La Conférence ministérielle a par la suite été organisée pour la fin de novembre 2021 à Genève. Cependant, trois jours avant son début, la nouvelle variante *omicron* a été diagnostiquée en Afrique australe, ce qui a forcé l'annulation de déplacements aériens. La Conférence ministérielle a encore une fois été reportée à une nouvelle date à définir ultérieurement[21].

La directrice générale de l'OMC, Mme Ngozi Okonjo-Iweala, et le président du Groupe de négociation sur les règles, l'ambassadeur Santiago Wills, ne se sont pas laissés abattre. Ils ont continué à s'engager avec les membres de l'OMC pour parvenir à un accord à la Conférence ministérielle finalement tenue à Genève en juin 2022. Comme il sera expliqué plus bas, des divergences importantes ont émergé tout au long de la semaine de cette conférence ministérielle. Malgré celles-ci, les membres de l'OMC ont été à même de passer un accord assez complexe et ambitieux. Il convient de noter que l'adoption de l'ASP par la Conférence ministérielle ne signifie pas que l'accord négocié faisait déjà partie des accords de l'OMC. Son entrée en vigueur est

---

18. *Subventions à la pêche: matrice de la compilation des propositions de textes reçues à ce jour – Introduction par le président*, TN/RL/W/273, 28 juillet 2017.

19. *Subventions à la pêche: décision ministérielle du 13 décembre 2017*, WT/MIN(17)/64, WT/L/1031, 18 décembre 2017.

20. *Les membres de l'OMC examinent l'offre du Kazakhstan d'accueillir la douzième Conférence ministérielle en juin 2021*, Conseil général de l'OMC, 29 mai 2020, [En ligne], https://www.wto.org/french/news_f/news20_f/gc_29may20_f.htm.

21. *Le Conseil général décide de reporter la CM12 sine die*, 26 novembre 2021, [En ligne], https://www.wto.org/french/news_f/news21_f/mc12_26nov21_f.htm.

fonction de la ratification d'au moins deux tiers des membres de l'OMC (c'est-à-dire 111 membres)[22].

2. LA STRUCTURE ET LES OBLIGATIONS DE BASE DE L'ASP

L'ASP est un accord bref ne contenant que 12 articles. Dans sa structure, cet accord prévoit une série d'obligations basées sur le mandat accordé tant par l'ODD 14.6 que par la Décision ministérielle de Buenos Aires susmentionnés. Pour mieux comprendre les disciplines de fond de l'ASP, il convient de diviser en deux l'analyse des subventions à la pêche visées : le champ d'application de cet accord et les conditions pour qu'une subvention soit prohibée.

En ce qui concerne le champ d'application de l'ASP, celui qui est prévu dans son article premier s'étend à toutes les « subventions », telles qu'elles sont définies dans l'article 1.1 de l'accord SMC – c'est-à-dire une contribution financière accordée par les pouvoirs publics qui confère un avantage. De plus, ces subventions doivent être spécifiques au titre de l'article 2 du même accord, ce qui peut être en droit, en fait, du fait du caractère régional ou une spécificité réputée lorsqu'une subvention est « prohibée » au titre de l'article 3 de l'accord SMC[23]. Bien entendu, le but de cette étude n'est pas de passer en revue les disciplines de l'accord SMC[24]. Cependant, on peut noter à ce stade que la détermination de ce qui constitue une « subvention spécifique » requiert en soi une analyse poussée sur le plan à la fois interprétatif et factuel.

Par ailleurs, l'ASP ne s'applique qu'à la pêche « en mer », et non pas à la pêche dans les eaux intérieures. De ce fait, l'aquaculture (quel que soit l'endroit où elle a lieu) et la pêche continentale sont exclues du champ d'application de l'ASP. Dès lors, pour déterminer s'il s'agit de pêche en mer

---

22. Au moment où cet article est rédigé (1er novembre 2024), 86 membres de l'OMC (y compris l'Union européenne au nom de ses 27 membres) ont déjà notifié à l'OMC leurs ratifications de l'ASP.

23. L'article 3 de l'accord SMC prévoit la prohibition des subventions lorsqu'elles seront subordonnées aux résultats à l'exportation ou à l'utilisation de produits nationaux de préférence à des produits importés.

24. Pour une analyse de la définition de « subvention » et de la « spécificité », voir G. Luengo, *Regulation of Subsidies and State Aids in WTO and EC Law*, Kluwer Law International: Alphen aan den Rijn, 2007, p. 97-142; D. Coppens, *WTO Disciplines on Subsidies and Countervailing Measures*, Cambridge University Press: Cambridge, 2014, p. 39-115; W. Müller, *WTO Agreement on Subsidies and Countervailing Measures*, Cambridge University Press: Cambridge, 2017, p. 61-198; et L. Rubini, *The Definition of Subsidy and State Aid: WTO and EC Law in Comparative Perspective*, Oxford University Press: Oxford, 2009, p. 90-380.

ou de pêche continentale, il est nécessaire de prendre en compte les « lignes de base » telles qu'elles sont expliquées par la Convention sur le droit de la mer[25]. C'est à partir de la ligne de base que l'on peut mesurer la largeur de la mer territoriale et, par conséquent, que la pêche continentale au titre de l'article premier de l'ASP aura lieu[26].

En ce qui concerne les disciplines spécifiques, l'ASP a trait aux subventions concernant la pêche INN (article 3), les subventions concernant les stocks surexploités (article 4) et les « autres subventions » (article 5). En outre, il contient des dispositions relatives au traitement spécial et différencié, à la notification et au rapport entre l'ASP et d'autres branches de droit international.

2.1 Les subventions concernant la pêche INN

La première discipline, énoncée dans l'article 3.1 de l'ASP, prévoit la prohibition des subventions à « un navire ou à un opérateur pratiquant la pêche [INN] ou des activités liées à la pêche soutenant la pêche INN ». Jusque-là, l'obligation est facile à comprendre. Cependant, il existe des complexités dans l'application de cette prohibition. En premier lieu, l'existence d'une détermination « finale » de pêche INN à l'égard d'un navire ou d'un opérateur est une condition préalable. L'article 3.2 aborde cette question en éclaircissant qui peut effectuer une telle détermination : un membre côtier pour des activités pratiquées dans des zones relevant de son champ de compétence ; un État du pavillon pour des activités pratiquées par des navires battant son pavillon ; ou une organisation ou un arrangement régional de gestion de la pêche (O/ARGP) dans les zones et pour les espèces relevant de sa compétence – habituellement en haute mer.

Lorsque la détermination de pêche est prise par le *membre côtier*, celle-ci doit remplir certaines conditions, telles que 1) la notification à l'État du pavillon du fait que le navire ou l'opérateur a été temporairement détenu dans l'attente d'une enquête ; 2) la possibilité d'échanger des renseignements pertinents avec l'État du pavillon ; et 3) la notification de la détermination finale. Ces conditions cherchent à garantir la régularité de la procédure en s'assurant que la détermination de pêche INN prise par l'État côtier n'est pas

25. Selon la Convention sur le droit de la mer, les lignes de base peuvent être « normales » (art. 5), récifs (art. 6) ou « droites » (art. 7). L'article 8 dispose que les eaux intérieures « se situ[ent] en deçà de la ligne de base de la mer territoriale ». Voir également Y. Tanaka, *The International Law of the Sea*, Cambridge University Press : Cambridge, 2012, p. 43-62 ; et C. Lathrop, « Baselines » dans D. Rothwell et collab., *The Oxford Handbook of the Law of the Sea*, Oxford University Press : Oxford, 2017, p. 69-90.

26. Voir l'article 5 de la Convention sur le droit de la mer.

arbitraire[27]. Il convient de faire ressortir que ces conditions liées à la procédure usuelle ne trouvent pas à s'appliquer lorsque la détermination de pêche INN n'est prise ni par l'État du pavillon ni par une O/ARGP.

2.2 Subventions concernant les stocks surexploités

La deuxième discipline, prévue dans l'article 4.1, se rapporte à la prohibition des subventions concernant les stocks surexploités. La question se pose de savoir ce que l'on entend par « stocks surexploités ». En ce sens, l'article 4.2 explique qu'un stock de poissons est surexploité « s'il est reconnu comme tel par le membre côtier du territoire où la pêche a lieu ou par une ORGP/un ARGP pertinent dans les zones et pour les espèces relevant de sa compétence ».

À l'instar de la discipline relative à la pêche INN, la prohibition des subventions liées aux stocks surexploités exige préalablement une détermination qu'un stock est surexploité prise par un membre côtier ou par une O/ARGP. Cette détermination doit reposer sur les « meilleures preuves scientifiques » à la disposition du membre ou de l'O/ARGP concerné[28].

Par ailleurs, la prohibition des subventions liées aux stocks surexploités peut être neutralisée si le membre concerné met en œuvre des subventions ou d'autres mesures tendant à reconstituer le stock à un « niveau biologiquement durable[29] ». Cela signifie donc que les « bonnes » subventions – qui cherchent à inciter une pêche durable en soutenant de meilleures pratiques de pêche pour maintenir ou inciter la récupération des stocks – ne sont pas prohibées alors même que le bénéficiaire se livre à des activités de pêche dans une pêcherie surexploitée[30]. En outre, un membre peut adopter des mesures autres que des subventions pour maintenir ou inciter la

27. Dans des projets d'accord précédents, il existait une référence explicite à la « procédure régulière » (voir *Projet de texte récapitulatif révisé du président*, TN/RL/W/276/Rev.1, 30 juin 2021). Cependant, le texte final ne mentionne pas ce concept et, en échange, se cantonne à énumérer les aspects précis nécessaires pour que la constatation finale de l'État côtier puisse déclencher l'obligation de supprimer une subvention.

28. Les membres de l'OMC ne sont pas tenus de mener des analyses de l'état du stock sur la base de preuves scientifiques dont ils ne disposent pas quand bien même elles sont disponibles à d'autres membres.

29. La note de bas de page 11 de l'ASP fournit des éléments pour déterminer si un stock est reconstitué « à un niveau biologiquement durable ».

30. Pour une explication des subventions « bonnes », « mauvaises » et « laides », voir D. Pauly, « Fisheries subsidies: the Good, the Bad and the Ugly », *El Anzuelo: European Newsletter on Fisheries and the Environment*, 2006, p. 7; et U.R. Sumaila et collab., « Fisheries subsidies and potential catch loss in SIDS Exclusive Economic Zones: food security implications », *Environmental and Development Economics*, 2013, vol. 18, n° 4, p. 427-439.

récupération des stocks, telles que la mise en œuvre de totaux admissibles de captures, ou la fermeture saisonnière de l'activité de la pêche. Dans ce cas, les subventions qui seraient habituellement prohibées au sens de l'article 4.1 seraient néanmoins autorisées.

2.3 « Autres subventions »

L'article 5 est intitulé « Autres subventions ». L'article 5.1 interdit les subventions octroyées aux navires ou opérateurs se livrant à des activités de la pêche dans des eaux non réglementées – c'est-à-dire des eaux en dehors de la juridiction des États et des O/ARGP. Étant donné qu'il n'existe pas de réglementation dans ces eaux, personne ne s'assure de la durabilité et toute activité peut potentiellement porter atteinte à la durabilité des stocks s'y trouvant. Cette disposition adopte ainsi le principe de précaution.

Par ailleurs, l'article 5.2 ne contient pas une prohibition des subventions en tant que telle. En revanche, elle exige une obligation de faire preuve « d'un soin particulier » et « de modération » lorsqu'un membre de l'OMC accordera des « subventions à des navires ne battant pas son pavillon ». Il convient de s'attarder à deux aspects de cette disposition. Premièrement, la portée juridique précise de l'obligation de faire preuve « d'un soin particulier » et « de modération » n'est pas claire. Constitue-t-elle une obligation de retenue ? Ou est-elle une obligation de soupeser les éventuels effets de la subvention avant de l'accorder ?

Secondement, le but de l'article 5.2 peut être trouvé dans les travaux préparatoires de l'ASP. Les membres l'ayant proposé ont évoqué le problème des « pavillons de complaisance » – c'est-à-dire l'enregistrement des navires étrangers sous le pavillon des pays qui n'appliquent aucun contrôle sur leurs activités en mer[31]. L'interdiction de la pratique des pavillons de complaisance outrepassait le mandat de l'ASP. Toutefois, les membres ont tenté d'aborder ce fléau en ajoutant l'article 5.2 dans le but d'éviter des subventions aux navires ne battant pas le pavillon du membre qui les octroie. Par exemple, à supposer qu'un navire soit en réalité de la nationalité du pays X, mais que, pour se dérober aux obligations découlant de la législation de ce pays liée à la durabilité des stocks de poissons, son opérateur demande l'enregistrement de ce navire (et la nationalité) du pays Y, lequel n'exerce pas de contrôle sur les navires battant son pavillon.

---

31. *Prohiber les subventions aux navires de pêche ne battant pas pavillon du Membre; communication présentée par l'Argentine, l'Australie, les États-Unis, l'Indonésie, le Japon, la Nouvelle-Zélande et l'Uruguay*, TN/RL/GEN/201/Rev.1, 2 décembre 2019, p. 1.

La pratique relative aux pavillons de complaisance est interdite par l'article 94 de la Convention sur le droit de la mer, intitulé « Obligations de l'État du pavillon ». L'article 5.2 de l'ASP cherche donc à contribuer à la lutte contre ce fléau en imposant l'obligation au pays X de faire preuve « d'un soin particulier » et « de modération » lorsqu'il accordera des subventions à ce navire ne battant pas son pavillon – dans l'exemple, les navires battant le pavillon de pays Y.

Finalement, l'article 5.3 contient une obligation de faire preuve « d'un soin particulier » et « de modération » lorsqu'un membre accordera des subventions liées à des activités de la pêche « concernant des stocks dont l'état n'est pas connu ». Cette proposition européenne applique également le principe de précaution en portant un soin particulier en l'absence d'une connaissance précise de la situation du stock de poissons concerné[32].

Ainsi, les articles 3, 4 et 5 précités contiennent toutes les obligations de fond de l'ASP. À ce stade, on se rappellera que le mandat conféré par l'ODD 14.6 et par la décision de la Conférence ministérielle de l'OMC de 2017 faisait également allusion aux disciplines liées à la surcapacité. Cependant, ces disciplines ne figurent pas dans le texte final adopté de l'ASP. On expliquera plus loin la raison et les conséquences de ne pas avoir pu arriver à un accord sur les subventions contribuant à la surcapacité.

2.4 Les obligations de notification

L'article 8 de l'ASP énonce des obligations liées à la notification d'un nombre d'éléments concernant la pêche. S'il est constant que les accords de l'OMC incluent des dispositions portant sur la notification, l'article 8 de l'ASP est sans doute un des plus ambitieux de son genre. Ces obligations peuvent être divisées en trois types de notifications. Premièrement, l'article 8 exige que les membres de l'OMC notifient, tous les deux ans, le type ou la nature de l'activité de pêche pour laquelle une subvention est accordée.

Deuxièmement, l'article 8 prescrit que, « dans la mesure du possible », les membres notifient 1) l'état des stocks de poissons dans la pêcherie pour laquelle la subvention est accordée, ainsi que les points de référence utilisés pour mesurer ledit état ; 2) les mesures de conservation et de gestion adoptées en rapport avec ce stock ; 3) la capacité de la flotte dans la pêcherie

32. *Progresser vers un résultat multilatéral sur les subventions à la pêche dans le cadre de l'OMC; Communication de l'Union européenne*, TN/RL/GEN/181/Rev.1, 6 juillet 2017. En particulier, l'UE a proposé le texte suivant : « [e]n l'absence de données suffisantes pour établir une [...] détermination [qu'un stock est surexploité], il sera présumé que le stock est surexploité. »

concernée ; 4) le nom et le numéro d'identification des navires bénéficiaires de la subvention; et 5) les données sur les captures par espèce dans la pêcherie concernée par la subvention.

Troisièmement, les membres de l'OMC sont dans l'obligation de notifier les déterminations de pêche INN, les mesures prises pour mettre en œuvre les disciplines prévues dans les articles 3, 4 et 5 de l'ASP, une description de leur régime juridique de pêche et les O/ARGP dont ils sont membres.

Ces obligations s'ajoutent aux obligations de notification des subventions spécifiques déjà prévues dans l'article 25 de l'accord SMC. Il en ressort donc que les obligations pesant sur les membres en rapport avec la notification sont complexes et revêtent une importance particulière dans le cadre de l'ASP. Cela tient au fait que la notification des éléments prévus dans l'article 8 s'avère essentielle pour le contrôle des subventions et d'autres mesures ayant un effet, positif ou négatif, sur l'état des stocks. En d'autres termes, le respect des obligations prévues dans l'article 8 de l'ASP est essentiel pour que l'ensemble des disciplines figurant dans cet accord puisse aboutir à son but principal d'empêcher, autant que faire se peut, que les subventions nuisent à l'état des stocks de poissons.

2.5 Le traitement spécial et différencié

L'ASP contient également certaines dispositions relatives au TSD. Dans le cadre de la pêche INN et des stocks surexploités, les articles 3.8 et 4.4 accordent aux pays en développement une exemption, de deux ans, de l'application de la prohibition des subventions au titre des articles 3.1 et 4.1 en lien avec les subventions octroyées pour les activités de pêche « dans et jusqu'à la [zone économique exclusive] ».

En ce qui concerne les pays les moins avancés (PMA), l'article 6 prescrit en outre que les membres de l'OMC « fer[ont] preuve de modération lorsqu'il[s] soulèver[ont] des questions concernant un PMA ». Ici, on revient à la formule rédactionnelle de « faire preuve de modération », laquelle ne semble pas à première vue être précise. Cela étant, la même formule figurant dans l'article 24 du Mémorandum d'accord sur les règles et procédures régissant le règlement des différends (DSU : Dispute Settlement Understanding) s'applique dans la pratique comme empêchant toute action contre un PMA dans le cadre du système de règlement des différends de l'OMC[33]. On

33. D. Palmeter et collab., *Dispute Settlement in the World Trade Organization; Practice and Procedure*, 3e éd., Cambridge University Press: Cambridge, 2022, p. 249; et OMC, *Guide sur le système de règlement des différends de l'OMC; présenté par la Division des*

pourrait tirer la même conclusion au sujet de l'article 6 de l'ASP, en ce sens que les membres devront faire preuve de retenue en contestant des subventions accordées par des PMA.

Finalement, l'article 7 de l'ASP prévoit un « mécanisme de financement volontaire » en coopération avec la FAO et le Fonds international de développement agricole. Certes, l'article 7 éclaircit que la contribution n'est que volontaire et que ce fonds sera détaché du budget ordinaire de l'OMC. Cependant, le Secrétariat de l'OMC a rapidement réagi à cette disposition en mettant en place un mécanisme administratif pour gérer les contributions faites par les membres de l'OMC et par des institutions internationales[34]. À ce jour, certains membres ont déjà annoncé leur volonté d'y contribuer[35].

2.6 Le rapport entre l'ASP et le droit de la mer

L'ASP est un accord multidisciplinaire qui relie plusieurs domaines. Ainsi, il contient des aspects relatifs au droit de l'OMC en ce qui concerne la détermination d'une subvention spécifique. Le droit de la mer, et plus spécifiquement de la gestion des pêcheries, est en outre une branche de droit international fortement liée à l'ASP.

Ainsi, plusieurs membres de l'OMC ont exprimé leur préoccupation quant à l'utilisation potentielle de l'ASP pour interpréter ou définir des règles prévues dans d'autres sources de droit international. Pour éviter de faire usage de l'ASP à ces fins, l'article 11.3 dispose que cet accord ne pourra être ni « interprété ni appliqué d'une manière qui portera préjudice à la juridiction, aux droits et obligations des Membres, découlant du droit international,

affaires juridiques et la Division des règles du Secrétariat de l'OMC, ainsi que le Secrétariat de l'Organe d'appel (2e édition), Genève, 2018, p. 212-213.

34. *Subventions à la pêche – Établissement d'un « mécanisme de financement de l'OMC pour financer l'assistance technique et le renforcement des capacités à l'appui de la mise en œuvre des nouvelles disciplines de l'OMC concernant les subventions à la pêche » (« Mécanisme de financement de l'OMC sur la pêche ») ; Communication de la présidente du Comité des négociations commerciales et du président du Groupe de négociation sur les règles. Note conceptuelle*, TN/C/21/rev.2, 1er septembre 2022.

35. *Le Japon est le premier donateur au Mécanisme de financement de l'OMC sur la pêche*, communiqué de presse, PRESS/918, 8 février 2023 ; *Le Canada verse 1,4 million de CAD au Mécanisme de financement de l'OMC sur la pêche*, communiqué de presse, PRESS/924, 21 avril 2023 ; *L'Australie verse 2 millions d'AUD au Mécanisme de financement de l'OMC sur la pêche*, communiqué de presse, PRESS/927, 7 juin 2023 ; *Les Pays-Bas versent 1 million d'EUR au Mécanisme de financement de l'OMC sur la pêche*, communiqué de presse, PRESS/928, 16 juin 2023 ; et *La France s'engage à verser 1 million d'EUR au Mécanisme de financement de l'OMC sur la pêche*, communiqué de presse, PRESS/929, 23 juin 2023.

y compris le droit de la mer». Cette disposition comprend également les règles et procédures des O/ARGP.

L'éclaircissement énoncé dans l'article 11.3 s'avère important étant donné que, par exemple, plusieurs membres de l'OMC ne sont pas parties à la Convention sur le droit de la mer. Les références dans l'ASP à des concepts provenant de cette convention ne peuvent donc être interprétées comme reflétant une acceptation tacite de la part des pays qui n'y sont pas parties. L'éclaircissement de l'article 11.3 est d'autant plus important vu l'approche de la Cour internationale de justice, qui estime qu'un grand nombre de dispositions de la Convention sur le droit de la mer constituent du droit coutumier, indépendamment du fait qu'un pays soit partie à ladite convention[36]. Dès lors, l'article 11.3 s'assure d'éclaircir que l'ASP n'a pas pour vocation de définir ou d'interpréter des règles de droit international étrangères au cadre juridique de l'OMC.

Par ailleurs, l'article 11.2 a) établit une règle au sujet du règlement des différends lorsqu'une partie à un contentieux allègue que le groupe spécial doit forcément aborder une question relative aux droits des membres sur des «eaux litigieuses». On suppose que les membres A et B revendiquent leur souveraineté sur les mêmes eaux, si bien que l'on peut parler d'«eaux litigieuses».

Dans ce contexte, on suppose encore que le membre A prend une détermination de pêche INN sur ces eaux à l'égard d'un navire battant le pavillon du membre B et demande au gouvernement de ce dernier de supprimer toute subvention conformément à l'article 3.1 de l'ASP. Le membre B répond que le membre A a pris la détermination de pêche INN évoquée en dehors de sa juridiction et, de ce fait, celle-ci ne peut déclencher la prohibition de la subvention énoncée dans l'article 3.1. Vu la réponse négative du membre B, le membre A porte plainte devant l'Organe de règlement des différends de l'OMC et un groupe spécial est établi pour entendre le différend. Finalement, on suppose que le membre B envoie une communication au groupe spécial expliquant que, dans son analyse de la question de savoir si la subvention en cause est prohibée, le groupe spécial devra par la force de choses se pencher sur le point de savoir si le membre A a autorité sur les eaux litigieuses en détriment du membre B.

36. *Violations alléguées de droits souverains et d'espace maritimes (Nicaragua v. Colombie)*, arrêt de 21 avril 2022, para. 57, où la Cour international de justice ont fait observer que «[p]lusieurs articles de la CNUDM, notamment les articles 56, 58, 61, 62 et 73, reflètent les règles coutumières relatives aux droits et aux obligations de l'État côtier et des autres États dans la zone économique exclusive».

Dans cette situation, l'article 11.2 a) permet à un membre de demander à un groupe spécial d'arrêter son travail dès qu'un membre lui indiquera que son analyse requiert de statuer sur les droits souverains liés aux eaux litigieuses. L'OMC n'étant pas le forum approprié pour aborder ce type de question, un groupe spécial ne peut statuer, même comme une question incidentelle, sur le point de savoir si un membre exerce juridiction sur des eaux litigieuses.

À l'origine, l'article 11.2 a) de l'ASP a été proposé par la Chine[37]. Si, à l'époque, cette proposition a été critiquée par plusieurs membres comme étant une tentative de diminuer l'efficacité de l'ensemble de l'ASP[38], les membres de l'OMC ont progressivement réalisé la nécessité de maintenir les débats liés à la souveraineté sur les eaux litigieuses en dehors du cadre de l'OMC. Cette approche est, selon toute vraisemblance, sage si l'on veut préserver l'intégrité de l'OMC comme une organisation à caractère commercial.

3. L'ASP: UN ACCORD INACHEVÉ

Même si l'ASP reflète le résultat des efforts inouïs de plusieurs personnes et institutions, il reste un accord inachevé. Comme nous l'avons expliqué plus haut, le mandat conféré par l'ODD 14.6 et par la décision de la Conférence ministérielle de l'OMC de 2017 prévoit trois types de disciplines à aborder lors des négociations. Cependant, une de ces disciplines – à savoir, la surcapacité – ne figure toujours pas dans l'ASP.

La discipline relative à la surcapacité était largement discutée par le Groupe de négociation sur les règles de l'OMC. Le document TN/RL/W/274/Rev.2, présenté à la Conférence ministérielle tenue à Buenos Aires en 2017, contenait déjà des propositions concernant les subventions contribuant à la surcapacité. Les membres ont, lors des négociations ultérieures, débattu des idées pour prohiber ces subventions. Certains membres favorisaient « l'approche d'une liste », c'est-à-dire de dresser une liste de subventions qui seraient toujours réputées comme contribuant à la surcapacité. D'autres membres préféraient « l'approche focalisant sur les effets », qui voulait que

37. *Prohibition des subventions à la pêche illicite, non déclarée et non réglementée (INN)*, proposition de la Chine, TN/RL/GEN/195, 1er novembre 2017, par. 3.3.1.

38. J.F. Espenilla, « A New WTO Protocol on Fisheries Subsidies: Potential Implications for the South China Sea Disputes », *Asia-Pacific Journal of Ocean Law and Policy*, 16 juin 2023, [En ligne], https://brill.com/view/journals/apoc/8/1/article-p73_005.xml.

la prohibition des subventions soit subordonnée à une analyse, au cas par cas, de la question de savoir si lesdites subventions contribuent à la surcapacité. L'approche « hybride » a, pour sa part, été proposée pour tenter d'atteindre un juste milieu entre les deux positions[39].

Les négociations ont abouti à un texte préliminaire proposé par le président du Groupe de négociation sur les règles qui favorisait l'approche d'une liste de subventions prohibées[40]. Ainsi, l'article 5 du projet d'accord consacrait les « subventions contribuant à la surcapacité et à la surpêche ». L'article 5.1 établissait une liste illustrative des subventions prohibées en vertu de leur contribution inhérente à la surcapacité et à la surpêche. Parmi celles-ci, par exemple, on trouvait les subventions à la construction, l'acquisition, la modernisation, la rénovation ou l'amélioration de navires.

Cette liste était cependant subordonnée à une série d'exceptions. La première se trouvait dans l'article 5.1.1 qui permettait l'octroi des subventions énumérées dans l'article 5.1 si un membre « démontr[ait] que des mesures sont mises en œuvre pour maintenir le ou les stocks dans la ou les pêcheries pertinentes à un niveau biologiquement durable ». En gros, cette disposition établissait que, si un membre applique un système de gestion de la pêche efficace, il pouvait continuer d'accorder les subventions énoncées dans l'article 5.1.

Au demeurant, l'article 5.5 contenait des exceptions pour les pays en développement. Il prévoyait une application de l'article 5.1 décalée pour ce groupe de pays. En outre, les pays en développement ne dépassant pas un seuil *de minimis* de la capture marine globale étaient également exemptés de la prohibition des subventions énumérées dans l'article 5.1.

Le dernier projet connu contenant les disciplines susvisées date du 10 juin 2022. La 12e Conférence ministérielle de l'OMC s'est tenue à Genève entre le 12 et le 17 juin 2022. Les documents publics figurant dans la base de données de l'OMC ne permettent pas de se renseigner sur le déroulement des négociations pendant cette semaine. Il est néanmoins intéressant de faire observer que, par exemple, le ministre des Affaires étrangères de la Barbade a prononcé un discours le 14 juin 2022 dans lequel il a fait allusion

39. A. Tipping, *Approaches to an Overcapacity and Overfishing Subsidies Discipline: A discussion paper by IISD*, International Institute for Sustainable Development (IISD), 2020, p. 4-7.

40. *Accord sur les subventions à la pêche : projet de texte*, WT/MIN(22)/W/20, 10 juin 2022, p. 4-5.

aux dispositions de l'article 5.5 en faveur des pays en développement comme un aspect positif de l'ASP[41].

Trois jours plus tard, le 17 juin 2022, le texte final de l'ASP a été adopté. L'intitulé de l'article 5 a radicalement changé en se référant aux « autres subventions ». Les articles 5.1, 5.1,1 et 5.5 susvisés ont disparu et, à la place, le nouvel article 5 dispose d'obligations n'ayant rien à voir avec la surcapacité et la surpêche[42]. De surcroît, l'article 12 a été ajouté, lequel se lit comme suit : « Si des disciplines complètes ne sont pas adoptées dans un délai de quatre ans à compter de l'entrée en vigueur du présent accord et à moins que le Conseil général n'en décide autrement, le présent accord sera immédiatement abrogé. »

Il n'existe aucun rapport officiel expliquant comment et quand l'article 12 a été conçu, proposé et rédigé. Il ressort cependant de sa lecture que, premièrement, les membres de l'OMC n'ont pas été à même de se mettre d'accord sur la discipline relative à la surcapacité et à la surpêche. Deuxièmement, il semble que certains membres n'aient pas voulu renoncer à une telle discipline et aient subordonné la survie de l'ASP à ce que la discipline relative à la surcapacité et à la surpêche soit négociée dans un délai de quatre ans à partir de l'entrée en vigueur de l'ASP.

Si l'ASP est, comme nous l'avons expliqué précédemment, en cours de ratification par les membres de l'OMC, les négociateurs ont déjà commencé les travaux pour tenter de parvenir à un accord sur les disciplines manquantes. Le Groupe de négociation sur les règles a élu un nouveau président pour remplacer l'ambassadeur Santiago Wills et plusieurs membres de l'OMC ont déjà déposé des propositions de texte visant à combler le vide laissé par la 12e Conférence ministérielle de l'OMC. Le temps nous dira si les membres auront la sagesse et la patience nécessaires pour finaliser la tâche conférée par l'ODD 14.6 et par la décision de la Conférence ministérielle de l'OMC de 2017.

---

41. *Déclaration de S.E. M. le Sénateur Jerome Xavier Walcott, FB, MBBS, FRCS, JP ministre des Affaires étrangères et du Commerce extérieur et ministre d'État chargé de la coordination des politiques sociales et environnementales*, WT/MIN(22)ST/132, 14 juin 2022, p. 1-2.

42. Les nouvelles obligations figurant dans l'article 5 sont analysées plus haut.

CONCLUSION

L'ASP est le résultat d'un effort extraordinaire des membres de l'OMC. Il s'agit d'un travail audacieux de la part des négociateurs, ainsi que de toutes les personnes du Secrétariat de l'OMC et d'autres organismes de soutien juridique et politique qui ont contribué à la conclusion de cet accord. L'ASP prévoit des disciplines complexes impliquant le droit des subventions de l'OMC et le droit international relatif à la gestion de la pêche. La communauté internationale peut donc se féliciter d'être arrivée à un terrain d'entente en vue de s'acquitter du mandat conféré par l'ODD 14.6.

Cependant, le travail au sein de l'OMC continue, les disciplines au sujet de la surcapacité et de la surpêche restant toujours à être négociées. Le fait que les membres n'aient pas pu conclure un accord sur ces disciplines reflète la sensibilité qui existe autour de ces sujets. Par conséquent, il semble que la négociation qui se profile ne sera pas anodine. En définitive, ce dernier élan doit être efficace pour que l'ASP puisse complètement contribuer à une exploitation durable des ressources halieutiques.

CHAPTER 2
ASEAN States
Towards a Common Policy Related to the World Trade Organization Agreement on Fisheries Subsidies?

Tran Thi Thuy Duong

ABSTRACT

Is there a chance for the Association of Southeast Asian Nations (ASEAN) countries to adopt a common policy towards the World Trade Organization (WTO) Agreement on Fisheries Subsidies? To answer this question, we study elements that facilitate ASEAN's adoption of a common position towards the WTO Agreement on Fisheries Subsidies, before analyzing obstacles to its adoption. We argue that ASEAN countries should adopt a common position related to the WTO Agreement on Fisheries Subsidies while supporting the ratification of this agreement.

KEY WORDS: *ASEAN, fisheries subsidies, common approach, WTO Agreement on Fisheries Subsidies, IUU fishing*

ASEAN countries play an important role in the world's seafood market. Together, they represent the biggest producer of fishery products in the Asia-Pacific and provide ¼ of the fish in the world market. Among the world's top ten exporters of fish, four (Indonesia, Thailand, Viet Nam, and the Philippines) are from the ASEAN region.[1] It is therefore important to

1. SEAFDEC, "Fishery Statistic Summary 2020: Overview of the Fisheries Sector of Southeast Asia in 2020," http://www.seafdec.org/country-profiles/.

have the support of ASEAN countries for the Agreement on Fisheries Subsidies to be successful.

Moreover, it is often argued that regional integration is a "building block" that will contribute to the success of WTO projects.[2] The trade interests of ASEAN States are linked, among other things, by the regional trade agreement (RTA) of which they are members. There have been situations where ASEAN, as a group, adopted and announced a common opinion in WTO forums.[3] It may be argued that, being in the same region, ASEAN countries share a common fishing space and face similar challenges. It is therefore interesting to look at whether ASEAN as a group can have a common stance towards the elaboration of the Agreement on Fisheries Subsidies.

ASEAN countries must find a balance between their short-term and long-term interests. With the Agreement on Fisheries Subsidies entering into force, the long-term economic, social, and environmental interests of these countries will benefit. However, in the short term, they will have to tackle various challenges.[4] This is an issue that many countries, in particular

2. WTO Secretariat, "Understanding the WTO: Cross-cutting and new issues – Regionalism: Friends or rivals?", https://www.wto.org/english/thewto_e/whatis_e/tif_e/bey1_e.htm.
3. See, for example, Singapore, on behalf of ASEAN, "Experience on the development of the ASEAN single window", TN/TF/W/105; Director-General, "A number of WTO members support Azevedo's efforts to broker a successful outcome on the Bali Package" (which mentions a press release issued by Brunei Darussalam on behalf of ASEAN), 29 November 2013, https://www.wto.org/english/news_e/news13_e/dgra_29nov13_e.htm; Chairman of the General Council, "Chairman of the General Council's Statement" (which mentions a brief statement from the delegation of Indonesia on behalf of ASEAN), 12 September 2002, https://www.wto.org/english/news_e/news02_e/chair_statement_gc_sep02_e.htm; WTO Secretariat, "Concerns raised over Pakistan's tax rates on import" (which mentions the opinion of Malaysia, speaking on behalf of ASEAN), 3 April 2023, https://www.wto.org/english/news_e/news15_e/good_26jun15_e.htm; WTO Secretariat, "WTO members review four regional trade agreements between developing countries" (which mentions the Committee on Regional Trade Agreements' examination of the agreement between ASEAN and Korea), 29 September 2020, https://www.wto.org/english/news_e/news20_e/rta_29sep20_e.htm; WTO Secretariat, "WTO members discuss three regional trade agreements" (which mentions the examination of the Agreement on Trade in Services between India and ASEAN and the opinion of Thailand, speaking on behalf of ASEAN), https://www.wto.org/english/news_e/news16_e/rta_07nov16_e.htm; WTO Secretariat, "Newsletter for acceding governments 2012-01" (which mentions the opinion of Thailand speaking on behalf of ASEAN), 31 January 2012, https://www.wto.org/english/thewto_e/acc_e/nl_e/2012_01_acc_newsletter_e.pdf
4. Communication by Australia, Chile, Ecuador, the United States, Iceland, New Zealand, Peru and Philippines, "The Doha Mandate to Address Fisheries Subsidies: Issues," TN/RL.W/3, 24 April 2002; Communication by Argentina, Chile, Ecuador, New Zealand,

in the developing world, must deal with.[5] Therefore, by studying the case of ASEAN countries, we also gain understanding of the problems and points of view of many developing countries.

This article addresses the following question: is there a possibility of ASEAN countries adopting a common policy towards the WTO Agreement on Fisheries Subsidies? For this purpose, we will first study elements that facilitate ASEAN's adoption of a common position towards the WTO Agreement on Fisheries Subsidies, followed by obstacles to such adoption.

1. ELEMENTS FACILITATING A COMMON POSITION OF ASEAN COUNTRIES TOWARDS THE WTO'S AGREEMENT ON FISHERIES SUBSIDIES

Many elements facilitate ASEAN's common position towards the WTO's Agreement on Fisheries Subsidies.

Firstly, some ASEAN countries already participate in various international legal instruments related to this issue. Among them, the most important are:

- The United Nations Convention on the Law of the Sea (UNCLOS), which, among other things, regulates jurisdiction in economic exclusive zones; the conservation and management of living resources; and the protection of the marine environment and marine research. It provides measures to encourage the optimal exploitation of fish stocks without destroying them by overfishing. This convention is signed by Laos and ratified by nine other ASEAN countries.
- The Food and Agricultural Organization's Compliance Agreement (FAOCA) to promote compliance with international conservation and management measures by fishing vessels on the high sea, which aims to strengthen the regulation of fishing vessels on the high sea,

Philippines, and Peru, "Fisheries Subsidies," TN/RL/W/166, 2 November 2004; Fitt E., "WTO finally nets deal curbing fisheries subsidies, but tables key bits for later," *Mongabay,* 17 June 2022, https://news.mongabay.com/2022/06/wto-finally-nets-deal-curbing-fisheries-subsidies-but-tables-key-bits-for-later/.

5. Sumaila U.R. et al., "Updated estimates and analysis of global fisheries subsidies," *Marine Policy,* 2019, vol. 109, 103695, https://www.sciencedirect.com/science/article/pii/S0308597X19303677?via%3Dihub; Lee W.C., Viswanathan K.K., "Subsidies in the fisheries sector of Malaysia: Impact on resource sustainability," *Review of Politics and Public Policy in Emerging Economies,* 2019, vol. 1, no. 2.

while reinforcing "flag-state" responsibility. Myanmar and the Philippines are members of this agreement.

- The United Nations Fish Stock Agreement (UNFSA), which clarifies specific provisions of the UNCLOS. It is ratified by Cambodia, Indonesia, the Philippines, Thailand, and Viet Nam.
- The Agreement on Port State Measures (PSMA) to prevent, deter and eliminate illegal, unreported, and unregulated (IUU) fishing, which specifies the responsibilities of port states as well as measures that they can take towards this objective. Cambodia, Indonesia, Myanmar, the Philippines, Thailand, and Viet Nam are members of this agreement.
- The International Labor Organization's Convention C188 (Work in Fishing Convention), which promotes the decent work conditions of fishers on board fishing vessels. This Convention is ratified by Thailand.

With these agreements and conventions, ASEAN States are bound by international obligations, including to protect the marine environment; to conserve and manage marine resources sustainably; to avoid overfishing; and to fight against IUU fishing. They must also respect the standards for work conditions of fishers. However, it is noteworthy that not all ASEAN States are bound by the same agreements. Some agreements have been adopted by certain ASEAN States, and not by others.

Secondly, in the ASEAN framework, there is already a legal basis to facilitate the adoption of a common approach towards the WTO Agreement on Fisheries Subsidies.

This is addressed indirectly in the ASEAN Charter (entered into force in 2008), which declares the objective of promoting sustainable development so as to ensure environmental protection, sustainability of natural resources, and the quality of life of their citizens.[6] It is also shown indirectly in the ASEAN Economic Community Blueprint 2025, which highlights the importance of protection of the environment and natural resources.[7]

---

6. Article 1.9 of the ASEAN Charter: "to promote sustainable development so as to ensure the protection of the region's environment, the sustainability of its natural resources, the preservation of its cultural heritage and the high quality of life of its people." For more analyses, see Macfadyen G., Seilert H., *Development of an ASEAN General Fisheries Policy Feasibility Study*, Final Feasibility Study Report (2020).
7. ASEAN Economic Community Blueprint 2025: "ASEAN recognizes the importance of sustainable economic development as an integral part of the region's growth strategy.

Moreover, ASEAN has adopted legal documents, action plans, and declarations related to the management of fisheries resources in general, and the fight against IUU fishing in particular. Many of these documents were adopted within the framework of the SEAFDEC (Southeast Asian Fisheries Development Center). Some examples are the Resolution on Sustainable Fisheries for Food Security for the ASEAN Region Towards 2020 (ASEAN-SEAFDEC, 2011); the Plan of Action on Sustainable Fisheries for Food Security for the ASEAN Region Towards 2020 (ASEAN-SEAFDEC, 2011); the Joint ASEAN-SEAFDEC Declaration on Regional Cooperation for Combating IUU Fishing and Enhancing the Competitiveness of ASEAN Fish and Fishery Products (ASEAN-SEAFDEC, 2016); the ASEAN Regional Plan of Action for the Management of Fishing Capacity (SEAFDEC, 2017); the Resolution on Sustainable Fisheries for Food Security for the ASEAN Region Towards 2030 (SEAFDEC, 2020); and the Plan of Action on Sustainable Fisheries for Food Security for the ASEAN Region Towards 2030 (SEAFDEC, 2020).

In particular, ASEAN adopted certain documents related to the fight against IUU fishing, such as: the ASEAN Regional Plan of Action to Promote Responsible Fishing Practices including Combating IUU Fishing in the Region, 2007; the ASEAN Guidelines for Preventing the Entry of Fish and Fishery Products from IUU Fishing Activities into the Supply Chain, 2015; the Strategic Plan of Action on ASEAN Cooperation on Fisheries (2016–2020); the Vision and Strategic Plan for ASEAN Cooperation in Food, Agriculture and Forestry (2016–2025); the Joint ASEAN-SEAFDEC Declaration on Regional Cooperation for Combating Illegal, Unreported and Unregulated Fishing and Enhancing the Competitiveness of ASEAN Fish and Fishery Products, 2016; and the Cooperation Framework on the ASEAN Network for Combating Illegal, Unreported, Unregulated Fishing, 2020.

Fisheries subsidies are mentioned briefly in some documents such as: the SEAFDEC Plan of Action on Sustainable Fisheries for Food Security for the ASEAN Region Towards 2020 and the SEAFDEC Plan of Action on Sustainable Fisheries for Food Security for the ASEAN Region Towards 2030.[8]

Protection of the environment and natural resources supports economic growth and vice versa."

8. For example, in the SEAFDEC Plan of Action on Sustainable Fisheries for Food Security for the ASEAN Region Towards 2030, paragraph 39 states the objective to "Assess the possible impacts of subsidies on fisheries, particularly on the special requirements and the needs of small-scale fisheries in the region." For more analyses, see Malik A., *IUU Fishing as an Evolving Threat to Southeast Asia's Maritime Security* (Center for Strategic & International Studies, Asia Maritime Transparency Initiative, 2022), https://amti.csis.org/iuu-fishing-as-an-evolving-threat-to-southeast-asias-maritime-security/ and Macfadyen G., Seilert H., *op. cit.*, note 6.

It is therefore evident that ASEAN has adopted many policies related to fishing. With regard to fisheries subsidies, these documents concentrate on evaluating the impacts of government subsidies and financial initiatives on the development of the fisheries sector. However, the ASEAN legal framework doesn't cover some important related questions, such as the definition of small-scale fisheries, protection of human rights in the fisheries sector, and common policy within the WTO framework related to fisheries subsidies.

From an institutional perspective, ASEAN's cooperation in the fisheries field is managed by the ASEAN Economic Community (AEC) and the ASEAN Ministers on Agriculture and Forestry (AMAF). The Senior Officers Meeting (SOM-AMAF) monitors ASEAN's cooperation in the field of food and silviculture, under the instruction of the AMAF. In particular, the ASEAN Sectoral Working Group on Fisheries (ASWGFi) supervises cooperation in the fisheries sector. The ASEAN Secretariat has a Food, Agriculture, and Forestry division, which coordinates the appropriate institutions.[9]

The strong point of this structure is that all decisions are made by consensus. This enables ASEAN States to conserve their sovereignty. However, because of this method, the decision-making process is longer, and the decisions taken are unambitious and often non-binding, which threatens their implementation.

In summary, ASEAN has a legal framework to regulate fisheries management in general and fisheries subsidies in particular. This would facilitate a common position of ASEAN countries in the WTO related to fisheries subsidies.

2. OBSTACLES TO A COMMON POSITION OF ASEAN COUNTRIES TOWARDS THE WTO AGREEMENT ON FISHERIES SUBSIDIES

Despite the above-mentioned elements, in practice we have not found proof of a common approach by ASEAN countries during the WTO negotiations on fisheries subsidies.

9. ASEAN Secretariat, "Fisheries cooperation," https://asean.org/our-communities/economic-community/enhanced-connectivity-and-sectoral-development/asean-food-agriculture-and-forestry/fisheries-cooperation/.

The most dynamic ASEAN countries during these negotiations were Indonesia, Cambodia, and the Philippines. Cambodia submitted a proposition on behalf of the least developed countries (LDCs).[10] Indonesia submitted four communications; among them, two had been written by Indonesia alone, and two were in cooperation with countries outside ASEAN.[11] The Philippines presented five communications; among them, three were written by the Philippines alone, and two were in cooperation with countries outside ASEAN.[12] In other words, ASEAN countries have never raised their voice as a group during WTO negotiations.

This situation can be explained by the following:

- *Firstly*, in the "ASEAN way," sensitive topics are often avoided. If mentioned, they are only cited in an ambiguous way by ASEAN countries. Issues related to fisheries subsidies are sensitive by nature. They concern not only economic and commercial interests, but also social and environmental interests, and even national security. This is why issues related to fisheries subsidies are mentioned only very briefly in ASEAN documents.
- *Secondly*, the interests and circumstances of ASEAN countries are diverse. For example, regarding fishing space, there are not many commonalities between the Philippines and Indonesia, which are archipelagos, and Thailand and Viet Nam, which are situated on the continent. The Philippines has a long coastline of more than 98,000 km, with an economic exclusive zone of almost three million km^2, while Laos has no direct access to the sea. In regard to infrastructure, in 2020 Indonesia had more than one million fishing

10. Cambodia, on behalf of the Least Developed Countries Group, "LDC Group Fisheries Subsidies Text Proposal," TN/RL/GEN/193, 2017.
11. Indonesia, "Fisheries Subsidies: Proposed New Disciplines," TN/RL/GEN/150 - TN/RL/GEN/150/Rev.1 - TN/RL/GEN/150/Rev.2, 2007; India, Indonesia, and China, "Need for Effective Special & Differential Treatment for Developing Country Members in the Proposed Fisheries Subsidies Text," TN/RL/GEN/155 - TN/RL/GEN/155/Rev.1, 2008; Indonesia, "Proposed Disciplines on Prohibitions and Special and Differential Treatment for Fisheries Subsidies," TN/RL/GEN/189 - TN/RL/GEN/189/Rev.1, 2017; Argentina, Australia, Indonesia, Japan, New Zealand, United States, and Uruguay, "Prohibiting Subsidies to Fishing Vessels not Flying the Member's Flag," TN/RL/GEN/201/Rev.1, 2019.
12. Australia, Chile, Ecuador, Philippines, United States, Iceland, New Zealand, and Peru, "The Doha Mandate to Address Fisheries Subsidies: Issues," TN/RL/W/3, 2002; Argentina, Chile, Ecuador, Philippines, New Zealand, and Peru, "Fisheries Subsidies," TN/RL/W/166, 2004; Philippines, "Prohibition of Subsidies in Disputed Waters," TN/RL/GEN/196, 2017; Philippines, "Proposed Solutions and Concerns Related to Disputed Waters," TN/RL/GEN/202, 2019.

vessels, while Singapore had only 31. However, all Singaporean vessels are modern and have motors, while vessels belonging to the majority of ASEAN countries are rudimentary and have no motors.[13] As for the role of the fishing industry, in Indonesia in 2019, seafood export contributed 4.7 billion USD (a large part of the country's GDP), while in Singapore, seafood export only contributed 316 million USD. Therefore, the importance of the fishing industry to ASEAN countries varies.

- Due to different fishing spaces, the sizes and characteristics of fish stocks in ASEAN countries are also different. Fishing industries play diverse roles in the economies of these countries. Thus, ASEAN countries will face different problems while participating in the Agreement on Fisheries Subsidies.
- *Thirdly*, as previously remarked, ASEAN countries do not always participate in the same international fishing treaties. Consequently, their perspectives and international obligations are different.

3. WHY SHOULD ASEAN COUNTRIES ADOPT A COMMON APPROACH IN ORDER TO SUPPORT THE AGREEMENT ON FISHERIES SUBSIDIES?

Notwithstanding the obstacles, it may be argued that ASEAN countries should adopt a common approach to support the Agreement on Fisheries Subsidies because of the following issues.

Firstly, in the fisheries sector, these countries face similar problems.[14]

From an economic perspective, their fishermen suffer from reduced income due to increasing costs and decreasing productivity. While exporting their products, they have difficulties satisfying standards imposed by their markets.

From a general social perspective, the working conditions of fishermen in these countries are poor. Their income is generally lower than the average income. Sometimes, they are victims of slave trafficking or forced labour.

---

13. SEAFDEC, "Fishery Statistics Summary 2020: Overview of the Fisheries Sector of Southeast Asia in 2020," http://www.seafdec.org/country-profiles/.
14. Macfadyen G., Seilert H., *op. cit.*, note 6; Torell M., "ASEAN and fishery subsidies: Outlining a regional vision," in *Fish for the People*, Southeast Asian Fisheries Development Center, 2003, vol. 1, no. 3.

The majority of them do not have the capacity or opportunity to participate in the decision-making process related to fisheries policies. In addition, because of the lack of awareness of long-term environmental, social, and commercial problems concerning fisheries, these fishermen are motivated solely by their short-term economic interests.

From an environmental perspective, the fishing industry in these countries suffers from the depletion of fish stocks, climate change, and the damages caused by marine waste.

Secondly, ASEAN countries both make use of, and at the same time are victims of, fisheries subsidies.

Many ASEAN countries, such as Indonesia, Malaysia, Thailand, and Viet Nam, accord subsidies to their fishermen under different forms, including reduction of fuel prices, tax reductions, construction subsidies, and renovation of vessels or development of ports. Thus, Malaysia alleges that it is the victim of illegal fishing by Vietnamese, Thai, and Indonesian fishermen.[15] However, Malaysia also offers subsidies to its fisheries sector.[16] In Indonesia, it is still impossible to eliminate the harmful subsidies in the fisheries sector.[17] The Viet Nam, for its part, received a "yellow card" from the European Union, principally because of IUU fishing. But Viet Nam's case is not unique. Thailand also received a yellow card, while the importation of Cambodian fishery products to the European Union was prohibited because of IUU fishing. Through subsidies, ASEAN countries aim to achieve both economic and social objectives. They can also achieve national security aims because, through subsidies, their vessels can fish in disputed waters. This is a way for them to enact their sovereignty in these zones.

At the same time, ASEAN countries are victims of fishing subsidies, especially IUU fishing, at national as well as international levels. For example, it is estimated that in 2019, ASEAN countries—in particular, Indonesia and

15. Harper S., Sumaila U.R., *Distributional impacts of fisheries subsidies and their reform - Case studies of Senegal and Vietnam* (Working paper, IIED, 2019); Pham T.T.T. et al., "Subsidies - Help or hurt? A study from Vietnamese fisheries," *Marine Resource Economics*, 2021, vol. 36, no. 4; Tengfei W., Runxi S., "Vietnamese illegal fishing and maritime conflicts continue in 2021", 31 December 2021, http://www.scspi.org/en/dtfx/vietnamese-illegal-fishing-and-maritime-conflicts-continue-2021.

16. Lee W.C., Viswanathan K.K., *op. cit.*, note 5.

17. Merk J., "Can fishing in Indonesia be sustainable?", *Deutsche Welle*, Nature and Environment Asia, 2022, https://www.dw.com/en/sustainable-fishing-by-2025-what-is-the-current-situation-in-indonesia/a-60134067.

Viet Nam—lost 6 billion USD due to IUU fishing, and suffered environmental, economic, and social damages.[18]

One consequence is the maritime conflicts that affect the majority of ASEAN countries. These conflicts can be explained by many elements, including problems related to the maritime border delimitation in the region, a lack of awareness on the part of the fishermen, the ambiguity of policies of the states involved, and the lack of effective sanction measures.

In fact, we argue that such conflicts are a compelling reason why ASEAN countries should adopt a common policy, and should even support the Agreement on Fisheries Subsidies. In this way, they can contribute not only to the reinforcement of the multilateral trade system, but also to the prevention and resolution of maritime conflicts in the region.

Thirdly, many ASEAN countries participate in new-generation RTAs. Viet Nam and Singapore have ratified free trade agreements with the European Union and Malaysia, while Singapore and Viet Nam are members of the Comprehensive and Progressive Agreement for Trans-Pacific Partnership (CPTPP). These agreements include articles related to IUU fishing and the protection of maritime resources.[19] ASEAN countries in these agreements must therefore respect these provisions.

ASEAN countries who are not members of new-generation RTAs containing fisheries subsidies provisions risk being penalized by developed importing countries if they don't respect rules related to IUU fishing and environmental protection. The experience of the WTO *Shrimp* case, which involved many ASEAN countries, as well as the European Union's yellow cards and import prohibitions, might prove to be a learning experience for ASEAN countries.

To grow stronger, ASEAN countries must learn to work as a group on issues related to their common interests, including policies on fisheries subsidies. Singapore is the second WTO member to ratify the Agreement on Fisheries Subsidies. It is important that other ASEAN countries do the same, while working collectively.

18. Malik A., *IUU Fishing as an Evolving Threat to Southeast Asia's Maritime Security*, Center for Strategic & International Studies, Asia Maritime Transparency Initiative, 2022, https://amti.csis.org/iuu-fishing-as-an-evolving-threat-to-southeast-asias-maritime-security/.

19. Lennan M., Switzer S., "Current legal developments – World Trade Organization Agreement on Fisheries Subsidies," *The International Journal of Marine and Coastal Law*, 2023, vol. 38, pp. 161–177.

CHAPTER 3

Regulations of Fisheries Subsidies to Eliminate Illegal, Unreported, and Unregulated Fishing under the World Trade Organization Regime

Experiences of some Countries and Lessons for Viet Nam

Tran Phuong Ngoc and Phan Thi Truc Linh

ABSTRACT

Illegal, unreported, and unregulated (IUU) fishing refers to fishing practices that are against national laws and regulations of coastal or registered states and the rules of relevant international organizations. These fishing activities pose a threat to the marine ecosystem and livelihoods, worsen poverty, and heighten food insecurity. To eliminate IUU fishing, World Trade Organization (WTO) members have negotiated and adopted the Agreement on Fisheries Subsidies, which requires the ratification of two-thirds of WTO members to become a binding agreement of the WTO. As a member of the WTO, Viet Nam also needs to ensure that it enacts suitable policies to combat IUU fishing. This paper analyzes the provisions of current laws and regulations in Viet Nam, along with lessons from the EU and Thailand, to propose solutions for the Vietnamese legislature to eliminate subsidies contributing to IUU fishing.

Keywords: *IUU fishing, fisheries subsidies, WTO, Viet Nam's fisheries subsidies*

Fisheries subsidies are financial aids provided by governments or other public organizations to specific sectors in the fishing industry, resulting in associated benefits. These subsidies can be categorized into three types. Firstly, beneficial subsidies aim to promote the conservation and management of fisheries resources. Such subsidies are achieved by implementing measures such as control and surveillance of catch rates to achieve optimal biological and economic usage. Secondly, there are capacity-enhancing subsidies, which provide funding for capital inputs and infrastructure investments to boost fishing activities. These subsidies can lead to natural capital asset disinvestment when resource exploitation surpasses the Maximum Economic Yield (MEY), and are a primary contributor to fisheries overexploitation. Finally, there are ambiguous subsidies whose impact on sustainability or overexploitation depends on how they are designed and delivered. Thus, the types of subsidies provided to the fisheries sector can have significant implications for the sustainability of fisheries resources and the environment as a whole.[1]

State fisheries funding is mainly responsible for the growing threats to fisheries sustainability. In 2018, 35.4 billion USD was spent on fisheries subsidies globally, of which 22.2 billion USD went to capacity-building subsidies. Fuel subsidies, one type of capacity-enhancing subsidy, ranked first in total subsidies. These subsidies cause overfishing, as they offer funds for fishing vessels and increase the fishing capacity.[2]

Based on data from United Nations Food and Agriculture Organization (FAO), 90% of fish stocks are fully exploited, and roughly a third of fish over the world are being harvested at such a pace that the fish population cannot

1. Sumaila U. R. et al., *Global Fisheries Subsidies – Note,* European Parliament – Directorate-General for Internal Policies, IP/B/PECH/IC/2013-146, 2013, https://www.europarl.europa.eu/RegData/etudes/note/join/2013/513978/IPOL-PECH_NT(2013)513978_EN.pdf.
2. Skerrett D., "Putting an end to billions in fishing subsidies could improve fish stocks and ocean health," *The Conversation*, 2021, https://theconversation.com/putting-an-end-to-billions-in-fishing-subsidies-could-improve-fish-stocks-and-ocean-health-163470.

reproduce fast enough to keep pace with fishing.[3] A decline in fish stocks harms the livelihood of about 39 million coastal residents whose lives depend on fishing activities. Moreover, this situation also negatively affects roughly 3.3 billion people on the planet for whom fish are a source of vital nutrition.[4]

The considerable accumulation of public incentives and negative impacts have led to a wake-up call for international reform of fishing subsidies. Answering this emergency call, WTO members negotiated rules on fisheries subsidies to ensure the abundance of ocean life and benefit fishing communities. The WTO Agreement on Subsidies and Countervailing Measures (ASCM) addresses subsidies provided by its members. There are two types of specific subsidies regulated by the ASCM: prohibited subsidies and actionable subsidies. The former refers to subsidies that are granted based on export performance or the satisfaction of using domestic goods instead of imported goods. If a WTO member grants subsidies that cause injuries to the domestic industry or that have "adverse trade effects" on the interests of other members, these subsidies are considered actionable because other members can challenge the provided subsidies using the WTO's dispute resolution mechanism. The ASCM also covers fisheries subsidies, but it does not directly tackle issues arising from some types of these subsidies. Instead, the Agreement focuses on the trade effects of a subsidy.

The ability of a WTO member to initiate legal proceedings against another member for an actionable subsidy depends on the degree to which the subsidy negatively affects the trade interests of the former. Although fisheries subsidies can impact members' trade interests, their adverse effects on fish stocks, biodiversity, and food security are of greater concern. Unfortunately, the ASCM does not take these concerns into account.[5] The adoption of the WTO's Agreement on Fisheries Subsidies (AFS) in June 2022 marked a major milestone in the global effort to promote sustainable fishing practices and protect marine ecosystems. The AFS is a multilateral agreement prohibiting harmful fisheries subsidies, including those which support Illegal, Unreported, and Unregulated (IUU) fishing activities. By curbing subsidies that

3. Todd Woody, "The sea is running out of fish, despite nations' pledges to stop it", *National Geographic*, October 8, 2019. https://www.nationalgeographic.com/science/article/sea-running-out-of-fish-despite-nations-pledges-to-stop.

4. Okonjo-Iweala N., "A golden opportunity to end destructive fishing subsidies," *Brookings*, 2021, https://www.brookings.edu/opinions/a-golden-opportunity-to-end-destructive-fishing-subsidies/.

5. Lennan M. and Switzer S., "Agreement on Fisheries Subsidies," *The International Journal of Marine and Coastal Law*, 2023, vol. 38, no. 1, pp. 161–177.

contribute to IUU fishing, the AFS represents a powerful new tool in the fight against this destructive and unsustainable fishing practice. This landmark agreement is expected to significantly impact the fishing industry and could help promote sustainable fishing practices and protect marine resources for future generations.[6]

IUU fishing practices significantly threaten the sustainability of marine ecosystems and the socio-economic well-being of coastal communities worldwide. These practices involve violations of national laws and regulations and those of relevant international organizations. The magnitude of the negative impact of IUU fishing on marine ecology and fisheries resources is of grave concern. It is therefore imperative for the global community to take urgent action to combat IUU fishing and promote sustainable fishing practices. By addressing IUU fishing through coordinated international efforts, we can work towards safeguarding the marine environment for future generations and preserving the livelihoods of millions of people who depend on the oceans for their sustenance.

The European Commission (EC) has implemented Regulation No. 1005/2008, which aims to establish a system to prevent the importation of IUU fishery products into the European market, as part of its efforts to combat IUU fishing. In October 2017, the EC issued a "yellow card" warning to Viet Nam's fisheries and seafood exports, causing significant harm to the Vietnamese fishing industry, including losses in export revenue and damage to business reputation. The warning was part of the EC's campaign to crack down on IUU fishing practices, which threaten marine ecosystems and fisheries resources globally, and to ensure the sustainability of the fishing industry.

In order to provide recommendations for how the Vietnamese government can grant fisheries subsidies that do not cause IUU fishing under the WTO's mechanism, we have chosen to write the present article to analyze provisions of current law in Viet Nam and compare them to provisions of the AFS. We also analyze legal rules and schemes to tackle subsidies provided to IUU fishing by the European Union and Thailand—two active WTO members conducting activities to eliminate IUU fishing—in order to propose solutions for the Vietnamese legislature to enact effective rules to eliminate subsidies contributing to IUU fishing.

6. WTO, "The WTO Agreement on Fisheries Subsidies: What it does and what comes next," May 2022, https://www.wto.org/english/news_e/news22_e/fish_29jul22_e.pdf.

1. ELIMINATING IUU SUBSIDIES UNDER THE WTO'S AGREEMENT ON FISHERIES SUBSIDIES

The AFS, a multilateral agreement adopted by the WTO, includes provisions to regulate and combat IUU fishing under Article 3. The definition of IUU fishing in the AFS is consistent with the definition set out in paragraph 3.1 of the International Plan of Action to Prevent, Deter and Eliminate Illegal, Unreported, and Unregulated Fishing (IPOA-IUU), developed by the Food and Agriculture Organization (FAO). By aligning with the FAO's definition, the AFS reinforces the importance of international cooperation and coordination in tackling IUU fishing practices, which pose a significant threat to the sustainability of global fisheries resources and marine ecosystems.[7] Since its adoption by the FAO in 2001, the IPOA-IUU has served as a comprehensive and transparent framework for countries to combat IUU fishing. The adoption of the IPOA-IUU's definition of IUU fishing in the AFS by the WTO strengthens the impact of these voluntary instruments, underscoring the importance of collaborative efforts to combat IUU fishing and protect global fisheries resources.[8]

Article 3.1 of the AFS prohibits providing or maintaining subsidies to vessels or operators involved in IUU fishing or supporting such activities. However, countries are unlikely to openly admit to providing subsidies that facilitate IUU fishing. To tackle this issue, the AFS allows members acting as coastal or flag states and relevant Regional Fisheries Management Organizations or Arrangements (RFMO/As) to determine whether IUU fishing or supporting activities have taken place. While port state members are not authorized to make such determinations, if they suspect a vessel in port has engaged in IUU fishing, they can inform the relevant subsidizing member who is required to "give due regard" to the information and take appropriate measures regarding their subsidies.

If a subsidizing member is notified of an affirmative determination of IUU fishing, they are required to consider the severity, frequency, and nature of the IUU fishing conducted by the vessel or operator in question. This means that the subsidizing member must assess the gravity of the offense before taking action regarding its subsidies and determining the duration of the prohibition on granting further subsidies to the vessel or operator

7. Footnote 6, AFS.
8. Juan H., "A Jurisdictional Assessment of International Fisheries Subsidies Disciplines to Combat Illegal, Unreported and Unregulated Fishing," *Sustainability*, 2022, vol. 14, no. 21, 14128, pp. 1-15.

involved.[9] The duration of the prohibition should be consistent with any penalties imposed by the determining state or RFMO/A. Any measures taken by members in accordance with the prohibition must be reported to the Fisheries Subsidies Committee.[10] The AFS mandates all members to establish and implement appropriate laws, regulations, and administrative procedures to prevent the granting or maintenance of subsidies for IUU fishing or related activities.[11]

2. EU'S EFFORT TO ELIMINATE SUBSIDIES FOR IUU FISHING

The EU has taken significant steps to combat IUU fishing through the Council Regulation (EC) No 1005/2008, which aims to establish a comprehensive system to prevent, deter, and eliminate IUU fishing. This Regulation amends previous regulations such as (EEC) No 2847/93, (EC) No 1936/2001, and (EC) No 601/2004, while also repealing (EC) No 1093/94 and (EC) No 1447/999. The detailed guidelines for implementing this Regulation were established by the Commission Regulation (EC) No 1010/2009 on 22 October 2009. By enacting these legal documents, the EU seeks to promote sustainable fisheries and protect marine ecosystems from harmful fishing practices.

According to the above-mentioned EU's Regulation, countries seeking to export to the EU must demonstrate their success in preventing, deterring, and eliminating IUU fishing, which is considered a critical indicator of effective fisheries resource management. Failure to establish a management mechanism to comply with the EU's rules may result in denial of access to the EU market. To import fishery products into the EU, a "catch certificate" is required as a precondition. Fishing vessels identified by the EU as having engaged in IUU fishing will be listed as non-cooperating on a "community vessel list." Fishery products from non-cooperating third countries that engage in IUU fishing will be prohibited, and catch certificates accompanying such products will not be accepted. Enforcement of the EC Regulation has significant consequences, since the EU is the largest seafood market globally, and is of great importance to all countries that export fish and fishery products.[12]

---

9. Article 45, AFS.
10. Article 3.3, AFS.
11. Article 3.7, AFS.
12. Lee J., "Subsidies for illegal activities?—reframing IUU fishing from the law enforcement perspective," *Journal of International Economic Law*, 2019, vol. 22, no. 3, pp. 417–438.

The main principle behind the current EC Regulation is to significantly increase efforts to combat IUU fishing, and introduce new rules that cover all aspects of this problem in line with international commitments, given the severity and urgency of the issue. Non-EU countries must follow the regulations, and if any fail to do so, the EU will not allow fish and fishery products to be imported from those countries.

Article 2 of the EC Regulation specifically defines "illegal," "unreported," and "unregulated" fishing. It should be noted that global fisheries resources are not uniform and vary in nature. For instance, the fishing resources of temperate ocean regions are characterized by large-scale fishing practices, while fishing activities in developing countries are often unorganized and the level of technology and available resources varies greatly, leading to difficulties in establishing clear and effective management measures. As an example, the EU's definition of "unreported fishing" refers to fishing activities that have not been reported, or have been misrepresented, to the relevant national authorities in violation of national laws and regulations.

According to the EC Regulation on IUU fishing, any vessel used or intended for commercial fishing purposes, including support ships, fish processing vessels, and vessels engaged in the transshipment of fishery products; is considered a fishing vessel, with the exception of container vessels (as stated in Article 2.5). This definition encompasses all fishing vessels, ranging from large factory ships used by multinational corporations in the Exclusive Economic Zone (EEZ) and high seas, to small non-mechanized fishing boats used by artisanal fishermen in the coastal waters of developing and least developed countries. However, fishing vessels with an overall length of less than 10 meters are exempt from the policy's requirements, as part of the EC's comprehensive Common Fisheries Policy (CFP) aimed at conserving and sustainably exploiting its fisheries resources. While the policy grants exemptions to fishing vessel owners of member states fishing in community waters based on overall length, it is considerably more strict in defining "third country fishing vessels" (as defined in Article 28(a)).

All exemptions in the above-mentioned EC Regulation are to be decided by the council acting by a qualified majority "on a proposal from the Commission." One significant aspect of the Regulation concerns the requirement for catch certificates to be submitted by both EU countries and third countries. Third country catch certificates must be validated by the competent authorities of EU member states, who will decide whether to accept or reject the imports from those third countries.

The EU's commitment to combat IUU fishing in third countries stems from its dedication to implementing the CFP, which focuses on conserving and sustainably managing fisheries resources within the EU. However, the Court of Auditors of the European Union heavily criticized the CFP in Special Report No 7/2007 on the control, inspection, and sanction systems relating to the rules on conservation of community fisheries resources. The report highlighted the failures of the CFP in all areas and warned that if the situation persisted, it would have serious consequences not only for natural resources but also for the fishing industry and related areas.

It is interesting to note that the particular interests of the small-scale fisheries sector has been fully taken care of in the CFP adopted on 20 December 2002. The preamble of the policy states that "given the temporary biological situation of stocks [...] the particular needs of regions where local populations are especially dependent on fisheries and related industries must be safeguarded [...] as decided by the Council in its resolution of 3 November 1976, and in particular annex vii thereto." Further, it states that "there should be special provisions for offshore fishing to enable this sector to cope with the new fishing conditions resulting from the institution of 200 meters fishing zones"; and continues to state that "specific arrangements of fishing effort should be agreed for certain sensitive regions, taking into consideration the problem of certain coastal fisheries as well." The reformed CFP adopted on 20 December 2002 takes special care to "safeguard the particular needs of regions where local populations are especially dependent on fisheries and related activities." But this commitment towards protecting their own small-scale fisheries needs to be reflected in the EU's efforts at the management of fisheries resources in third countries. In its Regulation to fight IUU fishing in third countries, the EU has not included a single clause to safeguard the interests of small-scale fisheries in the third countries.

3. THAILAND'S EFFORT TO ELIMINATE SUBSIDIES FOR IUU FISHING

Since 2011, the EC has conducted a series of dialogues with Thai authorities. On 21 April 2015, the EC issued a "yellow card" warning to the Thai seafood industry for not taking adequate measures to combat IUU fishing.[13]

13. Young E., "Thailand's Fisheries Management transformation is a model for fighting illegal fishing," *Pew*, 9 August 2022, https://www.pewtrusts.org/en/research-and-analysis/articles/2022/08/09/thailands-fisheries-management-transformation-is-a-model-for-fighting-illegal-fishing.

To combat IUU fishing and remove the yellow card from the EU, Thailand has implemented several policies. Firstly, the country has adopted the United Nations Food and Agriculture Organization's Agreement on Port State Measures (PSMA). This international treaty is designed to help prevent and eliminate illegal fishing by requiring parties to implement stringent port controls on foreign-flagged vessels, thereby preventing illegally caught fish from entering the market. By implementing strong port state measures, effective coordination against illegal actors can be achieved across regional, national, and international boundaries.

Thai fisheries authorities, with the support of fishing and seafood industries, as well as non-governmental organizations, adopted the PSMA in 2016, which provided them with a framework to enhance port controls. One example of such improvements is the request for documents from vessels before port entry. Authorities also verify the information provided with on-board observer records, as well as authorizations to fish or offload catch.

Thailand has an ambitious goal of inspecting all foreign-flagged vessels before their catch is offloaded as part of its efforts to combat IUU fishing and remove the yellow card from the EU. Inspections will involve both fisheries inspectors, who will verify the legality of the catch, and immigration and labour enforcement officers, who will ensure the safety and fair treatment of the fishermen, in accordance with International Labour Organization standards. However, due to a shortage of inspectors responsible for domestic and foreign vessel inspections, Thailand has yet to meet its goal. To attain this objective and maintain the effectiveness of its new port state controls, the Department of Fisheries must increase funding and commit to achieving 100% inspection coverage.

Thailand has embraced technology to enhance its monitoring efforts and compliance with regulations. Collaborating with OceanMind, a non-profit organization that provides satellite tracking and tracing data from vessels, Thai authorities can effectively track the fishing activity of domestic vessels. This partnership provides Thai authorities with accurate information on the fishing locations and methods of vessels, allowing them to conduct informed risk assessments and prioritize inspections. This approach enables Thailand to combat illegal fishing more effectively and take action against non-compliant operators.

Improved port controls in Thailand have helped build trust among seafood buyers that the fish they purchase has been legally caught. This is due in part to the implementation of an electronic traceability system that can track seafood products from the catch to export, which works on both

Thai and foreign vessels. As a result, the supply chain is more transparent and it is easier to ensure that seafood has been caught and traded legally.

In addition to the inspection and supervision of fishing, Thailand has also enacted sanctions to penalize IUU fishing, specifically:

- Sanctions for administrative violations: The length of suspension of fishing licenses was increased to a maximum of 90 days; in cases of recidivism, fishing activities may be banned or the license may be revoked. The owner of the fishing port, the trader at the fish market, or the owner of a ship that transports or stores illegally caught seafood or fails to comply with relevant regulations will have his registration license revoked.
- Criminal sanctions: The main penalty for IUU fishing is a fine of not more than 1 million Baht (30,000 USD), and people who commit serious crimes can be imprisoned from 1 month to 2 years.

Thailand has illustrated how successful implementation of the PSMA can help a nation's entire fisheries management system meet international governance and market standards, despite some challenges. Other countries should take Thailand's example and upgrade their own port controls, risk assessments, and systems to trace fishery products. Governments that have not implemented the minimum PSMA standards must do so. Thailand's rapid implementation of the PSMA proves that political will is the key to success. Well-implemented fisheries policies will benefit not only the ocean's health but also local communities and the fishing and seafood industries.

4. VIET NAM'S FISHERIES SUBSIDIES AND IUU FISHING

Viet Nam's fisheries subsidies have both positive and negative impacts on fishermen and fishing companies. The positive side includes support for the state's management of the fisheries, which involves the development of seaport infrastructure and improved management practices. However, there are also negative effects of fisheries subsidies. For instance, subsidies on fuel for ships, income tax allowances for seafarers, open access, and credits to fishermen can lead to IUU fishing practices.

Even though Viet Nam was recognized as the country with the largest improvement in its score for IUU fishing from 2019 to 2021, and was dropped from the list of 10 worst performing countries in 2021, Viet Nam, together with China, Taiwan, and Russia, remained countries of high overall risk and of particular concern for IUU fishing.[14] This adversely affects the global seafood market as a whole, as well as numerous specific facets of Vietnamese society, including the economy, society, national reputation abroad, and particularly the marine environment in territorial seas.

The EU decided to impose a yellow card on Vietnamese seafood because Viet Nam has yet to completely implement the necessary steps regarding the prevention and eradication of IUU fishing, according to a news release from the European Commission (EC) on 23 October 2017.[15]

After five years of warnings and advice from the EC's Directorate-General for Marine and Fisheries Affairs (DG-MARE), Viet Nam's seafood industry was given a yellow card due to its inadequate legal framework, weak inspections, and insufficient measures to combat IUU fishing. The DG-MARE called for Viet Nam to revise its sanctions against IUU fishing and take steps to prevent its fishing boats and fishermen from engaging in such activities, especially in the waters of Pacific Islands states. The EU also required Viet Nam to enhance its equipment and procedures for regulating seafood at ports before exporting to markets like the EU.

Viet Nam has been making significant efforts to address the issues raised by the EU's yellow card warning. The government has worked closely with local governments, fishing communities, and seafood businesses to implement measures to combat IUU fishing and ensure sustainable fisheries. Despite positive changes, some areas still need improvement, and Viet Nam is continuing to work towards resolving these issues. The ultimate goal is to have the yellow card lifted and regain full access to the EU seafood market.[16]

Efforts by Viet Nam over the past five years include gradually completing the legal framework, including introducing the Law on Fisheries 2017, actively promoting the installation of cruise monitoring equipment on its fleet, which has now reached a high rate, changing facilities, and improving traceability of seafood. In addition, as a member of the WTO, and particularly once it has ratified the AFS, Viet Nam must strictly implement policies and measures to comply with Article 3 of the AFS to reduce fisheries subsidies

---

14. Global Initiative against transnational organized crime and Poseidon Aquatic Resource Management, *The Illegal, Unreported and Unregulated Fishing Index 2021*, December 2021, https://iuufishingindex.net/downloads/IUU-Report-2021.pdf.
15. To V.P. and Pomeroy R.S., "Combating Illegal, Unreported and Unregulated (IUU) Fishing and Removing Yellow Card From European Commission (EC): Vietnam's Determined Actions," *Asian Fisheries Science*, 2022, vol. 35, pp. 13–25.
16. *Ibid.*

that lead to IUU fishing. However, there are still many problems that may prevent the EC from removing the yellow card for Vietnamese seafood.

5. SOLUTIONS FOR THE VIETNAMESE GOVERNMENT TO ELIMINATE FISHERIES SUBSIDIES CONTRIBUTING TO IUU FISHING

Based on this analysis of Viet Nam's fisheries subsidies and experiences of the EU's fisheries subsidy mechanism, the present paper proposes the following solutions to assist the Vietnamese Government in preventing, reducing, and eliminating IUU fishing, removing the EC's "yellow card," building responsible fisheries, and complying with international laws.

5.1 Solutions for specialized management agencies and the Vietnamese Government

To address the negative impacts of fisheries subsidies on enabling IUU fishing, Vietnamese state management agencies should take several measures, including:

- Ensuring that public funding for fisheries is available for management, control, and monitoring activities, while avoiding funding infrastructure projects that encourage overfishing.
- Enacting laws and regulations to ensure that fisheries subsidies are not used for IUU fishing or related activities, as required by Article 3.7 of the AFS.
- Actively and effectively managing all fish stocks and cooperating with the global fishing community to address regulatory and policy gaps in combating IUU fishing.
- Simplifying and reviewing regulatory measures that are often too complex and challenging to implement and monitor.
- Fostering communication and cooperation among regional fisheries management organizations in ASEAN and the South China Sea to combat IUU fishing.
- Harmonizing standards for scientific data collection and sharing best practices for technology and maritime information to improve overall management.

- Investing more in data collection and analysis to build a more substantial evidence base for policy change.
- Integrating socio-economic and scientific data into the fisheries management system by including this data in the decision-making process.

5.2 Solutions for fishermen and fishing businesses

To address the problem of IUU fishing caused by fisheries subsidies, fishermen and fishing companies can take several steps. Firstly, they can use subsidies to incentivize a shift towards aquaculture fed with organic, non-fish products, which reduces offshore fishing and the reliance on natural fish resources. This can provide more sustainable raw materials for processing activities and contribute to the development of Viet Nam's seafood industry. Secondly, they should use subsidies reasonably and follow fishing laws to avoid receiving a yellow card from the European Union, which could lead to a ban on exporting to the European market and affect fishermen and seafood companies. Finally, fishing companies should use subsidies to train and educate fishermen on legal compliance to remove the yellow card in the future.

CONCLUSION

IUU fishing practices significantly threaten the sustainability of marine ecosystems and the socio-economic well-being of coastal communities worldwide. To eliminate this type of fishing activity, the EU and Thailand successfully implemented measures that could offer lessons for Viet Nam. Even though some actions have been taken, there are still many problems which prevent the EC from removing the yellow card for Vietnamese seafood. This requires actions from specialized government agencies, fishermen, and fishing businesses. For the government, we propose public funding for fisheries management, control, and monitoring, effective laws and regulations, fish stock management, international and regional cooperation, and harmonization of standards as solutions to address the negative impacts of fisheries subsidies leading to IUU fishing. Fishermen and fishing businesses should take measures such as using organic and non-fish products for aquaculture feeding, reasonable use of subsidies, and legal compliance, in order to contribute to eliminating IUU fishing in Viet Nam.

CHAPITRE 4
Les enjeux de la mise en œuvre de l'Accord de l'OMC sur les subventions à la pêche au Viet Nam

Nguyen Ngoc Ha

RÉSUMÉ

L'Accord de l'OMC sur les subventions à la pêche a été adopté et inséré dans l'annexe 1A de l'Accord de Marrakech instituant l'OMC de 1994 en tant qu'un accord multilatéral. L'adoption de celui-ci marque un grand pas en avant et exprime d'immenses efforts des membres de l'OMC en vue de protéger les océans et les mers. En s'engageant à éliminer trois types de subventions à la pêche ayant des effets négatifs sur les stocks de poissons dans le monde, cet accord entrera en vigueur si les deux tiers des membres déposent leurs instruments d'acceptation. En ce qui concerne le Viet Nam, en tant que pays côtier, l'exploitation des poissons constitue un moyen très important, pour plusieurs millions d'habitants, de gagner leur vie. Le Viet Nam a également accordé certains types de subventions aux pêcheurs ou aux entreprises concernées. L'acceptation par le Viet Nam de l'ASP sera donc subordonnée à une balance entre les avantages et les difficultés concernant sa mise en œuvre. Dès lors, dans cet article, l'auteur analysera ces avantages et difficultés avant de conclure que les difficultés n'empêcheront pas le Viet Nam d'envisager l'acceptation de l'ASP à un moment approprié.

MOTS CLÉS : *Subventions à la pêche, enjeux, OMC, Viet Nam*

Après de longues et difficiles négociations[1], l'Accord de l'Organisation mondiale du commerce (OMC) sur les subventions à la pêche (l'ASP) a été adopté le 17 juin 2022 lors de la 12e Conférence ministérielle[2]. Avec un corps textuel moins ambitieux[3], cet accord est ouvert à l'acceptation des membres au titre de l'article X.3 de l'Accord sur l'OMC qui exige que son entrée en vigueur soit subordonnée à l'acceptation d'au moins deux tiers des membres de l'OMC[4]. Jusqu'à la fin du mois d'août 2024, 61 membres ont déposé leurs instruments d'acceptation[5]. La croissance rapide des acceptations durant ces derniers mois justifie l'intérêt grandissant que cet accord pourra avoir avec des contributions significatives à la protection du milieu marin face à la pêche illicite, non déclarée et non réglementée (la pêche INN), face à la pêche surexploitée ou face à d'autres types de pêches ayant des impacts négatifs sur l'environnement marin.

Dans cette tendance, il est évident que le Viet Nam devrait envisager l'acceptation de cet accord. Il faut rappeler que la pêche maritime occupe une place importante au Viet Nam pour des raisons socioéconomiques ainsi que géopolitiques. Elle contribue à assurer la vie d'une partie non négligeable de la population, surtout pour ceux qui vivent dans les zones côtières, à améliorer la situation de malnutrition ainsi qu'à protéger la souveraineté et les droits souverains du Viet Nam dans les eaux concernées. Jusqu'à présent, le Viet Nam a accordé certains types de subventions à ce secteur, y compris des subventions entrant dans le champ d'application de l'ASP. L'entrée en vigueur de ce dernier demandera au Viet Nam, en cas d'acceptation, de supprimer ces subventions, ce qui pourrait avoir des répercussions négatives sur des objectifs intrinsèques de son développement de la pêche maritime. Cela exige donc que le Viet Nam doive prendre en compte l'ensemble de facteurs concernant les avantages ou les obstacles pour une telle acceptation. Cet article tend à répondre à ce problème par une analyse, tout d'abord, des

1. Sur les négociations de cet accord, voir : OMC, *Accord sur les subventions à la pêche*, [En ligne], https://www.wto.org/french/tratop_f/rulesneg_f/fish_f/fish_f.htm.
2. OMC, *Accord sur les subventions à la pêche, décision ministérielle du 17 juin 2022*, WT/MIN(22)/33, WT/L/1144, 22 juin 2022.
3. Cela conduit à ce que les membres de l'OMC ont décidé de continuer les négociations en vue d'apporter des améliorations au corps textuel de cet accord. Voir : OMC, « Les Membres réfléchissent au lancement de la "deuxième vague" de négociations sur les subventions à la pêche de l'OMC », *Nouvelles*, 10 octobre 2022, [En ligne], https://www.wto.org/french/news_f/news22_f/fish_10oct22_f.htm.
4. Par. 3 et 4 du Protocole portant amendement de l'Accord de Marrakech instituant l'Organisation mondiale du commerce – Accord sur les subventions à la pêche, WT/MIN(22)/33, WT/L/1144.
5. La liste des membres ayant notifié leur acception est à consulter sur : https://www.wto.org/french/tratop_f/rulesneg_f/fish_f/fish_acceptances_f.htm.

avantages (1) et, ensuite, des obstacles (2) à la mise en œuvre de cet accord au Viet Nam.

1. LES AVANTAGES À LA MISE EN ŒUVRE DE L'ASP AU VIET NAM

Les avantages de la mise en œuvre de l'ASP au Viet Nam reposent sur les éléments suivants : i) une forte volonté politique ; ii) un cadre juridique favorable ; iii) des mesures mises en place en vue de faire face au carton jaune appliqué par l'UE ; et iv) la coopération et le soutien international au développement durable du milieu marin au Viet Nam.

1.1 La forte volonté politique du Viet Nam

Depuis des décennies, le Viet Nam a considéré la mer et l'économie maritime comme un moteur pour le développement socioéconomique. Dès lors, il a exprimé une forte volonté politique au sujet de la protection du milieu marin dans les stratégies promulguées par le Parti communiste et par le gouvernement. Pour la première fois, le Parti communiste du Viet Nam avait adopté la Résolution centrale n° 9-NQ/TW du 9 février 2007 sur la stratégie maritime du Viet Nam à l'horizon de 2020 et ensuite le gouvernement avec la Résolution n° 27/2007/NQ-CP sur le programme d'actions pour mettre en œuvre la résolution centrale du Parti communiste. L'objectif principal de ces deux résolutions était de faire du Viet Nam un pays fort en matière maritime, en s'enrichissant de la mer sur la base de la valorisation de tous ses potentiels, en développant globalement toutes les industries liées à la mer avec une structure riche et moderne et en assurant un développement rapide et durable avec une vision à long terme[6]. Ensuite, le Parti a adopté la Résolution n° 36-NQ/TW du 22 octobre 2018 sur la stratégie de développement durable de l'économie maritime du Viet Nam jusqu'en 2030, vision à 2045. Cette résolution a continué à déterminer comme objectif primordial la protection du milieu marin avec des mesures visant à établir une base de données numérisée, à caractère intégré, partagée et mise à jour, sur la mer et les îles, à prévenir, contrôler et diminuer constamment la pollution du milieu marin et à gérer et protéger les écosystèmes marins. En vue de concrétiser cet objectif, la Résolution n° 48/2023/NQ-CP du 3 mars 2023 du gouvernement portant approbation de la stratégie d'exploitation, d'utilisation durable des ressources et de protection de

6. L. Anh, « Một số nội dung cơ bản của chiến lược biển Việt Nam », *Tạp chí Biển Việt Nam*, 2012, n° 9, p. 27-30 ; T.M. Nguyễn, « Bàn về các nguyên tắc cơ bản của chiến lược biển Việt Nam trong thế kỷ XXI », *Tạp chí Nghiên cứu Đông Nam Á*, 2011, n° 7, p. 10-12.

l'environnement marin et insulaire à l'horizon de 2030 et vision à 2050 a précisé, comme l'objectif à 2030, l'utilisation et l'exploitation rationnelle, efficace et durable des ressources marines et insulaires et, comme l'objectif à 2050, cette utilisation permettant de faire du Viet Nam une économie maritime forte.

Il faut noter que l'élimination des subventions à la pêche ayant des effets négatifs sur la protection du milieu marin n'est pas explicitement mentionnée dans ces instruments. Toutefois, ces instruments jouent le rôle important à ce sujet, pour trois raisons principales. Premièrement, ils visent à instaurer des mesures permettant d'assurer l'exploitation durable des ressources marines, vivantes ou non vivantes et d'empêcher efficacement la pêche INN. Par conséquent, l'élimination de ces subventions pourrait être prise en compte. Deuxièmement, ils prévoient des solutions en vue de régler les problèmes socioéconomiques des pêcheurs et de leurs proches en cas d'élimination de ces subventions, telles que les solutions portant sur la formation, le soutien au changement d'emploi, la diversification des moyens de subsistance. Autrement dit, ayant conscience qu'une partie des pêcheurs seront susceptibles d'être affectés par la suppression de certains types de subventions prohibées par l'ASP ou par d'autres engagements dans les accords de libre-échange dont le Viet Nam est membre, le gouvernement mettra en œuvre des plans en vue de fournir à ces pêcheurs des occasions nécessaires d'être reformés et ensuite de trouver un emploi de remplacement approprié. Troisièmement, la Résolution n° 48/2023/NQ-CP du gouvernement exige, de manière générale, le déploiement de financements durables pour les activités liées à la protection du milieu marin. La durabilité exigée pourra conduire à l'évaluation des impacts sur le milieu marin de différents types de financements, ce qui permet de réduire l'octroi de financements à la pêche négatifs.

Ainsi, cette forte volonté du Parti communiste et du gouvernement du Viet Nam contribuera significativement à la mise en œuvre des règles de l'ASP dans l'avenir.

1.2 Le cadre juridique favorable à la mise en œuvre de l'ASP

L'actuel cadre juridique régissant la pêche en général et les subventions à la pêche en particulier au Viet Nam consiste en des règles conventionnelles et des règles dans le droit national. Ce cadre juridique présente des éléments favorables à la mise en œuvre future de l'ASP.

À l'égard des règles conventionnelles, il est intéressant de constater qu'avant l'ASP, le Viet Nam s'est engagé à éliminer certains types des subventions à la pêche conformément à l'Accord de partenariat transpacifique global et progressiste (PTPGP)[7] ou à mener des actions en vue d'assurer le développement durable de la pêche dans l'Accord de libre-échange entre l'Union européenne et le Viet Nam (EVFTA : EU-Vietnam Free Trade Agreement)[8].

De manière directe, le PTPGP exige qu'au titre de son article 20.16.4, une partie soit tenue de ne pas accorder ou ne pas maintenir soit les subventions à la pêche ayant une incidence négative sur les stocks de poissons surexploités (ou les subventions à la pêche surexploitée)[9], soit les subventions à la pêche INN[10]. À cet égard, il est important de trouver des similitudes dans les règles du PTPGP avec celles de l'ASP. D'une part, la discipline prévue par le PTPGP s'applique à deux principaux types de subventions à la pêche couverts par l'ASP[11]. D'autre part, en ce qui concerne chaque type de subvention à la pêche interdite, les règles du PTPGP et celles de l'ASP coïncident pour une partie considérable. Par exemple, au sujet des subventions concernant la pêche INN, ces deux instruments prévoient l'interdiction des subventions accordées aux navires considérés comme pratiquant la pêche INN soit par l'État du pavillon, soit par une organisation régionale de gestion de la pêche (ORGP) ou un arrangement régional de gestion de la pêche (ARGP)[12]. En ce qui concerne les subventions contribuant à la pêche surexploitée, les deux instruments précisent que la pêche surexploitée sera déterminée par une ORGP/ARGP sur la base des meilleures données scientifiques disponibles[13]. De plus, ce régime prohibitif est renforcé par les règles relatives à la transparence qui exigent pour chaque partie de cet accord de notifier à d'autres parties, dès l'année suivant la date de son entrée en vigueur et tous les deux ans par la suite, toute subvention accordée ou maintenue à des

7. L'article 20.16 du PTPGP.
8. L'article 13.9 de l'EVFTA.
9. Conformément à la note de page 16 à l'article 20.16.5 du PTPGP, un stock de poissons est déterminé comme surexploité quand « ce stock est si faible que la mortalité attribuable à la pêche doit être restreinte pour permettre au stock de se rétablir à un niveau produisant le rendement maximal durable ou correspondant à d'autres points de référence d'après les meilleures données scientifiques disponibles. Les stocks de poissons reconnus comme étant surexploités par l'administration régionale de gestion des pêches pertinente sont aussi considérés comme étant surexploités pour l'application du présent paragraphe ».
10. L'article 20.16.5.b) du PTPGP.
11. À savoir que l'ASP régit trois types de subventions à la pêche : i) les subventions contribuant à la pêche INN ; ii) les subventions concernant les stocks surexploités ; et iii) les autres subventions.
12. L'article 20.16.5.b) du PTPGP et les articles 3.1, 3.2.b) et c) de l'ASP.
13. L'article 20.16.5.a) du PTPGP et les articles 4.1, 4.2 de l'ASP.

personnes pratiquant la pêche ou des activités se rapportant à la pêche[14], ce qui est similaire, pour une grande partie, à l'exigence de l'ASP dans son article 8[15]. Dans le cadre du PTPGP, le Viet Nam, en tant que pays en développement, dispose d'une période transitoire de trois ans[16] (et deux ans de plus sur demande[17]) en vue d'assurer la compatibilité de tout programme de subventions concernant la pêche surexploitée avec la discipline de cet accord et est tenu de mettre en œuvre immédiatement ses obligations relatives à l'élimination des subventions concernant la pêche INN et à la transparence. Cela signifie qu'une fois que l'ASP entrera en vigueur, le Viet Nam pourra garantir la mise en œuvre d'une grande partie des obligations prévues par l'ASP grâce à son respect des engagements donnés dans le PTPCP. Dès lors, cela constituera un avantage non négligeable à la mise en œuvre de l'ASP au Viet Nam.

De manière indirecte, l'EVFTA ne prévoit pas directement l'interdiction de subventions à la pêche. Cet accord insiste, avec l'approche coopérative[18], sur les engagements de respecter certains instruments internationaux régissant la pêche INN[19], de coopérer dans différentes activités en vue d'assurer le commerce et la gestion durable des ressources marines et des produits halieutiques[20]. Force est de constater que cette approche souple est renforcée par les mesures commerciales punitives appliquées par l'Union européenne au titre du règlement (CE) n° 1005/2008 du Conseil du 29 septembre 2008 établissant un système communautaire destiné à

14. L'article 20.16.9 du PTPGP.
15. L'article 8 de l'ASP.
16. L'article 20.16.6 du PTPGP.
17. La note de bas de page 18 à l'article 20.16.6 du PTPGP.
18. J.-F. Morin et M. Rochette, « Les dispositions environnementales des accords commerciaux : entre innovation et diffusion », dans S. Maljean-Dubois (dir.), *Circulation de normes et réseaux d'acteurs dans la gouvernance internationale de l'environnement*, Confluence des droits, 2017, p. 37-60.
19. Y compris : i) l'Accord pour l'application des dispositions de la Convention des Nations unies sur le droit de la mer du 10 décembre 1982 relatives à la conservation et à la gestion des stocks de poissons chevauchant et des stocks de poissons grands migrateurs, fait à New York du 24 juillet au 4 août 1995; ii) l'Accord visant à promouvoir le respect des mesures internationales de conservation et de gestion par les navires de pêche en haute mer, approuvé par la Conférence de l'Organisation des Nations unies pour l'alimentation et l'agriculture à sa 27e session en novembre 1993; iii) l'Accord sur les mesures du ressort de l'État du port visant à prévenir, contrecarrer et éliminer les activités illicites, pêche non déclarée et non réglementée, approuvé par la Conférence de l'Organisation des Nations unies pour l'alimentation et l'agriculture le 22 novembre 2009; et iv) le Code de conduite pour une pêche responsable, adopté par la Conférence de l'Organisation des Nations unies pour l'alimentation et l'agriculture à Cancún le 31 octobre 1995.
20. L'article 13.9 de cet accord.

prévenir, à décourager et à éradiquer la pêche INN[21]. Ces mesures comprennent le carton orange en cas d'avis d'alerte émis[22] et le « carton rouge » qui correspond à une interdiction d'importation des produits aquatiques faisant l'objet d'une pêche INN[23]. La complémentarité de ces mesures nationales aux règles non contraignantes de l'EVFTA oblige donc le Viet Nam à mener des actions nécessaires pour lutter contre la pêche INN, y compris la suppression des subventions à cette fin. L'application par l'UE du carton jaune aux produits originaires de la pêche INN du Viet Nam depuis 2017, que la section ci-dessous analyse, apporte une belle illustration.

Dans le droit national, la pêche en général est régie, au Viet Nam, par la *Loi sur la pêche* de 2017. Certaines de ces règles pourraient favoriser la mise en œuvre de l'ASP. Tout d'abord, la *Loi sur la pêche* de 2017 prévoit une interdiction expresse de la pêche INN[24]. Cette loi a couvert un large éventail de types de pêches INN qui coïncident avec la définition donnée par l'Organisation des Nations unies pour l'alimentation et l'agriculture (la FAO) dans son Plan d'action international pour prévenir, contrecarrer et éliminer la pêche INN (le PAI-INDNR)[25], ainsi qu'avec celle qui est précisée par le règlement (CE) n° 1005/2008 du 29 août 2008[26] (voir l'encadré 1). Il est également important de reconnaître les efforts du Viet Nam en cette matière en incorporant dans cette loi des règles sur la coopération internationale à l'encontre de la pêche INN[27] : le journal de bord d'un navire pratiquant la pêche INN[28] ; la rétractation d'un permis d'exploitation des ressources halieutiques pour un navire pratiquant la pêche INN[29] ; la responsabilité du propriétaire d'un navire pratiquant la pêche INN[30] ; la responsabilité du capitaine en cas de viol de l'interdiction de la pêche INN[31] ; les obligations et missions de l'organisme gérant un port de pêche dans la délivrance d'un certificat de pêche, dans la coopération avec l'organisation de contrôle des activités de la

21. *Journal officiel de l'Union européenne*, L 286/1, 28/10/2008, p. 1-32.
22. L'article 23 et suivants de ce règlement.
23. L'article 12.1 et l'article 18 de ce règlement.
24. L'article 7, paragraphe 6 de cette loi.
25. Le PAI-INDNR a été adopté le 2 mars 2001 par le Comité des pêches de la FAO dans le cadre du Code de conduite pour une pêche responsable, [En ligne], https://www.fao.org/3/y1224f/Y1224F.pdf.
26. L'article 3 de ce règlement.
27. L'article 8.5 de cette loi.
28. L'article 52.2.h de cette loi.
29. L'article 56.5.e de cette loi.
30. L'article 73.6 de cette loi.
31. L'article 75.3.i de cette loi.

pêche INN[32]... L'ensemble de ces règles permettra au Viet Nam de mener des actions efficaces visant la réduction et l'élimination de la pêche INN, y compris des subventions à la pêche INN[33].

ENCADRÉ 1 – LES ACTIVITÉS CONSIDÉES COMME LA PÊCHE INN AU VIET NAM

Au titre de l'article 60 de la loi vietnamienne sur la pêche de 2017, la pêche INN consiste en :

i) l'exploitation sans permis;

ii) l'exploitation dans les zones où la pêche est interdite, pendant la durée de l'interdiction; l'exploitation et le transport de produits aquatiques interdits d'exploitation; l'exploitation des espèces aquatiques de taille inférieure à celle qui est prescrite; l'utilisation des métiers et des engins de pêche interdits;

iii) l'exploitation illégale d'espèces maritimes figurant sur la liste des espèces maritimes menacées, précieuses et rares;

iv) la pêche illégale dans les eaux sous la gestion d'autres organisations régionales, nationales ou territoriales de gestion de la pêche;

v) l'exploitation des produits aquatiques au-delà de la production par espèce; l'exploitation dans les mauvaises zones, au-delà de la date d'expiration indiquée dans le permis;

vi) la dissimulation, falsification ou destruction des preuves de violation des réglementations relatives à l'exploitation et la protection des ressources aquatiques;

vii) l'empêchement de l'autorité compétente d'inspecter et de contrôler le respect de la réglementation relative à l'exploitation et à la protection des ressources aquatiques;

viii) le transbordement ou soutien aux navires dont il a été déterminé qu'ils se livraient à la pêche illégale, sauf en cas de force majeure;

ix) le défaut d'équiper ou d'utiliser de manière inadéquate l'équipement de communication et l'équipement de surveillance de croisière tel que prescrit;

32. L'article 81.2.e de cette loi.

33. T.L.P. Nguyễn, « Nâng cao hiệu quả phòng, chống khai thác thủy sản bất hợp pháp, không khai báo, không theo quy định của Luật Thủy sản », *Tạp chí Giáo dục và Xã hội*, 2021, n° 119, p. 102-106; H.T. Nguyễn, « Luật Thủy sản năm 2017 và việc đấu tranh phòng chống đánh bắt bất hợp pháp, không báo cáo, không theo quy định (IUU) », *Tạp chí Nghiên cứu lập pháp*, 2018, n°s 3+4, p. 56-62.

x) le défaut d'avoir un certificat d'admissibilité à la salubrité des aliments tel que prescrit;

xi) l'importation temporaire en vue d'une réexportation; l'exportation temporaire en vue d'une réimportation; le transfert frontalier; le transit sur le territoire vietnamien de produits aquatiques provenant de la pêche illégale;

xii) le défaut d'enregistrement, l'enregistrement incomplet ou incorrect, le défaut de soumission du journal de pêche, le défaut de déclaration tel que prescrit;

xiii) l'utilisation de navires de pêche apatrides ou nationaux d'un pays non membre pour pêcher illégalement dans les eaux internationales sous la gestion de l'organisation régionale de gestion des pêches;

xiv) l'utilisation des navires de pêche pour exploiter des produits aquatiques non conformes à la réglementation sur l'exploitation et la protection des ressources aquatiques dans les eaux internationales qui ne sont pas sous la gestion de l'organisation régionale de gestion des pêches.

Ainsi, la mise en œuvre des règles conventionnelles avec l'accent mis sur la prohibition de deux types de subventions à la pêche et les règles nationales du Viet Nam concentrées sur l'élimination de la pêche INN ne causeront pas de difficultés majeures pour ce membre en vue de respecter les disciplines prévues par l'ASP sur les subventions concernées. Toutefois, en dehors de ces éléments favorables, le cadre juridique du Viet Nam présente également des éléments défavorables à la mise en œuvre de certaines obligations de l'ASP.

1.3 Les mesures appliquées face au carton jaune de l'UE

Dans la pratique, conformément au règlement (CE) n° 1005/2008, l'UE a émis un avis d'alerte, soit un carton orange, pour les produits de pêche venant du Viet Nam depuis 2017[34] parce que l'UE ne pouvait pas « ignorer l'incidence des activités illicites menées par des navires vietnamiens sur les

34. T.D. Nguyễn et T.G. Phan, « Quy định cấm đánh bắt thủy sản trái phép IUU và vấn đề xuất khẩu thủy sản sang thị trường EU của Việt Nam », *Tạp chí Công thương*, 2019, n° 4, p. 78-83; K.Đ. Lê, « Những tác động của thẻ vàng IUU đối với Việt Nam và một số kiến nghị giải pháp để gỡ thẻ vàng IUU đối với ngành thủy sản Việt Nam », *Tạp chí Công thương*, 2020, n° 9, p. 32-35.

écosystèmes marins dans la région du Pacifique[35] ». Quoique le Viet Nam ait des préoccupations avec le fait que cet avis d'alerte a conduit à la chute des exportations de produits originaires de la pêche marine, il a dû mener une série d'actions en matière de révision des textes juridiques régissant la pêche et l'exploitation des ressources marines, de gestion et préservation des ressources halieutiques et de la biodiversité, de communication en vue de renforcer et d'améliorer les connaissances des pêcheurs et d'autres personnes concernées[36]... Tout cela fait valoir à la fois une volonté politique grandissante et des efforts du Viet Nam afin d'éliminer la pêche INN, ce qui contribuera donc à la mise en œuvre effective de l'interdiction des subventions à la pêche INN exigée par l'ASP.

1.4 La coopération et le soutien international au développement durable du milieu marin au Viet Nam

La coopération et le soutien international au développement durable du milieu marin au Viet Nam constituent également un facteur important pour la mise en œuvre de l'ASP au Viet Nam. Ce pays a mis en place une politique ouverte afin de renforcer les relations avec d'autres pays et des organisations internationales et régionales en matière maritime. Fruit de cette politique, il a pu recevoir des financements importants sous la forme d'assistance de développement officiel en vue de déployer des projets sur la protection et le développement durable du milieu marin. Selon une étude publiée par l'OMC, durant la période de 2011 à 2020, le Viet Nam a bénéficié des financements de 101 millions de dollars américains pour le développement de la pêche et de 79,5 millions de dollars américains pour le développement de l'économie océanique durable[37]. Ces soutiens ont joué un rôle important dans la transformation de la pêche du Viet Nam vers la durabilité. Cela veut dire également que le Viet Nam serait susceptible d'en bénéficier en vue de substituer les subventions nationales à la pêche visées par l'ASP.

De plus, il faut noter que l'ASP prévoit la création d'un mécanisme de financement de l'OMC sur la pêche en vue de fournir une assistance technique et un renforcement des capacités ciblées réservés à aider les pays en

35. Commission européenne, « La Commission adresse un avertissement au Viet Nam concernant l'insuffisance de ses mesures de lutte contre la pêche illicite », *Communiqué de presse*, Bruxelles, 23 october 2017, p. 1.

36. H.P. Ngô, « Những lợi ích từ thẻ vàng của Ủy ban châu Âu áp đặt đối với ngành thủy sản Việt Nam », *Tạp chí Nghiên cứu Lập pháp*, 2022, no. 23, tr. 3-12.

37. OMC, *Implementing the WTO Agreement on Fisheries Subsidies: Challenges and Opportunities for Developing and Least-Developed Country Members*, Genève, 2022, p. 17, 19.

développement et les pays les moins avancés membres à mettre en œuvre l'accord[38]. Ayant conscience de l'importance de ce mécanisme en vue d'inciter les pays en développement et les pays les moins avancés membres à accepter l'ASP, ce mécanisme est devenu opérationnel depuis le 8 novembre 2022 avec le budget estimé à 20 millions de dollars américains au cours de son fonctionnement et le budget initial d'environ 10 millions de dollars américains[39]. Jusqu'en août 2023, ce mécanisme a reçu des dons d'environ 6,33 millions de francs suisses (soit environ 7,17 millions de dollars américains), effectués par le Japon, le Canada, l'Allemagne, l'Australie, les Pays-Bas, la France, l'Islande et la Suède[40]. Le montant devrait encore être augmenté avec les dons d'autres membres. Cela signifie qu'en tant que pays en développement membre de l'OMC, le Viet Nam bénéficierait des soutiens financiers de ce mécanisme afin d'améliorer ses capacités en cette matière si l'ASP entre en vigueur pour ce membre.

Ainsi, tous les avantages susmentionnés créeront des conditions favorables à la mise en œuvre de l'ASP au Viet Nam.

2. LES ASPECTS DÉFAVORABLES À LA MISE EN ŒUVRE DE L'ASP

À côté des avantages analysés ci-dessus, le Viet Nam doit faire face aux difficultés et aux obstacles qu'il devra prendre en compte lors de l'acceptation et de la mise en œuvre de l'ASP. Il s'agit surtout des difficultés et obstacles suivants.

2.1 Les difficultés dans la mise en œuvre de certaines obligations prévues dans l'ASP

Les difficultés dans la mise en œuvre de certaines obligations prévues dans l'ASP, d'un point de vue juridique, se manifestent par l'existence dans le droit national du Viet Nam du régime de subventions à la pêche dont plusieurs types sont jugés préjudiciables. Cette existence pourrait conduire à l'incompatibilité du droit national du Viet Nam avec les règles de l'ASP. De plus, le respect partiel par le Viet Nam de l'obligation relative à la transparence prévue par l'Accord de l'OMC sur les subventions et les mesures

38. L'article 7 de l'ASP.
39. OMC, « Le mécanisme de financement de l'OMC sur la pêche, destiné à aider les pays en développement et les PMA, est désormais opérationnel », 8 novembre 2022, [En ligne], https://www.wto.org/french/news_f/news22_f/fish_08nov22_f.htm.
40. Voir l'ensemble des informations sur ces dons sur : https://www.wto.org/french/news_f/archive_f/ffm_arc_f.htm.

compensatoires (l'accord SMC) constituerait un obstacle à l'effectivité de la transparence exigée par l'ASP.

Premièrement, en ce qui concerne la préoccupation de l'incompatibilité du droit interne Viet Namien avec l'ASP, le décret gouvernemental n° 67/2014/NĐ-CP du 7 juillet 2014 portant sur l'application de certaines politiques de développement de la pêche, amendé par le décret n° 89/2015/ND-CP du 07/10/2015, ensuite par le décret n° 172/2016/ND-CP et par le décret n° 17/2018/ND-CP, a établi cinq programmes de subventions à la pêche, y compris :

- Le programme d'investissement : le budget central investit de 90 % à 100 % des fonds dans la construction de différents éléments d'infrastructure essentiels aux ports de pêche, aux zones de mouillage et d'abri contre les tempêtes ; dans les îles, les zones aquacoles, les zones de reproduction concentrée, y compris les principaux systèmes d'approvisionnement en eau et de drainage[41]...
- Le programme de crédit : ce programme vise tout d'abord le soutien financier à la construction et la mise à niveau des navires de pêche hauturière ou de services logistiques pour la pêche hauturière[42]. En cas de construction d'un navire neuf en acier ou en bois, en fonction de la capacité totale du moteur principal (surtout ceux de plus de 400 CV), les propriétaires peuvent emprunter auprès des banques commerciales jusqu'à 95 %, 90 % ou 70 % de l'investissement total, avec un taux d'intérêt fixé à 7 % par an pour la première année, dont une partie est indemnisée par l'État. Ce programme s'applique également au prêt en vue de renforcer le fonds de roulement[43] des propriétaires de navire de pêche ou de navire de services logistiques de pêche avec un taux d'intérêt de 7 % par an pour la première année.
- Le programme d'assurance : selon ce programme, le budget étatique prend en charge la totalité ou une partie des coûts annuels de l'assurance accident pour chaque membre d'équipage travaillant à bord ou de l'assurance de la coque, de l'équipement et des engins de pêche de chaque navire (assurance tous risques)[44].
- Le programme d'incitations fiscales : une série de mesures d'incitations fiscales ont été établies, y compris : i) l'exonération de la taxe

41. L'article 3 de ce décret.
42. L'article 4.1 de ce décret.
43. L'article 4.3 de ce décret.
44. L'article 5 de ce décret.

sur les ressources naturelles pour la pêche d'espèces marines sauvages; ii) la non-perception des droits d'enregistrement imposés aux navires de pêche; iii) l'exonération de l'impôt sur les bénéfices des sociétés pour les revenues tirés d'activités de pêche en mer; iv) l'exonération de la taxe sur le revenu des personnes physiques pour les particuliers qui pêchent directement des produits de la mer et pour leur ménage; et v) l'exonération des droits d'importation sur les machines, équipements, matières premières et composants qui ne sont pas encore produits dans le pays et utilisés pour construire ou rénover des navires dont le moteur principal a une capacité supérieure ou égale à 400 CV[45].

- D'autres mesures qui visent à renforcer les capacités par la prise en charge des frais de formation; des dépenses pour le transport de marchandises de la côte vers les navires de pêche hauturière, et l'inverse; des dépenses pour la conception de modèles de navire de pêche hauturière en acier et de navire de services logistiques; des dépenses pour l'entretien ou la réparation périodique[46].

Selon Sumaila et d'autres auteurs, en fonction des répercussions des subventions à la pêche sur la protection du milieu marin[47], les subventions peuvent être considérées comme bénéfiques, nuisibles et ambiguës. Les subventions bénéfiques sont celles qui sont accordées à la gestion de la pêche, au développement et à la recherche sur la pêche et aux zones de protection marine. Les types de subventions qui sont nuisibles au milieu marin comprennent celles qui sont accordées pour la construction et la mise à niveau des navires de pêche, les projets de développement de la pêche, le développement des ports de pêche, l'infrastructure de stockage et de marché, l'exemption de taxe, l'accès à la pêche et l'essence. Les subventions ambiguës sont accordées aux pêcheurs, aux communautés rurales de pêche et au rachat des navires de pêche[48]. Conformément à cette classification, une grande partie des politiques de développement de la pêche du Viet Nam précitées tombent dans la deuxième catégorie, du fait que le renforcement des capacités des navires de pêche ou des navires pour les services logistiques de pêche bénéficiaires d'une de ces subventions conduirait à la surpêche et à la pêche des stocks surexploités.

45. L'article 6 de ce décret.
46. L'article 7 de ce décret.
47. U.R. Sumaila et collab., « A bottom-up re-estimation of global fisheries subsidies », *Journal of Bioeconomic*, 2010, vol. 12, p. 201-225.
48. *Ibid.*, p. 206.

Dans la pratique, selon une donnée estimée par Sumaila et ses collaborateurs, le montant des subventions à la pêche au Viet Nam en 2010 a été estimé à environ 650 millions de dollars américains[49]. Ensuite, après cinq ans de mise en place des programmes précités, les subventions conséquentes ont été accordées. Au cours des cinq ans de la période de 2015 à 2020, près d'un milliard de dollars américains, avec une moyenne de 200 millions de dollars américains par an, ont été accordés au secteur de la pêche au Viet Nam[50]. Selon l'estimation de Harper et Sumaila, 60 % de ces subventions sont considérées comme nuisibles à la protection des espèces marines[51]. Parmi ces subventions nuisibles, 12 % ont été distribuées à la pêche artisanale (SSF : small-scale fisheries) et 88 % à la pêche à grande échelle (LSF : large-scale fisheries). Il faut noter que les subventions à la pêche à grande échelle sont plus nuisibles aux espèces marines que celles à la pêche artisanale. Dès lors, les impacts négatifs de l'ensemble de ces subventions sont d'autant plus conséquents.

De plus, le Viet Nam a l'intention de maintenir et de renforcer ces programmes de soutien à la pêche durant la période de 2021 à 2030 avec la promulgation d'un nouveau décret remplaçant le décret nº 67/2014/NĐ-CP. Selon la proposition du ministère de l'Agriculture et du Développement rural datée du mois de mai 2022, le soutien à la pêche sera exercé avec six programmes. Au titre de cette proposition, pour la période de 2021 à 2030, le gouvernement vietnamien envisage d'accorder des subventions qui s'élèvent jusqu'à 43,365 milliards de dongs (équivalant à 1,9 milliard de dollars américains, soit une moyenne annuelle de 190 millions de dollars américains[52]). Le montant de ces subventions sera doublé par rapport à celles qui ont été accordées au cours de la période précédente. Parmi ces subventions, une grande partie pourront être considérées comme nuisibles au milieu marin.

Il est établi que l'acceptation future du Viet Nam de l'ASP exige qu'au titre de l'article XVI.4 de l'Accord instituant l'OMC et de l'article 6.2 de la *Loi sur les traités internationaux* du Viet Nam de 2016, ce membre doive assurer la compatibilité du droit interne avec les règles de fond de cet accord. En d'autres termes, il serait tenu de réviser son droit interne et il faut que les

49. S. Harper et U.R. Sumaila, « Distributional Impacts of Fisheries Subsidies and Their Reform: Case Studies of Senegal and Vietnam », *IIED Working Paper*, mars 2019, [En ligne], https://iied.org/sites/default/files/pdfs/migrate/16655IIED.pdf.

50. Ministère de l'Agriculture et du Développement rural du Vietnam, *Proposition de promulgation du décret sur certaines politiques de développement de la pêche*, 2022.

51. S. Harper et U.R. Sumaila, *op. cit.*, note 50, p. 12.

52. Ministère de l'Agriculture et du Développement rural du Vietnam, *op. cit.*, note 51.

programmes de soutien à la pêche couverts par l'ASP soient supprimés. Le maintien de tel ou tel programme pourrait établir une violation par le Viet Nam de l'ASP.

Deuxièmement, le respect partiel de l'obligation de transparence au titre de l'accord SMC constituerait une pratique défavorisant la mise en œuvre de l'obligation du même type prévue par l'ASP.

À ce sujet, il faut rappeler qu'au titre de l'article 25 de l'accord SMC chaque membre de l'OMC est tenu de notifier au comité des subventions et des mesures compensatoires (SMC) tous les deux ans toute subvention spécifique accordée ou maintenue sur son territoire. La teneur d'une notification devrait être suffisamment précise et contenir au moins les informations requises[53]. Toutefois, le comité SMC a, à maintes reprises, soulevé deux principales préoccupations sur la non-notification d'une grande partie des membres de leurs subventions et sur des notifications avec les informations incomplètes[54]. Quant au Viet Nam, depuis son entrée dans l'OMC, cette obligation a été exercée trois fois, soit en 2013[55], 2015[56] et 2020[57]. Ses notifications suscitent des inquiétudes : d'une part, il ne s'agit pas d'une notification annuelle exigée ; d'autre part, il manque souvent des informations importantes (telles que le montant de chaque subvention et ses effets sur le commerce[58]) sans aucune explication, telle qu'elle est requise au titre de l'article 25.3 de cet accord. Les politiques pour le développement de la pêche

53. L'article 25.3 de l'accord SMC.

54. Par exemple, à la réunion du 25 octobre, le comité des SMC a indiqué que 89 membres n'avaient toujours pas soumis leurs notifications concernant les subventions avant l'échéance fixée à la mi-2021 et que 76 membres n'avaient pas encore soumis leurs notifications concernant les subventions pour 2019 et 65 pour 2017. Voir : OMC, « Des membres continuent de prendre du retard dans leurs notifications concernant les subventions, a-t-on indiqué au Comité », *Nouvelles*, 25 octobre 2022, [En ligne], https://www.wto.org/french/news_f/news22_f/scm_25oct22_f.htm.

55. Comité des subventions et des mesures compensatoires, *Subventions : nouvelle notification complète au titre de l'article XVI.1 du GATT de 1994 et de l'article 25 de l'Accord sur les subventions et les mesures compensatoires, Vietnam*, G/SCM/N/135/VNM, 13 mars 2013.

56. Comité des subventions et des mesures compensatoires, *Subventions : nouvelle notification complète au titre de l'article XVI.1 du GATT de 1994 et de l'article 25 de l'Accord sur les subventions et les mesures compensatoires, Vietnam*, G/SCM/N/253/VNM, 25 septembre 2015.

57. Comité des subventions et des mesures compensatoires, *Subventions : nouvelle notification complète au titre de l'article XVI.1 du GATT de 1994 et de l'article 25 de l'Accord sur les subventions et les mesures compensatoires, Vietnam*, G/SCM/N/343/VNM, 27 février 2020.

58. Voir, par exemple, la notification du Vietnam du programme de soutien aux entreprises employant des travailleurs handicapés (G/SCM/N/343/VNM, p. 3-4), du programme de

du Viet Nam, telles que celles susmentionnées, ont été également notifiées au comité des SMC en 2020 en l'absence de renseignements sur le montant des subventions et sur leurs effets[59].

Conformément à l'ASP, en dehors des renseignements exigés par l'article 25 de l'accord SMC, il est requis que d'autres renseignements soient inclus dans la notification de chaque membre. Il s'agit, tout d'abord, des renseignements sur le type ou la nature de l'activité de pêche pour laquelle la subvention est accordée[60]; ensuite, des renseignements sur l'état des stocks de poissons concernés (par exemple: surexploités, exploités au maximum de façon durable, ou sous-exploités) et les points de référence utilisés, les mesures de conservation et de gestion sur place, la capacité de la flotte, les nom et numéro d'identification du ou des navires de pêche bénéficiaires de la subvention et les données sur les captures par espèces ou groupe d'espèces dans la pêcherie pour laquelle la subvention est accordée[61]. En ce qui concerne la pêche INN, la notification d'une liste des navires et des opérateurs pratiquant une telle pêche devrait être faite annuellement[62].

Force est de constater que l'exigence liée à la transparence dans l'ASP est plus lourde et détaillée que par rapport à l'exigence dans l'accord SMC[63]. Dès lors, le retard et les renseignements incomplets dans les notifications du Viet Nam dans le cadre de l'accord SMC constitueraient une pratique affectant négativement la mise en œuvre de l'obligation plus complexe prévue par l'ASP.

Le manque de transparence dans l'application de l'accord SMC et ensuite de l'ASP constitue un problème majeur affectant la gouvernance et le contrôle des subventions accordées ou maintenues par les membres de l'OMC et, dès lors, l'effectivité de la mise en œuvre de l'un ou de l'autre accord. « *Without transparency, trade agreements are just words on paper*[64]. » Certains auteurs ont proposé que le respect de l'obligation liée à la transparence prévue par l'ASP doive être considéré comme une des conditions préalables à l'octroi des financements dans le cadre du mécanisme de financement

---

soutien aux entreprises employant un nombre important de femmes (G/SCM/N/343/VNM, p. 5).

59. *Ibid.*, G/SCM/N/343/VNM, p. 16.
60. L'article 8.1.a) de l'ASP.
61. L'article 8.1.b) de l'ASP.
62. L'article 8.2 de l'ASP.
63. WTO, *op. cit.*, note 38, p. 8.
64. M.R. Karim, « Transparency is the most important governance issue in the WTO Subsidy control », *Birmingham Law School Students Essay*, 29 avril 2014, p. 5, [En ligne], https://papers.ssrn.com/sol3/papers.cfm?abstract_id=2498863.

volontaire de l'OMC[65]. Si une telle approche est appliquée et si le Viet Nam n'améliore pas son régime de notification, il risquera de ne pas pouvoir recevoir les soutiens financiers importants de l'OMC en cette matière.

2.2 Certains impacts négatifs de la mise en œuvre de l'ASP pour le Viet Nam

À côté des difficultés susmentionnées, il est estimé que la suppression des subventions à la pêche prévue par l'ASP pourrait causer, à court terme, des pertes d'emplois, une chute de revenus pour les propriétaires des navires bénéficiaires des subventions, les pêcheurs ou employés travaillant sur tel ou tel navire[66]. Selon l'évaluation effectuée par Harper et Sumaila, la diminution de l'offre de produits de pêche pourrait également entraîner plusieurs pertes d'emplois dans le secteur postrécolte, en particulier dans l'industrie de la transformation, la commercialisation et l'exportation, ce qui affecterait principalement les femmes[67]. Ces pertes conduiraient ensuite à des problèmes sociaux à résoudre, par exemple, la reconversion des pêcheurs ou des travailleurs au chômage, la pauvreté des communautés côtières... Ces enjeux n'échapperaient pas au Viet Nam qui est un des plus gros producteurs mondiaux de produits de la mer. Si le Viet Nam n'est pas en mesure de recevoir les aides de l'OMC dans le cadre de son mécanisme de financement sur la pêche, la situation pourra s'aggraver parce que le manque de ressources financières empêchera le Viet Nam d'effectuer les réformes nécessaires pour assurer la durabilité de la pêche et ainsi à atténuer les impacts négatifs de l'ASP.

CONCLUSION

Force est de constater que l'entrée en vigueur de l'ASP présente pour le Viet Nam à la fois des avantages et des difficultés. Toutefois, au sujet des difficultés, il semble qu'il ne s'agisse pas de difficultés insurmontables. Les effets négatifs de l'ASP pour le Viet Nam pourraient être atténués grâce au fait que le Viet Nam peut bénéficier, en tant que pays en développement membre, des traitements spéciaux et différenciés prévus dans cet accord pour continuer ou maintenir des subventions à la pêche prohibées dans et jusqu'à la zone économique exclusive pour une période de deux ans à

65. L'article 7 de cet accord.
66. N.D. Nguyen, O. Flaaten et K.L. Le, «Government support and profitability effects – Vietnamese offshore fisheries», *Marine Policy*, vol. 61, novembre 2015, p. 77-86.
67. S. Harper et U.R. Sumaila, *op. cit.*, note 50, p. 15.

compter de la date d'entrée en vigueur de cet accord[68]. De plus, le respect de la transparence exigée par l'ASP pourrait être assuré grâce à la coopération stricte du Viet Nam avec des organisations internationales concernées (telles que la FAO, le Groupe de la Banque mondiale et le Fonds international de développement agricole) dont les assistances techniques peuvent lui être accordées. Il est également évident de constater que, si les subventions à la pêche nuisibles à la protection du milieu marin existent, elles entraîneront des pertes encore plus conséquentes à long terme d'emplois ou de revenu… et les pêcheurs seront de plus en plus touchés. Cela veut dire qu'en équilibrant les avantages et les difficultés de l'ASP il est inévitable que le choix optimal pour le Viet Nam soit d'accepter l'ASP. Cependant, l'expérience tirée de l'acceptation par ce membre de l'accord de l'OMC sur la facilitation des échanges démontre qu'il observera si d'autres membres acceptent l'ASP et prendra sa décision à ce sujet à un moment approprié, surtout lorsque l'entrée en vigueur de l'ASP sera imminente.

Il est important de noter également que, selon l'article 12 de l'ASP, les règles de ce dernier devront être complétées par les disciplines en vue de couvrir de nouveaux types de subventions à la pêche nuisible à l'environnement (surtout celles contribuant à la surpêche et à la surcapacité) et de traitement spécial et différentié. Plus d'un an après l'adoption de l'ASP, les négociations à cette fin se multiplent au sein du Groupe de négociations sur les règles pour que les disciplines complètes soient présentées et conclues à la treizième Conférence ministérielle. Du fait qu'aucune nouvelle discipline n'a abouti lors de la Conférence en février 2024[69], les négociations continueront dans le futur. L'acceptation de l'ASP par le Viet Nam pourrait créer des conditions favorables à l'acceptation de ces nouvelles disciplines, bien que ces dernières lui posent des enjeux grandissants concernant à la fois la révision du droit national et l'assurance de sa mise en œuvre efficace.

---

68. Voir, par exemple, les articles 3.8 et 4.4 de cet accord. Ces articles prévoient une exemption des actions fondées sur le règlement des différends pour les subventions à la pêche prohibées.
69. OMC, « La DG et le président des négociations sur les subventions à la pêche exhortent les membres à aplanir les divergences avant la fin de l'année », *Nouvelles*, 10 novembre 2023, [En ligne], https://www.wto.org/french/news_f/news23_f/fish_10nov23_f.htm. Voir également: L. Wong, « World Trade Organization Fisheries Subsidies Negotiations », *Congressional Research Service – In Focus*, IF11929, mis à jour le 13 avril 2023.

2

APPROCHE RENFORCÉE DES OUTILS DU DROIT RÉGIONAL ET NATIONAL

A REINFORCED APPROACH BY TOOLS OF REGIONAL AND NATIONAL LAWS

CHAPITRE 5

La mise en œuvre difficile des objectifs de développement durable établis dans les accords récents UE–pays d'Asie-Pacifique et les limites de la protection du milieu marin dans la zone

Michel Trochu

RÉSUMÉ

La nécessité de promouvoir le développement durable a été affirmée avec force par le Conseil, la Commission, le Président de la Commission et le Comité économique et social européen dans les accords de « nouvelle génération » conclus par l'Union européenne avec les Pays d'Asie-Pacifique. Toutefois, au vu de certains résultats obtenus après la mise en œuvre de ces accords, il apparait que la réalité n'est pas toujours conforme aux grands principes affirmés. Dans un tel contexte, quels ont été les impacts de la « croissance bleue » à l'initiative de la FAO et de l'accord OMC sur les subventions à la pêche ?

MOTS CLÉS: *Croissance bleue, Accord OMC sur les subventions à la pêche, Conférence pour une convention sur la gestion durable de la biodiversité marine en haute mer*

Depuis plusieurs années, l'Union européenne (UE) multiplie les accords de libre-échange avec des pays tiers. En quoi ces accords de « nouvelle génération » sont-ils plus complets que les anciens ? En réalité, ils concernent, en particulier, les services, les marchés publics, la protection de la propriété intellectuelle. Ils tendent, aussi, vers une harmonisation des normes, qu'elles soient sanitaires, sociales ou environnementales. Enfin, un mécanisme de règlement des différends entre investisseurs et États (ISDS: Investor-State dispute settlement) est organisé.

Cette nécessité de promouvoir le développement durable a été, plus précisément, affirmée par les institutions européennes. Ainsi le Conseil européen a rappelé, le 22 juin 2015, à propos du renforcement des liens avec l'Association des nations de l'Asie du Sud-Est (ASEAN : Association of Southeast Asian Nations), certaines priorités, comme aligner les positions sur les questions d'envergure mondiale, tels les objectifs de développement durable.

De son côté, la Commission a dégagé certains grands principes dans une communication du 14 octobre 2015 intitulée « Le commerce pour tous, vers une politique de commerce et d'investissement responsable[1] ».

Pour sa part, le président de la Commission européenne, dans son discours sur l'état de l'Union le 13 septembre 2017, a été très explicite, avant d'annoncer « une nouvelle stratégie industrielle » qui mettra l'innovation, la numérisation et la décarbonisation de l'économie au centre de la politique commerciale de l'UE. Pour lui, « le commerce, c'est l'exportation de nos valeurs sociales et environnementales, et de nos normes en matière de sécurité alimentaire ».

De même, lors de sa session plénière de décembre 2017, le Comité économique et social européen (CESE) a adopté un avis sur « le rôle clé du commerce et des investissements dans la réalisation et la mise en œuvre des objectifs de développement durable » (ODD).

Enfin, très récemment, des références fortes ont été, à nouveau, faites aux ODD par l'Union européenne, lors du lancement, en décembre 2021 de sa stratégie « Global Gateway ». Dans ce cadre, la présidente de la Commission européenne a annoncé un investissement de 300 milliards d'euros sur la période 2021-2027, ciblé, particulièrement, sur 5 domaines clés, en accord avec les ODD : le numérique, le climat et l'énergie, les transports, la santé et l'éducation et la recherche.

1. Communication au Parlement européen, au Conseil, au Comité économique et social et au Comité des régions, COM (2015) 497 final.

Comment ces orientations définies avec force par le Conseil, la Commission, le président et la présidente de la Commission et le Comité économique et social européen se sont-elles traduites dans les accords de « nouvelle génération » conclus par l'Union européenne et entrés en vigueur le 13 décembre 2015 avec la Corée du Sud, le 1er février 2019 avec le Japon, le 21 novembre 2019 avec Singapour, le 1er août 2020 avec le Viet Nam et signé le 30 décembre 2020 avec la Chine, mais dont le processus de ratification a été suspendu par la Commission européenne le 4 mai 2021 ? En réalité certains principes de développement durable ont bien été affirmés dans ces accords impulsés par l'Europe, comme dans l'accord avec le Japon.

L'Accord global UE-Chine sur les investissements contient, également, un chapitre sur les investissements et le développement durable (section IV)[2]. Ainsi, il inclut des dispositions en matière d'environnement et de travail. S'agissant de la protection de l'environnement, les parties s'engagent à mettre en œuvre la Convention-cadre des Nations unies sur les changements climatiques et l'Accord de Paris (sous-section 2, article 6). Cependant, les engagements sont moins ambitieux en matière des droits des travailleurs. Le chapitre comprend essentiellement des références aux conventions fondamentales de l'Organisation internationale du travail (OIT).

Cette tendance à élargir les domaines d'intervention des accords n'est pas propre, d'ailleurs, aux traités conclus par l'Union européenne. On retrouve, en effet, la même démarche dans des accords récents qui se caractérisent par une architecture similaire. Référence est ainsi faite au droit de l'environnement et au droit du travail dans le Partenariat transpacifique global et progressiste (PTPGP) entré en vigueur le 30 décembre 2018. C'est, également, le cas pour l'Accord États-Unis–Mexique–Canada (AEUMC) entré en vigueur le 1er juillet 2020.

En revanche, le Partenariat économique régional global (RCEP : Regional Comprehensive Economic Partnership) qui, conclu entre quinze pays autour de l'océan Pacifique – l'Inde s'étant finalement retirée –, est désormais la plus grande zone de libre-échange au monde n'est pas aussi complet que le PTPGP. Entré en vigueur le 1er janvier 2022, il est plus concentré sur la diminution des droits de douane et la suppression des quotas et ne traite pas les questions de droit du travail, d'environnement et de subventions gouvernementales.

2. E. Ruiz Cairó, « Accord global UE-Chine sur les investissements : entre libéralisation et intérêts publics », Centre d'excellence Jean-Monnet de Genève, 25 janvier 2021.

Mais, au vu de certains résultats obtenus après la mise en œuvre de ces accords conclus par l'Union européenne avec certains pays d'Asie-Pacifique, il semble que la réalité n'est pas toujours conforme aux grands principes affirmés.

Ainsi la Commission européenne a enclenché le 17 décembre 2018 la procédure de règlement des différends prévue dans le chapitre « Commerce et développement durable » de l'Accord UE-Corée du Sud.

Quant au Japon, ce n'est que le 19 juillet 2022 que son gouvernement a déposé auprès de l'OIT l'instrument de ratification de la Convention n° 105 sur l'abolition du travail forcé. Pour ce qui est de l'accord euro-japonais du 1er février 2019, il renvoie, certes, à l'Accord de Paris sur le climat. Cela n'empêche pas, cependant, certaines ONG d'évoquer un « accord climaticide » ; pour elles, les seuls chapitres qui ne sont pas contraignants sont ceux sur le développement durable et l'Accord de Paris a été inscrit dans ces chapitres et non dans les clauses essentielles[3].

La même tendance se vérifie au Viet Nam : « Quelle que soit sa fonction l'ALE UE-Viet Nam et le chapitre relatif au développement durable ne peuvent être utiles que s'ils sont effectifs. De manière générale, la mise en œuvre effective de l'ALE implique une certaine conduite et l'établissement de mesures visant à garantir le respect de la règle et de son exécution… Or, au sein de l'accord UE-Viet Nam, les parties ont privilégié les mécanismes de mise en œuvre souple tels que la coopération et le dialogue[4]. »

Pour ce qui est, enfin, des engagements de la Chine sur l'environnement et le climat dans l'Accord global sur les investissements, ils correspondent, certes, à ses objectifs nationaux de développement des énergies renouvelables. Mais ses ambitions résistent difficilement à l'épreuve des faits avec l'évolution explosive de la production de charbon.

Si la mise en œuvre d'accords de libre-échange récents relevant de la « nouvelle génération » révèle de réelles défaillances dans la zone Asie-Pacifique dans le domaine très important du développement durable, il est permis de s'interroger sur les possibilités réelles de protéger le milieu marin dans la région.

---

3. M. Trochu, « Les accords de partenariats UE–Asie-Pacifique », *RDAI/IBLJ*, 2019, n° 4, p. 389 et suiv.
4. M.-L. Le Goueff-Duong, « Le rôle de l'Union européenne dans la promotion du développement durable à travers la conclusion de ses accords extérieurs : l'exemple de l'accord de libre-échange UE-Vietnam », 2 décembre 2019.

Il faut se reporter, en ce domaine, à la Convention des Nations unies sur le droit de la mer et aux 17 ODD adoptés par l'Assemblée générale de l'ONU pour la période 2015-2030. La première consacre une partie de ses dispositions à la protection et à la préservation du milieu marin (partie XII). Quant au quatorzième objectif de développement durable, il promeut la conservation et l'exploitation durable des écosystèmes marins et côtiers, selon trois ambitions fondatrices :

- Une gestion plus durable des ressources par la préservation de 10 % des zones marines et côtières, et la lutte contre la surpêche et la pêche illicite ;
- L'accélération des recherches scientifiques et du transfert de techniques pour renforcer la résilience des écosystèmes et réduire au minimum l'acidification des océans ;
- La conception de la gestion durable des ressources marines comme une occasion de développement économique et touristique pour les petits États insulaires et les pays les moins avancés[5].

La mise en œuvre de ces principes paraît essentielle lorsqu'on observe que les écosystèmes côtiers et marins en Asie sont parmi les plus riches et les plus productifs au monde.

Quant à la pêche, elle reste une des principales activités économiques dans les zones côtières. À noter, aussi, que l'Asie, en tant que région maritime importante, joue un rôle clé dans les transports maritimes internationaux[6].

Mais, si l'environnement économique et social paraît très positif, cette réalité a également son revers : « Si les mers d'Asie du Sud-Est sont les plus riches au monde en récifs coralliens, tant en biodiversité qu'en valeur absolue (23 % des ressources mondiales), plus de la moitié de ces récifs sont déjà classés dans les catégories fortement et très fortement menacés dans le dernier rapport du World Ressource Institute. Leur disparition ferait chuter de 80 % les ressources alimentaires de la région et affecterait entre 100 et 150 millions de personnes. Par ailleurs, l'Asie du Sud-Est et la Chine devraient être particulièrement affectées par le réchauffement climatique et la montée des eaux : salinisation des terres empêchant la riziculture, inondations des régions deltaïques densément peuplées (ex. : Mékong), érosions côtières,

---

5. Gouvernement, *L'Agenda 2030 en France, ODD 14* : « conserver et exploiter de manière durable les océans, les mers et les ressources marines aux fins de développement durable », 4 décembre 2019.
6. Organisation maritime internationale (OMI), « Asie et îles du Pacifique », [En ligne], https://www.imo.org/fr/OurWork/TechnicalCooperation/Pages/AP.aspx.

accélération de la destruction des écosystèmes marins et diminution des ressources halieutiques[7]. »

Face à ces perspectives apocalyptiques, quels peuvent être les impacts des objectifs de développement durable dans les domaines de la pêche et du transport maritime dans la région Asie-Pacifique ?

1. LES IMPACTS DES OBJECTIFS DE DÉVELOPPEMENT DURABLE DANS LE DOMAINE DE LA PÊCHE DANS LA RÉGION ASIE-PACIFIQUE

En Asie, les chiffres sont impressionnants, que ce soit dans les secteurs traditionnels de la pêche ou de l'aquaculture : près de 75 % des bateaux de pêche dans le monde sont asiatiques, et plus de 80 % des populations travaillant dans les secteurs de la pêche ou de l'aquaculture résident en Asie. Quant aux chiffres concernant l'aquaculture, ils sont encore plus significatifs : 94 % des travailleurs de ce secteur se trouvent en Asie. D'ailleurs, le poids de l'aquaculture asiatique s'explique, en particulier, par le penchant très marqué des cuisines asiatiques pour le « frais », l'accès aux ressources vivantes, y compris sur les marchés où le poisson s'achète sous cette forme[8]. La Chine est dans le domaine du poisson le premier producteur, le premier exportateur et le troisième importateur. Elle n'hésite pas à aller pêcher loin et beaucoup. En l'espace de 20 ans, elle s'est constitué la plus large flotte de pêche en haute mer, avec environ 3000 navires qui se déploient désormais sur tous les océans[9].

À noter, également, que l'Asie du Sud-Est et la Chine font face à une baisse des stocks de poissons, alors que la ressource halieutique constitue le principal apport en protéines des populations riveraines[10]. Par exemple, « la pêche était estimée en 2015 dans la mer de Chine méridionale à 10 millions de tonnes, soit environ 12 % des captures mondiales, avec un chiffre qui n'a cessé de baisser. Et une étude menée par l'Université de la Colombie-Britannique, au Canada, a révélé que les pratiques de pêches destructrices et

7. N. Fau, « Régionalisation des espaces maritimes en Asie du Sud-Est », *Bulletin de l'Association de géographes français*, 98-1, 2021.
8. J.F. Di Meglio, « L'Asie centre de gravité de la pêche mondiale », *Innovation24.news*, 24 décembre 2019.
9. P. Demoux, « Comment la Chine déploie sa considérable force de pêche sur tous les océans », *Les Échos*, 7 octobre 2022.
10. E. Frécon, « Conflits halieutiques en mer de Chine du Sud : impact sur la gouvernance maritime », *Vertigo*, hors série 33, mars 2021.

illégales ont vidé de 70 % à 90 % les ressources halieutiques dans ces eaux depuis 1950[11] ».

Et il y a surpêche lorsque l'augmentation des capacités de capture entraîne, par exemple :

- Une diminution du nombre de prises, voire la disparition plus ou moins locale de certaines espèces,
- La régression du stock d'individus aptes à se reproduire.

Face à ce développement des pêches illégales se pose, aussitôt, la question de la gouvernance pour tenter de réguler ce fléau, tandis que grandes et petites puissances se font concurrence dans la zone concernée (disputes territoriales, luttes d'influence autour des normes...) à l'échelle aussi bien locale, régionale que supra-régionale.

Les tensions importantes et fréquentes constatées en mer de Chine méridionale en sont une parfaite illustration. Pékin a, en effet, présenté, en 2009 à l'ONU, ses revendications sur « la ligne des neuf traits », une zone qui couvre 80 % de l'espace maritime de la mer de Chine méridionale et sur laquelle la Chine cherche à étendre sa souveraineté. Elle veut, ainsi, s'assurer des ressources halieutiques, énergétiques et minières. Sur le plan stratégique, elle prend en compte aussi le fait qu'un tiers du trafic commercial mondial y transite et que ce couloir lui permet d'envoyer ses marchandises en Europe.

Toutefois, en 2016, un tribunal arbitral de la Cour permanente d'arbitrage de La Haye a jugé que la Chine n'a pas de base légale pour revendiquer des « droits historiques » sur cette zone, estimant que la Convention des Nations unies sur le droit de la mer accorde des droits à des zones exclusives et que ces droits sont incompatibles avec d'éventuels droits historiques de la Chine, éteints de facto par la Convention. Mais, face à cette décision, Pékin a refusé de reconnaître tout arbitrage international et toute approche multilatérale.

Dans un tel contexte, la revendication de la « ligne des neuf traits » n'est pas acceptée par les pays riverains. Néanmoins, la Chine déploie une stratégie de contrôle en construisant des îles sur des récifs. Il en résulte des tensions très préjudiciables pour les pêcheurs. Les crispations se cristallisent, en particulier autour des îles Spratley, archipel corallien d'une centaine d'îles, quasiment inhabitées, s'étalant sur quelque 410 000 kilomètres carrés. Situés sur un carrefour de routes maritimes stratégiques pour le commerce mondial, ces îlots sont revendiqués, pour tout ou partie, par la Chine, le

11. *Courrier international*, « Asie : une pêche très disputée en mer de Chine méridionale », 19 octobre 2021.

Viet Nam, les Philippines, Brunei, Taïwan et la Malaisie. Quant à Pékin, il y réalise d'importantes opérations de remblaiement de façon à transformer des récifs coralliens en ports, pistes d'atterrissage et stations radars[12].

Ce climat de tension demeure très présent et se vérifie lors d'événements récents[13]. Ainsi, le 22 janvier 2021, la République populaire de Chine a publié une loi autorisant les navires de sa garde côtière à utiliser tous les moyens nécessaires, y compris la force, dans les eaux qu'elle revendique.

À noter que le récent rapport de l'Agence de l'ONU chargée de l'alimentation (FAO), publié en juin 2022, sur la situation mondiale des pêches et de l'aquaculture, estime les captures mondiales de la pêche en 2020 à 90,3 millions de tonnes, dont 78,8 pour la pêche en mer[14]. Près de la moitié de ces captures proviennent de sept pays (Chine, Indonésie, Pérou, Inde, Russie, États-Unis et Viet Nam) et, selon la FAO, 64,6 % des stocks de poisson mondiaux étaient exploités à un niveau durable en 2019, alors qu'il y en avait 90 % en 1974. Quant aux pêches illégales, elles représentent, selon le rapport, 15 % des captures mondiales en 2016.

Face à ces situations dégradées, deux mesures importantes ont été préconisées: la « Croissance bleue » à l'initiative de la FAO et l'Accord de l'OMC sur les subventions à la pêche.

1.1 « La Croissance bleue »

Le changement climatique, la surpêche et une aquaculture mal planifiée contribuent à causer des dommages irréversibles aux écosystèmes et à la diversité biologique.

Face à cette situation, « la "Croissance bleue" propose une approche globale en vue d'une gestion durable et d'une utilisation efficace des ressources naturelles, avec pour point de mire la sécurité alimentaire, la croissance économique et la capacité d'adaptation des exploitants aux effets

12. L. de Jerphanion, « Flux commerciaux, ressources et espaces de liberté stratégique: des enjeux forts », Université Paris I Sorbonne, Chaire des grands enjeux stratégiques contemporains, 2015; M. Lachkar, « Les tensions en mer de Chine poussent les pays d'Asie-Pacifique au réarmement », *Francinfo*, 8 mai 2016; J. Gaignard, « La Chine maritime et navale (6/7): pêche et prospection, l'avant-poste de la puissance », *Asialyst-Série: Chine, puissance maritime*, 15 janvier 2020.
13. Wikipédia, « Conflits en mer de Chine méridionale ».
14. Numéro 1 de la revue *Océan*; Nations unies, « Une stratégie de "transformation bleue" pour améliorer les systèmes alimentaires marins », *ONU Info*, 29 juin 2022.

du changement climatique et leur résilience face aux catastrophes naturelles et aux risques socioéconomiques[15] ».

La « Croissance bleue » repose sur diverses stratégies qui associent des réformes d'ordre politique et institutionnel et des actions sur le terrain et s'attachent à promouvoir le Code de conduite de la FAO pour une pêche responsable. Ces stratégies doivent, également, être adaptées au contexte.

Elles se déclinent de la manière suivante :

- Stratégie 1 : investir dans la sécurité alimentaire, les moyens d'existence et des conditions de vie satisfaisantes ;
- Stratégie 2 : préserver ou rétablir la biodiversité et les fonctions des écosystèmes ;
- Stratégie 3 : tirer parti des possibilités financières et économiques ;
- Stratégie 4 : mettre à profit les connaissances actuelles et les systèmes de valeur existants ;
- Stratégie 5 : créer un environnement favorable.

La FAO a encore rappelé à Rome, le 5 septembre 2022, que les secteurs de la pêche et de l'aquaculture avaient la capacité de contribuer davantage à l'amélioration de la sécurité alimentaire et de la nutrition dans le monde, mais qu'il fallait redoubler d'efforts pour faire en sorte que leur développement se poursuive de façon efficace, inclusive et durable, et que les petits pêcheurs et aquaculteurs aient un rôle fondamental à jouer dans ce contexte[16].

À noter que, dans la région Asie-Pacifique, l'initiative « Croissance bleue » a connu une première phase dans la période 2014-2015. Elle a porté sur le développement de l'aquaculture dans certains pays asiatiques à partir de divers projets de coopération technique de la FAO et d'approches innovantes en matière de gestion de l'aquaculture, dans le domaine de la promotion de systèmes intégrés aux fins de la production durable dans les exploitations rizicoles et sur le plan de la biosécurité dans le secteur de l'aquaculture[17].

L'Accord de l'OMC sur les subventions à la pêche apporte-t-il, de son côté, des solutions adaptées ?

---

15. Conférence régionale de la FAO pour l'Asie-Pacifique, point 12 de l'ordre du jour, « la Croissance bleue », 7-11 mars 2016.
16. FAO, « La situation mondiale des pêches et de l'aquaculture : vers une transformation bleue », 2022.
17. Conférence régionale de la FAO pour l'Asie-Pacifique, *op. cit.*, note 15.

1.2 L'Accord de l'OMC sur les subventions à la pêche

Les 164 pays membres de l'OMC ont conclu leurs négociations sur les subventions au secteur de la pêche le 17 juin 2022 lors de la douzième Conférence ministérielle (CM) et, pour que l'accord soit mis en œuvre, les deux tiers des membres devront déposer leurs « instruments d'acceptation auprès de l'OMC ». Élément intéressant, aussi, au titre de l'accord, les membres ont convenu de poursuivre les négociations sur les questions en suspens, en vue de formuler des recommandations d'ici à la CM13. Cela faisait 21 ans que l'Organisation travaillait à cet accord. Après des décennies de discussions et de revers successifs qui ont repoussé la conclusion des négociations ces dernières années, le but est enfin atteint : des dispositions seront, désormais, prises pour maîtriser ces financements dangereux pour l'océan puisqu'ils aident, par exemple, les pêcheurs à se doter de navires toujours plus puissants pour aller chercher les derniers poissons d'espèces surexploitées[18]. Ainsi, selon les estimations des Nations unies, 34 % des populations de poissons sont surexploitées et ne pourront pas se reconstituer…

Dans ce contexte, il faut rappeler que les cinq plus grandes nations ou entités de pêcheurs sont la Chine, les États-Unis, l'Indonésie, le Pérou et l'Union européenne qui représentent 42 % de la production mondiale de la pêche de capture marine. Point important, également, les cinq pays octroyant le plus de subventions sont la Chine, la Corée du Sud, les États-Unis, le Japon et la Russie et ils représentent 66 % des subventions octroyées. Quant au montant global des subventions au secteur, il est évalué à plus de 35 milliards de dollars par an, dont 22 milliards estimés comme des leviers directs à la surpêche. Face à ces montants, la création d'un fonds de 20 millions de dollars a été proposée pour faciliter la conversion des pays en développement vers des solutions de pêche plus durables, le différentiel entre une subvention escomptée et le montant possible proposé par le fonds risque, toutefois, de ne pas susciter de réel intérêt[19].

Il faut observer, aussi, qu'une partie significative des subventions à la pêche n'est pas incluse dans l'accord, telles les subventions à la construction de navires ou au carburant. Cela a été le cas de l'Inde, par exemple, qui a demandé une période de transition pour faire monter en puissance sa flotte dans l'intervalle.

---

18. M. Valo, « Timide accord à l'OMC sur les subventions nuisibles à la pêche », *Le Monde*, 17 juin 2022.
19. OMC, « Introduction : l'Accord sur les subventions à la pêche », note d'information pour la CM 12.

L'accord interdit les subventions dans trois domaines importants[20] :

- La pêche illicite, non déclarée et non réglementée (INN) ;
- Les soutiens à la pêche de stocks surexploités, avec, toutefois, une exemption large lorsque des efforts politiques sont faits pour reconstituer un stock à un niveau sain ;
- La surcapacité et la surpêche : sont visées les subventions qui aident les pêcheurs à couvrir les coûts opérationnels ou les coûts en capital.

La question importante du type de traitement spécial et différencié pour les pays membres en développement a aussi été examinée. Là également, les chiffres sont significatifs : les trois premières nations halieutiques – la Chine, l'Indonésie et le Pérou – sont, en effet, des pays en développement et, dans leur ensemble, les pays en développement représentent près de 70 % de la production mondiale de la pêche de capture marine. L'objectif sera, alors, d'accorder une certaine souplesse aux pays en développement membres lorsque cela se justifie du point de vue du développement, tout en évitant les exceptions générales qui favorisent les subventions généralisées, qui encouragent l'épuisement des stocks de poissons et compromettent les possibilités de développement des communautés vulnérables.

Ces évolutions positives dans le domaine de la pêche ont-elles trouvé également un écho en matière de transport maritime ?

2. LES IMPACTS DES OBJECTIFS DE DÉVELOPPEMENT DURABLE EN MATIÈRE DE TRANSPORT MARITIME DANS LA RÉGION ASIE-PACIFIQUE

De nos jours, 90 % des exportations mondiales s'effectuent par bateau, soit 80 % en valeur. L'évolution a été impressionnante : 11 milliards de tonnes de marchandises sur les mers en 2017, contre 550 millions de tonnes en 1950[21].

Il semble, aussi, que la concentration des flux maritimes en Asie ne cesse de se développer. En 2017 ainsi, 17 des 20 plus grands ports mondiaux étaient asiatiques, dont 13 chinois ou 14 avec Hong Kong.

20. T. Trschlinger et A. Tipping, « Un accord sur les subventions à la pêche à l'Organisation mondiale du commerce peut-il être conclu ? », *International Institute for Substainable Development* (IISD), 7 juin 2022.
21. F. Nicolas, « Commerce mondial : les nouvelles routes maritimes », *IFRI*, 24 avril 2020.

Le trafic mondial de l'activité de transport maritime est encadré par l'Organisation maritime internationale (OMI), agence des Nations unies, qui rassemble aujourd'hui 172 États.

Cette augmentation du trafic maritime a provoqué une révolution du mode de transport avec l'arrivée du conteneur. Ainsi, la conteneurisation a permis d'accroître l'efficacité du transport de marchandises en réduisant la durée de transport de 84 % et le coût de 35 %. Et, en 2017, la United Nations Trade and Development (UNCTAD) recensait plus de 11 813 porte-conteneurs neufs livrés, soit 13 % de la flotte mondiale[22].

Malheureusement, ce fort développement du transport maritime a des effets négatifs sur l'écosystème marin. On peut en déceler, plus particulièrement, trois :

- Les risques de marée noire ;
- Les rejets de gaz à effet de serre ;
- Les déchets et les plastiques rejetés par des navires toujours plus nombreux.

Face à ces situations préoccupantes, des initiatives importantes ont été prises dans le cadre de la cinquième session de la Conférence pour une convention sur la gestion durable de la biodiversité marine des zones ne relevant pas de la compétence nationale et à travers les partenariats en Asie-Pacifique de l'Organisation maritime internationale (OMI) et de la Commission économique et sociale pour l'Asie et le Pacifique (CESAP), d'une part, et de la Banque asiatique de développement (BASD) avec la Banque européenne d'investissement (BEI), d'autre part.

2.1 La Conférence pour une convention sur la gestion durable de la biodiversité marine en haute mer

La haute mer, qui représente 64 % des océans et qui est située à 200 miles nautiques des côtes au maximum, soit 370 km, ne bénéficie d'aucune protection en dehors de règles établies par des organisations régionales nombreuses[23].

22. Surfrider, « L'impact du transport maritime sur nos océans », 19 septembre 2022, [En ligne], https://fr.oceancampus.eu/cours/VeC/limpact-du-transport-maritime-sur-nos-oceans.
23. S. Charper, « Biodiversité marine : comment l'ONU tente de faire régner l'ordre dans le far-west de la haute mer », *TV 5 Monde-Info*, 18 février 2023.

Sa préservation paraît donc indispensable quand on constate qu'elle génère 50 % de l'oxygène que nous respirons et absorbe 25 % du gaz carbonique provenant des activités humaines.

Après plus de 15 ans de discussions informelles puis formelles, des États du monde entier se sont retrouvés à New York du 20 février au 3 mars 2023, au siège des Nations unies, pour négocier un accord portant sur l'utilisation de la haute mer de manière durable et dans le respect de la biodiversité[24].

Le traité ouvre la voie à des avancées essentielles :

- La création d'aires marines protégées en haute mer ;
- Des obligations pour les États d'évaluer l'impact environnemental des nouvelles activités qu'ils projettent en haute mer ;
- Un partage juste et équitable des bénéfices de découvertes faites dans les océans et qui pourraient être déterminantes pour les sciences, les technologies ou la médecine.

2.2 L'accord de partenariat OMI-CESAP

L'OMI et la CESAP ont, incontestablement, des vocations complémentaires. La première, l'Organisation maritime internationale, établit des normes pour des transports maritimes internationaux sans danger, efficaces et respectueux de l'environnement. Quant à la Commission économique et sociale pour l'Asie et le Pacifique, elle offre une plateforme intergouvernementale régionale, ainsi qu'un groupe de réflexion et fournit une assistance technique et des services de renforcement des capacités à l'appui de la mise en œuvre du Programme de développement durable à l'horizon 2030[25].

L'OMI et la CESAP proposeront des activités dans les domaines suivants :

- La protection du milieu marin et le changement climatique ;
- La simplification des formalités du transport maritime à l'appui des flux commerciaux mondiaux et régionaux ;
- La sécurité maritime.

---

24. P. Rouquette, « Protection de la haute mer : des enjeux de taille, un traité qui peine à émerger », France 24, 18 août 2022 ; Reporterre, « La haute mer en quête d'un traité de protection », 20 février 2023.
25. OMI, « Un partenariat pour promouvoir le transport maritime durable en Asie-Pacifique », 14 septembre 2022.

2.3 Le partenariat Banque asiatique de développement (BASD) et Banque européenne d'investissement (BEI)

Il s'agit, pour les deux partenaires, de soutenir des initiatives pour des océans propres et durables dans la région Asie-Pacifique et de contribuer, à échéance, à l'atteinte des objectifs de développement durable[26].

Dans le cadre de ce partenariat, la BASD et la BEI soutiendront des projets qui:

- Réduisent la pollution des mers par les plastiques solides;
- Mettent l'accent sur la protection intégrée des zones côtières;
- Privilégient un transport maritime, des ports et des infrastructures maritimes «verts», plus sûrs et plus performants sur le plan environnemental.

26. BEI, «La Banque asiatique de développement et la BEI s'allient pour protéger les océans et soutenir une économie bleue durable», 15 janvier 2020.

CHAPITRE 6
Quelle diffusion dans le partenariat UE-Viet Nam et UE-ASEAN de « la nouvelle approche pour une économie bleue durable dans l'Union européenne » ?

Danielle Charles-Le Bihan

RÉSUMÉ

À l'heure de la transition économique, climatique et de l'instabilité géopolitique, l'Union européenne (UE), aux prises avec de nouveaux défis, internes et externes, s'est engagée dans le domaine maritime, dans « une nouvelle approche pour une économie bleue durable pour un avenir durable » dans l'Union européenne et au-delà « des mers européennes ». L'UE cherche à diffuser sa stratégie pour une économie bleue durable dans la zone Asie-Pacifique. Elle est ainsi déployée dans l'accord de libre-échange « commerce et développement durable » conclu entre l'UE et le Viet Nam, qui se traduit par une libéralisation progressive favorable aux échanges réciproques de produits de la mer, une lutte conjointe de l'UE et du Viet Nam contre la pêche INN. Cette économie bleue s'inscrit dans un partenariat maritime mondial de l'UE et du Viet Nam, dans les grands accords maritimes et environnementaux multilatéraux. L'UE cherche parallèlement à inscrire cette stratégie dans les projets d'accords avec la Thaïlande, puis avec l'Association des nations de l'Asie du Sud-Est (ASEAN : Association of Southeast Asian Nations), qui occupe une place centrale dans cette négociation et l'oriente vers une coopération avec les partenaires de la région indopacifique, dans le commerce et la préservation des espaces maritimes et de leurs ressources, la gouvernance des océans et la sécurité maritime.

Mots clés : *Union européenne, économie bleue durable, zone Asie-Pacifique, région indopacifique*

À l'heure de la transition économique, climatique et de l'instabilité géopolitique, l'Union européenne (UE), aux prises avec de nouveaux défis, internes et externes, s'est engagée en faveur d'une nouvelle stratégie de politique commerciale plus offensive « qui soutient une autonomie stratégique ouverte de l'UE et favorise une plus grande durabilité[1] », conformément à son engagement de mettre pleinement en œuvre les objectifs de développement durable définis sous l'égide des Nations unies (ONU)[2]. La politique commerciale doit jouer pleinement son rôle dans la reprise après la pandémie de COVID-19, dans les transformations écologique et numérique de l'économie et dans la construction d'une Europe plus résiliente sur la scène internationale.

Dans le domaine maritime, une communication de la Commission européenne du 17 mai 2021[3] préconise « une nouvelle approche pour une économie bleue durable de l'Union européenne pour un avenir durable » dans l'Union européenne et au-delà « des mers européennes ». « Considérant que l'idée dépassée de l'antagonisme entre protection de l'environnement et économie s'efface » devant le fait désormais reconnu que, particulièrement dans le secteur maritime, « l'environnement et l'économie sont intrinsèquement liés » la Commission propose que l'UE substitue au

1. « Réexamen de la politique commerciale – Une politique commerciale ouverte, durable et ferme », Bruxelles, communication de la Commission européenne, 18 février 2021, COM (2021) 66 final.
2. L'UE doit se donner pour objectif de « façonner les règles mondiales pour qu'elles permettent une mondialisation plus durable et plus équitable ». Il est urgent d'actualiser les règles du commerce mondial pour qu'elles soient au diapason de l'environnement économique d'aujourd'hui et des défis que la communauté internationale doit relever. Il est convenu que la politique commerciale de l'UE « utilise tous les instruments à sa disposition pour soutenir l'équité sociale et la durabilité environnementale ». L'UE doit aussi renforcer sa capacité « de défendre ses intérêts et de faire valoir ses droits, y compris de manière autonome si nécessaire », (COM [2021] 66 final précité).
3. « Communication relative à une nouvelle approche pour une économie bleue durable dans l'Union européenne. Transformer l'économie bleue de l'Union européenne pour assurer un avenir durable », Bruxelles, 17 mai 2021, COM (2021) 240 final.

concept de « croissance bleue » celui « d'économie bleue durable ». L'économie bleue de l'Europe englobe toutes les industries et tous les secteurs, liés aux océans, aux mers et aux côtes, qu'ils relèvent du milieu marin (comme le transport maritime, la pêche, la production d'énergie) ou du milieu terrestre (comme les ports, les chantiers navals, l'aquaculture terrestre et la production d'algues ainsi que le tourisme littoral). Il s'agit, à l'échelle européenne comme à l'échelle internationale, de concilier le commerce et la protection du milieu marin.

À l'échelle internationale, en l'absence d'une définition universellement acceptée du terme, la définition de l'économie bleue proposée par la Banque mondiale est « l'utilisation durable des ressources océaniques en faveur de la croissance économique, l'amélioration des revenus et des emplois et la santé des écosystèmes océaniques[4] ».

Dans une communication du 22 juin 2022, « La force des partenariats commerciaux : ensemble pour une croissance économique verte et juste[5] », la Commission rappelle que tous les accords commerciaux récents de l'UE comportent des chapitres consacrés au commerce et au développement durable, assortis d'un large éventail d'engagements convenus d'un commun accord. L'approche actuelle en matière de commerce et de développement durable est fondée sur des engagements et sur un cadre et des normes définis au niveau international. La nouvelle approche prévoira en particulier le recours à des sanctions commerciales en cas de violation des dispositions fondamentales en matière de commerce et de développement durable. Elle sera appliquée aux négociations futures et, le cas échéant, aux négociations en cours.

Dans un ensemble de mesures proposées le 21 février 2023, la Commission européenne a présenté plusieurs communications[6] qui s'intègrent dans la stratégie de l'économie bleue que l'UE entend diffuser dans ses accords internationaux :

---

4. Banque mondiale, « Économie bleue », [En ligne], https://www.banquemondiale.org/fr/topic/oceans-fisheries-and-coastal-economies et « L'économie bleue durable est essentielle pour les petits pays et les populations côtières », *ONU Info*, 28 juin 2022, [En ligne], https://news.un.org/fr/story/2022/06/1122752.
5. « La force des partenariats commerciaux : ensemble pour une croissance économique verte et juste », Bruxelles, 22 juin 2022, COM (2022) 409 final.
6. Voir le document de synthèse : *Pêche, aquaculture et écosystèmes marins : transition vers une énergie propre et protection des écosystèmes pour plus de durabilité et de résilience*, Commission européenne, Communiqué de presse, 21 février 2023, IP/23/828.

- Une communication relative à la transition énergétique du secteur de la pêche et de l'aquaculture de l'UE[7] qui vise notamment « à veiller à ce que le secteur contribue aux ambitions de l'UE en matière de climat, de biodiversité, de santé et de réduction de la pollution pour 2030 et 2050 et puisse exploiter les débouchés commerciaux qui en découlent » ;
- Une communication relative à un plan d'action de l'UE : Protéger et restaurer les écosystèmes marins pour une pêche durable et résiliente[8].

Le milieu marin ainsi que les pêcheurs et le secteur de la pêche de l'UE sont aux prises avec de multiples difficultés : les menaces existentielles que le changement climatique et la perte de biodiversité font peser sur le milieu marin, une série de défis majeurs (Brexit, pandémie de COVID-19 et, plus récemment, répercussions de l'agression militaire de la Russie contre l'Ukraine). Ces défis concernent les secteurs des pêcheries de l'UE, y compris l'aquaculture et l'industrie de transformation du poisson. Ces chocs ont provoqué des perturbations massives du marché, des pénuries de matières premières essentielles et une forte hausse des prix des carburants et des aliments pour poissons, en plus du danger évident que représentent les opérations militaires et les mines en mer Noire. Fortement dépendante des importations de produits de la mer, l'Union européenne ne peut se permettre de perdre de vue la nécessité vitale de préserver la durabilité de ses systèmes alimentaires (l'UE importe 60 % des produits de la pêche qu'elle consomme, moyennant 23 milliards d'euros de dépenses). Le plan d'action devrait aussi contribuer à concrétiser certains des engagements pris au niveau mondial, notamment l'engagement de protéger 30 % des zones terrestres et marines du monde et de restaurer 30 % des écosystèmes dégradés[9].

Conformément aux objectifs du nouveau cadre mondial de la biodiversité et de la stratégie de l'Union en faveur de la biodiversité à l'horizon 2030 visant à protéger 30 % des mers d'Europe, l'Union européenne peut réduire une part importante de cette pression en créant de nouvelles zones marines

7. Rapport de la Commission au Parlement européen et au Conseil sur la mise en œuvre de la directive-cadre « stratégie pour le milieu marin », Bruxelles, 21 février 2023, COM (2023) 100 final.
8. « Plan d'action de l'UE : Protéger et restaurer les écosystèmes marins pour une pêche durable et résiliente », Bruxelles, 21 février 2023, COM (2023) 102 final.
9. Communication conjointe au Parlement européen, au Conseil, au Comité économique et social européen et au Comité des régions : Fixer le cap vers une planète bleue durable, Communication conjointe relative au programme de l'UE de gouvernance internationale des océans, JOIN (2022) 28 final.

protégées (ZMP) et en gérant efficacement celles qui existent, ainsi qu'en rendant les pratiques de pêche plus durables, notamment grâce à l'utilisation d'engins de pêche ayant une faible incidence. Des zones protégées gérées efficacement réduisent au minimum les captures accidentelles d'espèces sensibles, protègent les zones de frai et de croissance pour les poissons et les juvéniles et réduisent les incidences sur les habitats sensibles, en particulier les fonds marins. Outre la PCP, la législation de l'UE s'appuie sur des normes internationales ambitieuses en matière de sécurité et de conditions de travail dans le secteur de la pêche, notamment la formation des équipages de pêche[10], les efforts visant à éradiquer l'esclavage moderne, la pêche illicite, non déclarée et non réglementée (INN) et la promotion de l'élaboration de normes sociales dans le monde entier[11]. Ces efforts favorisent la coopération internationale et contribuent à garantir des conditions de concurrence équitables au niveau mondial et une concurrence loyale avec les pays tiers. Ils favorisent également un niveau élevé d'ambition pour le développement durable des marchés de la pêche et de l'aquaculture dans les accords de libre-échange.

Ainsi, l'UE, dans ses relations internationales, envisage « la mise à disposition de son expertise pour développer une économie bleue au-delà des mers européennes », tant dans les accords qu'elle a conclus récemment, et pas encore mis en œuvre, que dans ceux qui sont en cours de négociation ou qui sont en perspective. La rédaction du nouvel accord de partenariat conclu entre l'Union européenne et les membres de l'Organisation des États d'Afrique, des Caraïbes et du Pacifique (OEACP), dit « accord post-Cotonou » non encore entré en vigueur[12], peut à cet égard inspirer les futures négociations de l'UE avec ses partenaires: « Les parties soutiennent "l'économie bleue" en conciliant la croissance économique durable et l'amélioration des

10. Adoptées dans le cadre de l'Organisation internationale du travail (OIT) ou de l'Organisation maritime internationale (OMI), notamment dans le cadre de la Convention internationale sur les normes de formation du personnel des navires de pêche, de délivrance des brevets et de veille (convention STCW-F).

11. La participation de l'UE est essentielle au sein de l'Organisation de coopération et de développement économiques (OCDE) et de l'Organisation des Nations unies et de ses agences spécialisées, notamment l'Organisation des Nations unies pour l'alimentation et l'agriculture (FAO), dans l'orientation de la prise de décisions ambitieuses dans le cadre des organisations régionales de gestion des pêches (ORGP) et au niveau international-régional dans l'Atlantique Nord-Est, ainsi qu'au niveau bilatéral dans le cadre des accords de partenariat dans le domaine de la pêche durable (APPD) et d'autres accords bilatéraux ou trilatéraux conclus avec des pays tiers.

12. Accord dit « post-Cotonou », [En ligne], https://eur-lex.europa.eu/legal-content/FR/TXT/?uri=CELEX%3A52021PC0312.

moyens de subsistance, de l'équité sociale, de la préservation des écosystèmes marins et intérieurs, de leur biodiversité et de leur résilience face au changement climatique, ainsi qu'en renforçant la sécurité alimentaire et la transparence, la fiabilité et la sécurité des systèmes alimentaires[13]. » Cette stratégie de soutien au développement durable de l'économie bleue vise aussi à renforcer la gouvernance des océans (des océans sûrs, sécurisés, propres et gérés de manière durable, dont la connaissance est améliorée) conformément à la Convention des Nations unies sur le droit de la mer (CNUDM)[14]. Les parties veillent à la conservation, à la gestion et l'utilisation durables des ressources biologiques marines aux niveaux bilatéral, régional et multilatéral, dans le cadre de l'accord de l'OMC, visant à lutter contre la pêche INN (mai 2022). La stratégie vise aussi la progression de la sécurité maritime par des initiatives aux niveaux national et régional par des organisations régionales et sous-régionales, en coopération avec les nations, qui encourage une coopération des parties pour lutter contre toutes les formes de criminalité transnationale organisée en mer. Cette démarche « holistique » cherche ainsi à répondre aux trois grands défis maritimes que doit relever l'UE.

L'UE entend dès lors prolonger et renforcer sa stratégie pour l'économie bleue, au-delà de ses frontières maritimes, dans la zone Asie-Pacifique et en particulier avec des partenaires qui ont un fort potentiel d'exportation de produits de la mer. Après l'accord conclu avec Singapour entré en vigueur le 21 novembre 2019, l'Accord de libre-échange entre l'Union européenne et le Viet Nam (EVFTA) entré en vigueur le 1er août 2020, elle est en voie de conclure des accords de partenariat et de coopération (APC) avec la Malaisie et annonce la reprise des négociations d'un accord de libre-échange avec la Thaïlande (1).

L'UE a ouvert de négociations en vue d'un APC avec les Maldives (dans la région indopacifique) et elle maintient la perspective, après la conclusion du partenariat stratégique UE-ASEAN du 6 décembre 2020, d'un APC avec l'ASEAN. Cette démarche oriente ainsi sa stratégie de promotion de l'économie bleue durable, vers la région indopacifique (2).

13. Voir notamment l'article 17 du Protocole régional pour l'Afrique et l'article 22 du Protocole régional pour le Pacifique : « l'Économie bleue durable » (chapitre 3 secteur clé : article 22).

14. L'article 46 du protocole précité.

1. LA STRATÉGIE DE L'UE POUR UNE ÉCONOMIE BLEUE DANS LA ZONE ASIE-PACIFIQUE: L'ACCORD DE LIBRE-ÉCHANGE « COMMERCE ET DÉVELOPPEMENT DURABLE » CONCLU ENTRE L'UE ET LE VIET NAM

L'UE et le Viet Nam partagent une même vision stratégique d'une économie bleue durable, prenant appui sur la coopération internationale, le multilatéralisme et l'ordre fondé sur des règles, qui sont essentiels aux intérêts des partenaires[15].

1.1 L'économie bleue durable dans la relation commerciale entre l'UE et le Viet Nam

1.1.1 L'Accord de libre-échange entre l'Union européenne et le Viet Nam (EVFTA) ouvre des occasions, des défis et des solutions

Même si la notion d'économie bleue durable n'y est pas exprimée, le chapitre 13, intitulé « Commerce et développement durable », énonce clairement que l'objectif est « de promouvoir le développement durable, notamment en favorisant des aspects liés au commerce et à l'investissement dans les domaines du travail et de l'environnement » (article 13.1). L'article 13.9, « Commerce et gestion durable des ressources biologiques marines et des produits de l'aquaculture », consacre la reconnaissance par les parties « de l'importance de garantir la conservation et la gestion durable des ressources biologiques marines et des écosystèmes marins ainsi que la promotion d'une aquaculture responsable et durable ».

1.1.2 Une libéralisation progressive favorable aux échanges réciproques de produits de la mer[16]

L'UE se situe toujours parmi les plus grands marchés à l'exportation des produits aquatiques du Viet Nam, cependant, ses exportations sont touchées par les réglementations très strictes de l'UE sur la pêche et l'aquaculture, en

15. Déclaration du représentant du Programme des Nations unies pour le développement (PNUD) participant à un atelier de consultation sur « les scénarios de l'économie bleue pour le Viet Nam », Đào Xuân Lai, de l'Unité du changement climatique et de l'environnement du PNUD au Viet Nam, *Le Courrier du Vietnam*, 06 novembre 2021.
16. S. Le Roux, « Un nouvel élan au négoce avec le Vietnam », *PDM « Produits de la mer » ElaFood*, 22 octobre 2022.

particulier sur la pêche INN ; depuis 2019, l'UE est passée de la 2e à la 4e place parmi les marchés importateurs de produits aquatiques du Viet Nam, après les États-Unis, le Japon et la Chine, du fait du carton jaune qu'elle a imposé aux importations de produits de la mer en provenance du Viet Nam.

1.1.3 L'engagement de l'UE dans la lutte contre la pêche INN

L'UE s'est engagée dans la lutte contre la pêche illicite, non déclarée et non réglementée (INN) à l'horizon 2020, auprès de la FAO pour atteindre la cible 14.4 des objectifs de développement durable de l'ONU (environ 94 % des stocks halieutiques mondiaux étant alors exploités au maximum ou surexploités). La pêche INN constitue l'une des plus graves menaces pour les écosystèmes marins, elle appauvrit les stocks halieutiques, sape les efforts visant à gérer la pêche de manière durable et mène certains stocks au bord de l'effondrement[17]. L'UE s'est engagée dans le cadre interne de la politique commune de la pêche (PCP) par un règlement sur la pêche INN et un règlement sur le contrôle des pêches. La pêche non durable perdure néanmoins et des produits issus de la pêche INN risquent toujours d'être vendus sur le marché de l'UE. Bien que reposant sur des systèmes de contrôle bien en place, l'action de l'UE pâtit de l'hétérogénéité des contrôles et des sanctions dans les États membres[18]. Dans la mise en œuvre de l'EVFTA, pour contrôler les importations de produits de la mer en provenance du Viet Nam, la Commission européenne utilise « le système de cartons ». Elle a mis en place une méthodologie qui encadre sa coopération administrative avec le pays tiers par une procédure de recensement des « pays tiers non coopérants » en application de son règlement sur la pêche INN. Cette décision est accompagnée d'un plan d'action qui propose des mesures pour remédier aux problèmes constatés et fixe un délai initial (prorogeable) de six mois. Durant cette période, la Commission continue de coopérer avec le pays et de lui fournir une assistance technique ; elle a ainsi attribué un carton jaune au Viet Nam en 2017[19].

---

17. One Ocean Summit : 9-10-11 février 2022 à Brest. De nouvelles mesures renforcent le rôle de premier plan de l'UE dans la protection de l'océan. Voir les informations de ce Sommet sur, [En ligne], https://onu.delegfrance.org/one-ocean-summit-9-10-11-fevrier-2022-a-brest.
18. Cour des comptes européenne 2022, *Lutte contre la pêche illicite. Rapport spécial n° 20*, [En ligne], https://www.eca.europa.eu/Lists/ECADocuments/SR22_20/SR_Illegal_fishing_FR.pdf.
19. *Ibid.*

1.1.4 La réponse du Viet Nam au défi de la lutte contre la pêche INN et au « carton jaune » attribué par l'UE

En 2017, le Viet Nam a promulgué une loi sur la pêche pour s'efforcer de développer de manière durable ce secteur d'exportation clé, en créant une base de données de ses navires de pêche (enregistrement, immatriculation, licence); tous les navires de pêche de 15 m ou plus doivent installer un équipement de géolocalisation et tous les produits aquatiques doivent être inspectés et supervisés tout au long du processus de chargement et de déchargement dans les ports. Tous les produits provenant des navires de pêche étrangers arrivant dans les ports vietnamiens doivent être inspectés et supervisés : huit groupes de mesures ont été adoptés et comprennent les communications sur la prévention et le contrôle de la pêche INN[20]...

Le 20 septembre 2022, lors de la Conférence Viet Nam–UE sur le commerce des produits aquatiques et de la réunion du Comité national de pilotage de la prévention et de la lutte contre la pêche INN, l'urgence et l'importance de retirer un « carton jaune » ont été réaffirmées.

Le 13 février 2023, un plan d'action de lutte contre la pêche INN et de préparation pour le 4e examen de la Commission européenne a été mis en œuvre, durcissant les sanctions imposées à tous les contrevenants, en vue du retrait du carton jaune. Le Viet Nam et l'UE s'engagent ainsi à participer activement à la lutte contre la pêche INN et aux activités liées à cette pêche, au moyen de mesures de lutte globales, efficaces et transparentes. Le Viet Nam exprime sa volonté de consentir à des efforts importants dans cette lutte contre la pêche INN, notamment par l'amélioration de son cadre juridique du contrôle[21]. Cette relation bilatérale UE–Viet Nam permet aux deux parties de contribuer à la mise en œuvre effective de l'accord INN de l'OMC.

1.1.5 Une contribution active du Viet Nam et de l'UE à la « riposte mondiale à la pêche INN »

L'Accord de l'OMC sur les subventions à la pêche, adopté à la douzième Conférence ministérielle, le 17 juin 2022, marque un grand pas en avant pour la durabilité des océans en interdisant les subventions à la pêche

20. Pour une pêche durable et responsable : « Le Vietnam est décidé à répondre aux réglementations strictes de l'Union européenne afin de maintenir la position de ses produits halieutiques sur ce marché », *Le Courrier du Vietnam*, 5 novembre 2022.
21. « Le Vietnam renforce la lutte contre la pêche INN », *Le Courrier du Vietnam*, 14 mars 2023.

préjudiciables et facteur clé de l'épuisement général des stocks de poissons dans le monde[22]. Un traitement spécial différencié est prévu pour des subventions accordées par les pays en développement et des pays moins avancés membres dans leurs propres zones économiques exclusives (ZEE) qui bénéficient d'une clause de paix en vertu de laquelle le règlement des différends ne s'appliquera pas pendant deux ans à compter de la date d'entrée en vigueur de l'Accord. Pour que l'Accord soit mis en œuvre et permette ainsi d'obtenir des résultats en matière de durabilité, les deux tiers des membres de l'OMC doivent déposer leurs « instruments d'acceptation » auprès de l'organisation. Sur les 44 États ayant déposé leur instrument d'acceptation au 27 février 2024, l'UE l'a fait le 7 juin 2023 et la Chine (premier producteur mondial de poisson de mer) le 27 juin 2023.

1.2 L'économie bleue dans le cadre du partenariat maritime mondial de l'UE et du Viet Nam

1.2.1 Un engagement commun dans les accords maritimes et environnementaux multilatéraux

Conformément aux dispositions du chapitre 13 paragraphe 9 (précité) de l'EFVTA, les parties coopèrent sur la base des mesures de conservation, de gestion et d'exploitation des ressources biologiques marines définies dans la CNUDM, sur la base de l'accord de la FAO de 1995 sur les stocks chevauchants et les grands migrateurs. Elles adhèrent au *Code de conduite pour une pêche responsable*, adopté par la Conférence de l'ONU pour l'alimentation (en 1995). Elles coopèrent avec des organisations régionales de gestion des pêches (ORGP) en tant que membre, observateur ou partie non contractante coopérante, y compris par l'application effective du suivi, du contrôle, de la surveillance et de l'exécution de leurs mesures de gestion. L'UE, partie à tous les grands instruments internationaux, est membre de 18 organisations régionales de gestion des pêches et organisations de pêche. Elles se réfèrent au programme Action 21 sur l'environnement et le développement de 1992, au plan de mise en œuvre du Sommet mondial pour le développement durable de Johannesburg de 2002, à la Déclaration ministérielle du Conseil économique et social des Nations unies sur le plein-emploi et le travail décent de 2006, à l'agenda pour le travail décent de l'Organisation internationale du travail (OIT), au document final de la

22. OMC, « L'accord de l'OMC sur les subventions à la pêche : objet et prochaines étapes », Fiche OMC, [En ligne], https://www.wto.org/french/tratop_f/rulesneg_f/fish_f/fish_factsheet_f.pdf.

Conférence des Nations unies sur le développement durable de 2012, intitulé *L'avenir que nous voulons*, et au document final du Sommet des Nations unies sur le développement durable de 2015, intitulé *Transformer notre monde : le programme de développement durable à l'horizon 2030*. Elles coopèrent sur l'accord relatif aux mesures du ressort de l'État du port visant à éliminer la pêche illicite (approuvé par la conférence de l'ONU pour l'alimentation et l'agriculture en 2009).

La relation entre l'UE et le Viet Nam sur le changement climatique s'inscrit dans l'article 13.6 de l'EFVTA intitulé « Changement climatique ». Sur la base de la Convention-cadre des Nations unies sur les changements climatiques (CCNUCC) entrée en vigueur le 21 mars 1994, les parties reconnaissent le rôle des politiques nationales dans la lutte contre le changement climatique.

1.2.2 Le Viet Nam s'engage dans la promotion de la coopération internationale pour un développement durable de l'économie bleue[23]

Le Viet Nam possède un littoral de plus de 3260 km et des milliers d'îles et d'archipels et, à ce titre, détient une excellente occasion pour développer l'économie bleue durable. Un des plus grands défis actuels serait « la trop faible prise de conscience de la nécessité d'une exploitation durable des ressources marines[24] ».

i) Divers projets et manifestations

On peut citer, à titre d'exemple, un projet de partenariat pour l'économie bleue. L'Administration des mers et des îles du Viet Nam (VASI : Vietnam Administration of Seas and Islands), relevant du ministère des Ressources naturelles et de l'Environnement, conjointement avec la Banque mondiale, a proposé de mettre en place un groupe de partenariat pour l'économie bleue au Viet Nam[25], qui a aussi la vocation de « promouvoir la coopération internationale[26]. Une conférence internationale sur une

23. VNA, « Promouvoir la coopération internationale pour développer l'économie bleue au Vietnam », *Vietnam+*, 6 avril 2022, [En ligne], https://fr.vietnamplus.vn/promouvoir-la-cooperation-internationale-pour-developper-leconomie-bleue-au-vietnam-post180908.vnp.

24. H. Linh, « L'économie bleue, un potentiel à promouvoir », *Le Courrier du Vietnam*, 14 novembre 2021.

25. VNA, « Le Vietnam envisage de créer un partenariat pour l'économie bleue », *Le Courrier du Vietnam*, 31 octobre 2021.

26. VNA, *op. cit.*, note 23.

économie océanique durable et l'adaptation au changement climatique a été organisée à Hanoï les 12 et 13 mai 2022 (les représentants de 70 pays riverains y ont participé[27]).

ii) Une participation conjointe active à l'élaboration du Traité des Nations unies pour la protection de la haute mer conclu le 20 juin 2023[28]

Le 20 juin 2023, la Conférence de l'ONU a adopté, par consensus, l'Accord se rapportant à la CNUDM et portant sur la conservation et l'utilisation durable de la diversité biologique marine des zones ne relevant pas de la juridiction nationale. Le succès de l'adoption de cet accord, constitue une étape historique pour parvenir à un document visant à conserver la biodiversité marine en haute mer. L'Accord porte sur la conservation et l'utilisation durable de la biodiversité marine des zones ne relevant pas de la juridiction nationale – la haute mer, processus dit BBNJ : Biodiversity Beyond National Jurisdiction – et constitue un instrument international juridiquement contraignant sur la base de la CNUDM. L'UE a joué un rôle actif (la France en particulier) tout au long de ce processus de négociations (pendant plus de 15 ans). Elle s'est attachée à soutenir un processus multilatéral de négociations ayant permis d'aboutir à un accord mondial, juste et applicable, un compromis final ambitieux et inclusif[29]. La délégation vietnamienne a apporté des contributions substantielles au processus de négociations, dans l'intérêt commun des pays en développement, en particulier relatives à la réglementation sur le renforcement des capacités et au transfert de technologies marines. Elle a également promu des contenus protégeant les droits et les intérêts du Viet Nam concernant l'écart entre les pays développés et les pays en développement en matière d'accès et d'exploitation des ressources génétiques marines. L'accord marque un compromis entre des groupes de pays ayant des intérêts différents dans la promotion des activités de conservation et d'exploitation durable des ressources génétiques marines

27. VNA, « Développer une économie bleue durable, la clé de la prospérité », *Vietnam+*, 14 mai 2022, [En ligne], https://link.gov.vn/yVMCb7qy.

28. Nations Unies, Conférence intergouvernementale sur un instrument international juridiquement contraignant se rapportant à la CNUDM et portant sur la conservation et l'utilisation durable de la biodiversité marine des zones ne relevant pas de la juridiction nationale (Résolution 72/249 de l'Assemblée générale), [En ligne], https://www.un.org/bbnj/fr.

29. « Biodiversité marine: la France se félicite de la conclusion d'un traité ambitieux pour la protection de la haute mer (5 mars 2023) », *France diplomatie*, [En ligne], https://www.diplomatie.gouv.fr/fr/politique-etrangere-de-la-france/climat-et-environnement/actualites-et-evenements/2023/article/biodiversite-marine-la-france-se-felicite-de-la-conclusion-d-un-traite.

des zones de haute mer. Il soutient un renforcement des capacités et le transfert de technologies, tout en assurant un partage équitable des avantages de l'exploitation et de l'utilisation durable des ressources génétiques marines riches[30].

2. UNE STRATÉGIE DE L'UE POUR UNE ÉCONOMIE BLEUE DANS LES PROJETS D'ACCORD AVEC LA THAÏLANDE PUIS AVEC L'ASEAN, QUI S'ORIENTE VERS LA RÉGION INDOPACIFIQUE

Forte de sa légitimité économique et géographique, considérant que ses accords commerciaux lui permettent de peser davantage sur la scène mondiale en soutenant la croissance économique et le développement durable, l'UE souhaite « faire en sorte qu'ils entraînent encore plus de changements positifs » et entend « déployer tous les efforts possibles et aider ses partenaires à y parvenir ». Elle envisage de renforcer l'application des principaux engagements en matière de droits des travailleurs et de climat et recourir à des sanctions s'ils ne sont pas respectés[31]. Poursuivant sa démarche pour l'économie bleue dans la zone de l'Asie-Pacifique, l'UE prépare parallèlement une stratégie vers la zone de l'Indopacifique.

2.1 L'Économie bleue dans la relance des négociations entre l'UE et la Thaïlande

La Commission européenne a annoncé le 15 mars 2023 une reprise des négociations afin de signer un accord commercial avec la Thaïlande. Un nouveau pas a été franchi après la signature d'un partenariat en décembre 2022. Cette relance s'inscrit dans le cadre de la nouvelle approche des accords commerciaux présentée par la Commission européenne en juin 2022 (comprenant notamment un niveau élevé de protection des droits des travailleurs, de l'environnement et des objectifs climatiques, en vue « d'un accord de libre-échange (ALE) ambitieux, moderne et équilibré[32] ».

30. VNA, « Le Vietnam et ses propositions en matière de conservation de la biodiversité marine », *Le Courrier du Vietnam*, 6 mars 2023.

31. Représentation en France, « La Commission présente une nouvelle approche des accords commerciaux favorisant une croissance verte et juste », *Communiqué de presse de la Commission européenne*, 22 juin 2022.

32. « La force des partenariats commerciaux : ensemble pour une croissance économique verte et juste », Bruxelles, 22 juin 2022, COM (2022) 409 final (axé sur la durabilité). Avis du CESE sur COM (2022) 409 final.

Les relations commerciales entre l'UE et la Thaïlande sont déjà solides : les échanges de biens ont atteint plus de 42 milliards d'euros en 2022, tandis que les échanges de services ont représenté plus de huit milliards d'euros en 2020, L'UE est le 4e partenaire commercial de la Thaïlande, deuxième économie de la région de l'ASEAN et 4e partenaire commercial de l'UE dans la région (et le 25e au niveau mondial)[33].

Pour ce qui concerne la protection des écosystèmes marins et le partenariat pour une transition énergétique dans le secteur de la pêche et de l'aquaculture, et pour réduire les effets néfastes des activités de pêche sur les écosystèmes marins, ce nouvel accord s'inscrira dans le plan d'action de l'UE, intitulé « Protéger et restaurer les écosystèmes marins pour une pêche durable et résiliente », présenté par la Commission européenne le 21 février 2023[34].

Pour ce qui concerne le commerce des produits de la mer, la Thaïlande, entre 2005 et 2019, s'est vu infliger « un carton jaune » par l'UE du fait de son action insuffisante pour lutter contre la pêche INN. Le 8 janvier 2019, la Commission européenne a officiellement annoncé sa décision de lever le carton jaune et d'attribuer un carton vert à la Thaïlande qui s'est attaquée à la pêche INN, afin de se conformer aux standards internationaux. Faisant partie des trois premiers exportateurs de fruits de mer au monde, elle peut ainsi profiter de cette levée d'alerte pour augmenter sa production et ses exportations vers le marché de l'UE et les marchés internationaux.

L'intérêt de longue date de l'UE pour une reprise des négociations en vue d'un ALE avec la Thaïlande a en outre été confirmé dans la stratégie indopacifique de l'UE de 2021[35].

---

33. Reprise des négociations commerciales entre l'UE et la Thaïlande, Commission européenne, communiqué de presse, 15 mars 2023.
34. « Protéger et restaurer les écosystèmes marins pour une pêche durable et résiliente », Bruxelles, 21 février 2023, COM (2023) 102 final.
35. La stratégie de l'UE pour la coopération dans la région indopacifique ; Commission européenne, communication conjointe au Parlement européen et au Conseil, Bruxelles, 16.9.2021 JOIN (2021) 24 final.

2.2 L'économie bleue durable dans «la stratégie de l'UE pour la coopération dans la région indopacifique[36] »

«La région indopacifique, une vaste zone qui s'étend de la côte est de l'Afrique aux États insulaires du Pacifique, revêt pour l'Europe une importance stratégique grandissante[37]. Son poids économique, démographique et politique croissant en fait un acteur essentiel pour façonner l'ordre international et relever les défis mondiaux[38].» Au regard de l'interdépendance de leurs économies et des défis mondiaux qu'elles doivent relever, l'avenir de l'UE et celui de la région indopacifique sont inextricablement liés[39].

2.2.1 Le partenariat et la coopération

L'UE, sur la base des liens historiques culturels et commerciaux, renforcera sa coopération avec les organisations multilatérales et régionales, telles que l'ASEAN, ainsi qu'avec les institutions financières internationales afin de promouvoir un multilatéralisme fondé sur des règles qui soit effectif dans la région indopacifique et mènera des initiatives en matière de gestion des crises, de prévention des conflits et de renforcement de la résilience[40].

2.2.2 La place centrale de l'ASEAN

L'UE soutient les efforts de l'ASEAN pour construire une architecture régionale fondée sur des règles et l'ancrage multilatéral qu'elle apporte. Elle soutient également le processus mené par l'ASEAN en vue de l'établissement

---

36. F. Grare et M. Reter, «La vision européenne de l'Indopacifique», European Council on Foreign Relations, 15 décembre 2021, [En ligne], https://ecfr.eu/paris/publication/la-vision-europeenne-de-lindopacifique/.
37. M. Péron-Doise, «La stratégie indopacifique de l'Union européenne au risque de la compétition Chine-États-Unis», *IRIS Presse*, 15 février 2022, [En ligne], https://www.iris-france.org/164723-la-strategie-indo-pacifique-de-lunion-europeenne-au-risque-de-la-competition-chine-etats-unis/.
38. La stratégie de l'UE pour la coopération dans la région indopacifique; Commission européenne, communication conjointe au Parlement européen et au Conseil, Bruxelles, 16.9.2021 JOIN (2021) 24 final.
39. La région comprend sept membres du G20, à savoir l'Australie, la Chine, l'Inde, l'Indonésie, le Japon, la République d'Afrique du Sud et la République de Corée, ainsi que l'Association des nations de l'Asie du Sud-Est (ASEAN), un partenaire de plus en plus important pour l'UE. Les régions ultrapériphériques et les pays et territoires d'outre-mer de l'UE, rattachés par des liens constitutionnels à ses États membres (La Réunion, Mayotte, la Nouvelle-Calédonie, la Polynésie française, les Terres australes et antarctiques françaises, Wallis-et-Futuna), constituent un volet important de l'approche de l'UE à l'égard de la région indopacifique.
40. M. Péron-Doise, *op. cit.*, note 37.

d'un code de conduite en mer de Chine méridionale, concret et juridiquement contraignant et qui ne porte pas atteinte aux intérêts des tiers. Soutenir une coopération sous l'égide de l'ASEAN a un sens stratégique d'un point de vue européen parce que de solides relations avec plusieurs partenaires dans la région peuvent également appuyer la position des États membres de l'UE face à l'influence politique de la Chine.

2.2.3 La coopération avec les partenaires du Pacifique

L'UE a établi un partenariat avec la région du Pacifique qui intègre l'économie bleue durable, qu'elle cherche à renforcer au moyen de l'accord de partenariat avec l'Organisation des États d'Afrique, des Caraïbes et du Pacifique (dit accord post-Cotonou). Cet accord ouvrira la voie à un renforcement des relations politiques et stratégiques sur la base de valeurs et d'objectifs communs. Outre ses partenariats avec les pays d'Afrique, des Caraïbes et du Pacifique (ACP), l'UE entretient des relations étroites et un dialogue politique avec tous les États insulaires du Pacifique.

2.2.4 Les relations commerciales

L'UE poursuivra le soutien à la modernisation de l'OMC, à la mise en œuvre et au respect des accords commerciaux globaux avec le Japon, la République de Corée, Singapour et le Viet Nam et de l'accord de partenariat économique (APE) avec les États du Pacifique, ainsi que des accords de protection des investissements de l'UE avec Singapour et le Viet Nam, qui devraient entrer en vigueur dans les prochaines années. Pour un renforcement des relations avec l'ASEAN et ses États membres, des négociations commerciales seront relancées, en plus de la Thaïlande, avec la Malaisie, les Philippines et, une fois que les conditions seront réunies, un accord commercial interrégional sera négocié.

2.2.5 La gouvernance des océans

L'UE intensifiera son action pour renforcer la gouvernance des océans dans la région indopacifique dans le plein respect du droit international, en particulier de la CNUDM, et dans l'objectif principal d'assurer une gestion durable des ressources océaniques et de préserver la biodiversité[41]. La gestion des zones de pêche est un enjeu primordial dans la région et a d'énormes implications sur la sécurité du secteur dans lequel l'UE peut être

41. Conformément à la communication conjointe sur la gouvernance internationale des océans, JOIN (2016) 49 final.

d'une grande utilité, au-delà de sa capacité militaire, en soutenant des approches multilatérales non conflictuelles, inclusives et cohérentes avec les intérêts et valeurs de l'UE. En vertu de ses accords de partenariat dans le domaine de la pêche durable dans la région et de ses dialogues et groupes de travail sur la pêche INN[42], l'UE continuera à aider ses partenaires de la région indopacifique à réformer leurs systèmes de gestion et de contrôle des pêches. Le nouveau contexte de l'accord intervenu en 2022 au sein de l'OMC sur l'interdiction des subventions à la pêche INN devrait améliorer le respect des règles en la matière et contribuer à la conservation et à la gestion durable des ressources biologiques de la mer dans l'ensemble de la région.

i) La participation de l'UE aux ORGP : en tant que premier marché d'exportation des produits de la mer de la région indopacifique, l'UE est un membre actif de plusieurs organisations régionales de gestion des pêches[43] qui jouent un rôle fondamental dans la gestion durable des ressources halieutiques. Elle a également l'intention de devenir membre de la Commission des pêches du Pacifique Nord. Elle poursuivra ses efforts pour améliorer le fonctionnement de ces organismes et dialoguer avec les partenaires qui partagent ses valeurs au sein des ORGP de la région indopacifique afin de les aider à assurer une pêche durable.

ii) L'UE contribuera à la négociation d'un accord au sein de la Commission pour la conservation de la faune et de la flore marines de l'Antarctique sur la désignation de trois nouvelles zones maritimes protégées dans l'océan Antarctique ; elle renforcera ses capacités en vue d'une meilleure gouvernance des océans en créant un réseau international de données marines et un système régional de prévision océanique ; elle continuera à coopérer avec la région pour promouvoir une meilleure gouvernance régionale des océans, la prévention de la pollution et la conservation du milieu marin, notamment en soutenant la mise en œuvre des conventions et des plans d'action pertinents sur les mers régionales. La gestion efficace des zones marines protégées sera assurée au moyen d'initiatives telles que le projet de jumelage UE–Asie du Sud-Est ; elle poursuivra ses dialogues à haut niveau sur les affaires océaniques et la pêche avec l'Australie, l'Indonésie, le Japon et la Nouvelle-Zélande, ainsi que le « partenariat

---

42. Avec la Chine, la Corée, les États-Unis, le Ghana, le Japon, Taïwan et la Thaïlande.
43. La Commission des thons de l'océan Indien, l'Organisation des pêches du sud de l'océan Indien, la Commission des pêches pour le Pacifique occidental et central et l'Organisation régionale de gestion des pêches du Pacifique-Sud.

océanique » avec la Chine ; elle continuera à jouer un rôle essentiel en tant qu'acteur de la sûreté maritime à l'échelle mondiale ; elle promouvra les conditions de vie et de travail des pêcheurs conformément aux normes du travail de l'OIT.

2.2.6 La sécurité maritime

L'UE cherche à promouvoir une architecture de sécurité régionale ouverte et fondée sur des règles, notamment des voies de communication maritimes sûres, un renforcement des capacités ainsi qu'une présence navale renforcée dans la région indopacifique, conformément au cadre juridique établi par la CNUDM. Le concept de sécurité maritime évolue pour couvrir bien plus que les garanties d'une traversée en toute sécurité des navires commerciaux. L'Europe a besoin de se concentrer sur la protection non seulement des voies maritimes, mais également de la liberté de navigation, des zones économiques exclusives de plusieurs pays partenaires réels et potentiels, des océans, de la transmission des données par les câbles sous-marins et de la biodiversité marine.

CONCLUSION

La nouvelle approche de l'UE pour une économie bleue durable dans le secteur de la pêche, dans ses relations avec les États de l'Asie du Sud-Est, puis de l'Indopacifique, devra affronter un double défi :

- Le défi commercial de l'approvisionnement du marché européen, déficitaire en produits de la mer, en préservant les pêcheurs et les aquaculteurs européens dans le cadre de la PCP et en aidant les États partenaires à préserver leur environnement marin et leurs ressources, en soutenant leurs pêcheries, tout en les aidant à exporter davantage de produits de qualité (conformes aux normes européennes et internationales), dans un contexte de concurrence loyale à l'égard des pêcheries européennes.
- Le défi de la protection du milieu marin et, en particulier, des ressources halieutiques et de la biodiversité marine, que l'UE devra relever en tant que puissance maritime mondiale, en particulier en contribuant activement à la mise en œuvre effective des accords maritimes multilatéraux, comme l'accord au sein de l'OMC sur la pêche INN et l'accord de l'ONU sur la conservation et l'utilisation durable de la biodiversité marine des zones de haute mer.

CHAPTER 7
The Blue Carbon Market from the Perspective of the Paris Agreement and the European Green Deal

Mirella Ribeiro Parente de Vasconcelos,
Tarin Cristino Frota Mont'Alverne'
and Hélio Parente de Vasconcelos Neto

ABSTRACT

In the context of climate change, the Paris Agreement was signed in order to enable the reduction of greenhouse gas emissions.Since the ocean has the capacity to absorb part of the carbon dioxide emissions, possible ocean-based solutions involve the conservation of coastal marine ecosystems, mainly because they are rich in "blue carbon." However, there are still challenges in incorporating blue carbon in the carbon market to help countries comply with the Nationally Determined Contributions of the Paris Agreement. Specifically, in the case of the European Green Deal and the European Climate Regulation, blue carbon projects could be a form of compensation in the European Union Emissions Trading System, as long as they comply with the Biodiversity Strategy of 2030 and the Blue Economy Strategy. The carbon market should thus be regarded mainly in the light of the blue economy that is founded upon sustainability. It should respect, in a balanced and equitable way, the concept of the *Triple Bottom Line - TBL,* the economic, social, and environmental dimensions which must be considered in order to incorporate blue carbon into a functioning carbon offset system.

KEYWORDS: *Blue carbon, Paris Agreement, carbon market, climate change, European Green Deal.*

The Earth's atmosphere and surface of the ocean is warming year after year due to emissions of greenhouse gases (GHG). According to the 2019 Intergovernmental Panel on Climate Change (IPCC) report, recorded atmospheric CO_2 concentrations were the highest in two million years.[1] This increase in GHG emissions has caused climate change,[2] resulting in greater intensity and frequency of natural disasters such as floods, droughts, wildfires, and hurricanes.[3]

In 2015, faced with this global context of climate emergency, almost 200 countries signed the Paris Agreement in order to enable the reduction of the emissions of these gases, mainly carbon dioxide, which is responsible for 60% of the greenhouse effect.[4] The principal objective of the international agreement is to contain GHG emissions by 2100, and hold the increase in global temperature with respect to pre-industrial emission levels to well below 2°C, while pursuing efforts to limit it to 1.5°C.[5]

The signatory countries therefore decided that each one would establish its own GHG reduction or removal targets, which would be individually formulated and voluntary, and would later be communicated as so-called Nationally Determined Contributions (NDCs).[6] Thus, the carbon marketcm was established as a global mechanism for buying and selling carbon emissions. In this market, those who succeed in emitting less than their established limit can sell their surplus to those who do not.[7]

The United Nations declared the period between 2021 and 2030 as the Ocean Decade, with the aim of establishing a scientific basis to support actions related to sustainable management of the ocean.[8] In June 2022, the second United Nations Oceans Conference aimed to seek innovative and scientific solutions to problems related to the oceans.[9] One of the possible

1. Masson-Delmotte P.Z. et al., *Climate Change 2021: The Physical Science Basis Contribution of Working Group I to the Sixth Assessment Report of the Intergovernmental Panel on Climate Change.*
2. Houghton F.M. et al., *Climate Change 1995: The Science of Climate Change Contribution of Working Group I to the Second Assessment Report of the Intergovernmental Panel on Climate Change.*
3. UNEP, "How do greenhouse gases actually warm the planet."
4. Companhia Ambiental Estado de São Paulo, "Gases do Efeito Estufa."
5. United Nations, *Paris Agreement.*
6. United Nations, "Nationally Determined Contributions."
7. Instituo Brasileiro de Ensino, Desenvolvimento e Pesquisa, "Como funciona o mercado de carbono no Brasil."
8. United Nations, "The Ocean Decade."
9. United Nations, "Ocean Conference, Lisbon, Portugal."

ocean-based solutions to the climate crisis is the conservation of coastal marine ecosystems, because of their richness in blue carbon.

The European Union (EU) has presented The European Green Deal (EGD), established to combat climate and environmental challenges, in order to comply with the Paris Agreement. Since then, their communications have presented agendas, including the EU Emissions Trading System (ETS), the Biodiversity Strategy for 2030, and the Blue Economy Strategy

On this basis, the present paper intends to analyze how blue carbon can be incorporated into the carbon market and contribute towards the Paris Agreement targets, mainly within the framework of the EGD. The purpose is to understand how the implementation of these international mechanisms can be a viable instrument for the preservation and restoration of coastal environments and, consequently, used in the mitigation of and adaptation to climate change.

1. THE CARBON MARKET AS A TOOL FOR COMPLIANCE WITH THE PARIS AGREEMENT: THE OPPORTUNITIES AND CHALLENGES OF BLUE CARBON

Blue carbon is defined as the carbon captured and stored, or released, from coastal marine ecosystems[10] which can be found in 151 countries.[11] The adjective blue is used because carbon is captured through photosynthesis by vegetation in habitats connected to the sea.[12]

In coastal habitats, aquatic plants take CO_2 from the atmosphere and store it in their leaves, stems, roots and, to a greater extent, in the soils of their ecosystems.[13] The rate at which blue carbon is buried can be 30 to

10. Herr D., Pidgeon E., and Laffoley D., *Blue Carbon Policy Framework 2.0: Based on the Discussion of the International Blue. Carbon Policy Working Group.*
11. Meridian Institute, *High-Quality Blue Carbon Principles and Guidance.*
12. Azevedo J., "O que são Ecossistemas Costeiros."
13. Kusumaningtyas M.A. et al., "Variability in the Organic Carbon Stocks, Sources, and accumulation rates of Indonesian Mangrove Ecosystems," *Estuarine, Coastal and Shelf Science*, 2019, vol. 218, pp. 310–323; Nellemann C. et al., *Blue Carbon, A Rapid Response Assessment*, 2009; Donato D.C. et al., "Mangroves among the most carbon-rich forests in the tropics," *Nature Geoscience*, 2011, vol. 4, pp. 293–297; Alongi D.M., "Carbon Cycling and Storage in Mangrove Forests," *Annual Review of Marine Science*, 2014, vol. 6, pp. 195–219; Howard, *Coastal Blue Carbon: Methods for assessing carbon stocks and emissions factors in mangroves, tidal salt marshes, and seagrasses*, 2014, UNEP; Kauffman J.B. and Bhomia R.K, "Ecosystem carbon stocks of mangroves across broad

50 times higher than the rate in terrestrial forests.[14] Furthermore, blue carbon from coastal vegetation can remain stored for a millennia or more,[15] demonstrating its importance as a tool for the planet's climate balance.[16]

However, when these ecosystems are degraded or destroyed, their storage capacities are compromised, culminating in the release of captured carbon dioxide.[17] Data shows that these ecosystems are being destroyed at an accelerated rate, up to 7% per year, which could result in destruction in just two decades.[18] Projects to conserve and restore these coastal ecosystems are essential, as they present a natural solution for climate adaptation.[19] Thus, it is relevant to analyze how blue carbon can be used within the context of the carbon market, in order to meet the goals established in relation to the control of GHG emissions.

The carbon market is a compensation system for carbon emissions.[20] At the 26th Conference of the Parties (COP26), countries cooperated to remove some structural gaps related to this market.[21] Items 6.2 and 6.4 of Article 6 of the Paris Agreement present two carbon market instruments: one is practiced between countries,while the other is based on private projects, certified and validated by a supervisory body constituted by the Agreement itself.[22]

---

environmental gradients in West-Central Africa: Global and regional comparisons," *PLoS One*, 2017, vol. 12.

14. Mcleod E. et al., "A blueprint for blue carbon: toward an improved understanding of the role of vegetated coastal habitats in sequestering CO_2," *Frontiers in Ecology and the Environment*, 2011, vol. 9, pp. 552-560.
15. UNISINOS, "Algas Marinhas: Estamos Perdendo um dos Nossos Maiores Sumidouros de CO_2?"
16. Soares et al., "Blue Carbon Ecosystems in Brazil: Overview and an Urgent Call for Conservation and Restoration," *Frontiers in Marine Science*, 2022, vol. 9.
17. Pendleton L. et al., "Estimating Global "Blue Carbon" Emissions from Conversion and Degradation of Vegetated Coastal Ecosystems," *PLoS One*, 2012, vol. 7; Atwood T.B. et al., "Global patterns in mangrove soil carbon stocks and losses," *Nature Climate Change*, 2017, vol. 7, pp. 523-528.
18. Overbeek, *"Carbono Azul" e "REDD Azul": transformando os territórios marinho-costeiros em mercadoria.*
19. Gattuso J.P. et al., "Ocean Solutions to Address Climate Change and its Effects on Marine Ecosystems," *Frontiers in Marine Science*, 2018, vol. 5.
20. Instituo Brasileiro de Ensino, Desenvolvimento e Pesquisa, "Como funciona o mercado de carbono no Brasil";" Augustynczik P.S.P.," "Comercialização Internacional de Créditos de Carbono — Regulamentos e Problemáticas."
21. Oliveira Y.P., "Desafios do Mercado de Carbono após o Acordo de Paris: Uma revisão," *Meio Ambiente (Brasil)*, 2021, vol. 4.
22. United Nations Framework Convention on Climate Change, *Decision -/CMA.3: Rules, modalities and procedures for the mechanism established by Article 6, paragraph 2 and paragraph 4, of the Paris Agreement.*

The first, practiced between countries, works through the commercialization of mitigation results. GHG reductions or removals can be transferred, as long as they have been carried out in the territory of a country after 2020. When these reductions become surplus, the owner country may transfer them through the so-called "carbon credits." The recipient country, which did not achieve the established reduction, can use this surplus to meet its climate target, or NDC. These mitigation outcomes are called ITMOs (internationally transferred mitigation outcomes) and represent the "NDC surplus" that can be transferred from one country to another. In the second mechanism, the reduction of emissions or GHG removal is carried out through private projects and certified by the Paris Agreement. In order to be effective, they need to be approved by the country in which they are located. The certificates generated by this instrument may be used by other countries as a way to reduce their NDCs.[23]

As coastal marine ecosystems are effective at capturing and storing carbon, they can significantly contribute to the decarbonization of the atmosphere and even to the creation of a blue carbon market. Increased incentives for carbon reduction and removal projects that involve the conservation and restoration of these coastal marine ecosystems are therefore expected to become viable mechanisms for meeting climate and global warming mitigation targets.

At the second UN Oceans Conference, the events related to blue carbon were: *Investing in the Portuguese Blue Carbon Sink, Blue Carbon: Charting the Path for Governance and Partnerships,* and *Small Island Developing States (SIDS) and Blue Carbon Markets.*[24] In the session *Investing in the Portuguese Blue Carbon Sink,*[25] the invited experts debated their views on how different actors can promote investment in blue carbon. Benefits of blue carbon and the Gulbenkian Blue Carbon project, linked to the Calouste Gulbenkian Foundation, were also presented. This project aims to collect enough information to encourage stakeholders to invest in the conservation of coastal marine zones.[26]

---

23. Prolo C., "Como vão Funcionar os Mercados de Carbono do Artigo 6 do Acordo de Paris," *Valor Investe,* 2022.
24. At the time of writing of this article, the recordings of the event "Small Island Developing States (SIDS) and Blue Carbon Markets" had not been made available for our analysis.
25. Duarte C., "Investing in the Portuguese Blue Carbon Sink," presentation, UN Ocean Conference, Portugal, 7–9 June 2022.
26. Fundação Calouste Gulbenkian, "Gulbenkian Carbono Azul."

At the event *Blue Carbon: Charting the Path for Governance and Partnerships,*[27] an understanding was established regarding the importance of partnerships between different countries and sectors. A document entitled *High Quality Blue Carbon Principles and Guidance* was presented as a tool to strengthen global collaborations. This document was formulated to help all credit buyers, investors, suppliers, and project developers provide safeguards for developing and managing blue carbon projects that are equitable, fair, and credible.[28]

The structuring principles for these projects include:[29] transparent GHG calculations, facilitate reaching zero net emissions, widespread third-party auditing, guarantee of permanence, responsibility and involvement with local communities, good governance, exercise of free, prior, and informed consent and, lastly, the prevention of double counting. In the context of these discussions, and to meet the goals of the Paris Agreement, the EU approved the EGD, which already presents measures and strategies related to blue carbon.

2. POSSIBILITIES OF APPLYING STRATEGIES AND PROPOSALS TO THE BLUE CARBON MARKET IN THE CONTEXT OF THE EUROPEAN GREEN DEAL

The main goal of the European Green Deal is to make Europe the first continent with climate neutral impact by 2050 with total zero net carbon emissions.[30] In 2021, the European Climate Regulation was adopting the political commitment of at least 55% reduction by 2030 a legally binding.

27. United Nations, "Blue Carbon: Charting the Path for Governance and Partnerships,", Presentation, UN Ocean Conference, Lisbon, Portugal, 30 June 2022.
28. Meridian Institute, *High-Quality Blue Carbon Principles and Guidance.*
29. Schneider et al., *What Makes a High-Quality Carbon Credit?*; Microsoft, *Criteria for High-Quality Carbon Dioxide Removal. Carbon Direct*; International Union for Conservation of Nature and Natural Resources, *Global Standard for Nature-Based Solutions.*
30. European Union, *European Commission: The European Green Deal.*

obligation.[31] In the same year, the European Commission adopted a package of measures[32] to comply with this Regulation.[33]

One such measures was the establishment of the ETS, which assigns an annual cap of GH Gemissions to economic sectors.[34] The current expectation is to lower the maximum global limit of emissions even further, as well as increase the annual reduction tax.[35] As blue carbon habitats are essential for the carbon cycle, it is understood that countries should invest in projects related to their conservation and restoration, as they faciliate compliance with the ETS limits on GHG emissions.

This perspective is also in line with the legislative act, linked to the Biodiversity Strategy for 2030, which establishes legally binding targets for the restoration of European ecosystems and gives priority to those with potential for carbon removal and storage,[36] such as blue carbon. In the Blue Economy Strategy, the communication COM (2021) 240 cites blue carbon as a contributor to the decarbonization objectives of the EGD and states that promoting blue carbon capture is complementary with preserving marine biodiversity.[37]

Blue carbon is also mentioned in the Communication COM (2021) 800 on sustainable carbon cycles[38] as an area which presents a major challenge, because of the degradation of coastal ecosystems, which releases

31. Council of the European Union, "Council adopts European climate law."
32. European Union, *Communication from the Commission to the European Parliament, the Council, the European Economic and Social Committee and the Committee of the Regions EMPTY — 'Fit for 55': delivering the EU's 2030 Climate Target on the way to climate neutrality.*
33. European Union, "Comunicado de Imprensa. Pacto Ecológico Europeu: A Comissão propõe transformar a economia e a sociedade da EU para satisfazer as ambições climáticas."
34. European Union, "European Commission. Questions and Answers - Emissions Trading - Putting a Price on Carbon."
35. European Union, "Comunicado de Imprensa. Pacto Ecológico Europeu: A Comissão propõe transformar a economia e a sociedade da EU para satisfazer as ambições climáticas."
36. European Union, "Comissão Europeia. Pacto Ecológico Europeu: propostas pioneiras para restaurar a natureza da Europa até 2050 e reduzir para a metade a utilização de pesticidas até 2030."
37. European Union, *Communication from the Commission to the European Parliament, the Council, the European Economic and Social Committee and the Committee of the Regions: On a new approach for a sustainable blue economy in the EU; Transforming the EU's Blue Economy for a Sustainable Future.*
38. European Union, *Communication from theft Commission to thett European Parliament and theat Council: Sustainable Carbon Cycles.*

stored carbon into the atmosphere and reduces the potential for future carbon removals. The Communication also foresees the need to identify regions at risk, invest in the preservation and restoration of these habitats, and provide solutions to improve the resilience and protection of EU coastal zones against climate change and protect biodiversity; increase knowledge and data on blue carbon quantification; and cultivate carbon through nature-based solutions.

In this sense, through the ETS and in accordance with the strategies related to nature restoration, biodiversity preservation, blue economy, and the understanding of sustainable carbon cycles, it is possible for investments in blue carbon projects to be traded in the carbon market and ultimately help countries to comply with their commitments.

3. FINAL CONSIDERATIONS

The present paper has shown that one natural way to reduce carbon emissions is through the preservation and restoration of coastal marine ecosystems rich in blue carbon. However, challenges remain to make use of blue carbon in the carbon market to help countries comply with the NDCs of the Paris Agreement. Resolving these will require stronger investments to finance the implementation costs of intervention activities (restoration, management, and conservation), involve the local community, and carry out technical training and capacity building, in addition to fulfilling the criteria defined by the accrediting agencies.[39] Such incentives would provide the opportunity to generate more solid scientific knowledge related to blue carbon and consequently to increase the confidence of various stakeholders regarding the benefits of ecosystems rich in blue carbon.

This is the stage at which the importance of cooperation between different countries comes into play, since sharing results from different blue carbon projects around the world would enrich the quality of blue carbon intended for the carbon market and foster the mutual transfer of credits to NDCs.

Specifically, in the case of the European Green Deal and the European Climate Regulation, the blue carbon projects could give rise to compensation through the ETS, as long as they comply with the Biodiversity Strategy for 2030 and the Blue Economy Strategy. The EU should take into account

39. Meridian Institute, *High-Quality Blue Carbon Principles and Guidance.*

the restoration of natural systems, the biodiversity preservation, and improved understanding of sustainable carbon cycles, while addressing the concerns that financing blue carbon may serve to legitimize the unabated emission of CO_2.

We must keep in mind that the main role of blue carbon projects within the carbon market is to seek ecological balance, to contain global warming and, consequently, to promote quality of life for all inhabitants of the Earth.

The carbon market should thus be regarded mainly in the light of the blue economy that is founded upon sustainability. It should respect, in a balanced and equitable way, the concepts of the *Triple Bottom Line - TBL,*[40] the economic, social, and environmental dimensions which must be considered in a functioning carbon offset system, particularly one incorporating blue carbon. Companies and governments should prioritize sustainability in these three interrelated and complementary dimensions in order to fulfil their respective NDCs of the Paris Agreement.

40. Elkington J., *Cannibals with Forks: Triple Bottom Line of 21st Century Business,* Capstone, Oxford, 1997.

CHAPITRE 8

L'intégration de la protection des milieux marins dans les accords commerciaux de la nouvelle génération

Ly Van Anh

RÉSUMÉ

La prise en considération des politiques environnementales dans les accords de commerce a connu une évolution intéressante dans le système commercial multilatéral (du GATT à l'OMC). Il a cependant fallu attendre la naissance d'une nouvelle génération d'accords commerciaux régionaux (ACR) pour voir un changement radical de la donne, avec l'intégration des obligations de protection de l'environnement dans les accords commerciaux. La protection des milieux marins s'inscrit dans ce courant d'évolution. Pour souligner ce changement d'approches dans la régulation internationale, l'étude se concentre sur la comparaison des approches américaine et européenne de prise en compte de l'environnement dans les accords commerciaux, suivie d'une analyse comparative des dispositions portant sur la protection des milieux marins dans certains récents ACR. Cette analyse montrera une approche progressiste en faveur de l'environnement, avec la protection des milieux marins comme cas de figure.

MOTS CLÉS: *Accords commerciaux, ACR, environnement, protection des milieux marins*

La prise en considération des politiques environnementales dans les accords de commerce a connu une évolution intéressante depuis les premières négociations économiques qui ont fait émerger le système commercial multilatéral incarné dans l'Accord général sur les tarifs douaniers et le commerce (GATT: General Agreement on Tariffs and Trade). L'émergence des valeurs environnementales dans les engagements de libéralisation commerciale est passée d'une logique de la coexistence sous forme d'exceptions dans les accords de commerce traditionnels – dont le GATT, auquel les accords de l'OMC ont succédé, et dans un grand nombre d'accords commerciaux régionaux (ACR) de cette époque – à une logique d'intégration dans les récents méga-ACR dits de nouvelle génération, où les objectifs environnementaux n'ont été inclus, ni comme une exception aux obligations de libre-échange ni comme une simple reconnaissance du « droit de protection » des États, mais comme une obligation commune. De ce fait, les accords de commerce contribuent véritablement aux objectifs environnementaux. La protection des milieux marins s'inscrit dans ce courant d'évolution.

En tant qu'exception, les considérations non commerciales ont été appliquées de façon stricte sous le régime du GATT. Leur interprétation a connu certaines évolutions depuis la création de l'OMC qui s'inscrivait dans le contexte de l'émergence du droit international de l'environnement et du développement durable[1]. Malgré cette transition positive d'approches, le « droit de prohibition » demeure appliqué avec prudence par les juridictions de l'OMC, de sorte que les intérêts commerciaux occupent toujours une place considérable dans ce système multilatéral.

Face aux limites du système de l'OMC dans l'appréhension des préoccupations environnementales qui s'imposent de plus en plus, les États cherchent d'autres solutions au moyen de leurs accords conclus sur le plan bilatéral ou régional.

1. Voir notamment l'approche d'interprétation évolutive de l'Organe d'appel de l'OMC concernant les ressources naturelles épuisables (art. XX(g) du GATT) dans l'affaire *États-Unis – Prohibition à l'importation de certaines crevettes et de certains produits à base de crevettes*, rapport de l'Organe d'appel, WT/DS58/AB/R, 12 octobre 1998 (ci-après *États-Unis – Crevettes*). Le différend concerne les restrictions à l'importation des crevettes provenant de certains pays dont la pratique de pêche est nuisible aux tortues marines que la loi américaine protège.

L'intégration des considérations environnementales est, dans un premier temps, propulsée par certaines puissances économiques en fonction de leurs approches et de leurs politiques poursuivies, puis, dans un second temps, devenue une pratique partagée par les autres États. L'analyse des dispositions visant la protection des milieux marins dans certains nouveaux accords de commerce qui concernent le Viet Nam, l'UE ou le Canada – PTPGP[2], AECG[3], ALEUEV[4] et l'ACEUM[5] – montre cette évolution du droit international économique.

1. L'INCLUSION DES ENGAGEMENTS ENVIRONNEMENTAUX DANS LES NOUVEAUX ACCORDS DE COMMERCE : UNE COMPARAISON D'APPROCHES

Même si la plupart des accords commerciaux régionaux reprennent les dispositions du GATT relatives aux exceptions, y compris l'article XX, ils incorporent de plus en plus d'engagements environnementaux autonomes[6]. Cela est dû tout d'abord aux efforts de certaines puissances économiques, telles que les États-Unis et l'Union européenne, de faire valoir leurs valeurs et politiques environnementales à l'occasion des négociations commerciales. Une nouvelle pratique est ainsi progressivement établie et exerce des influences sur les relations commerciales des autres pays.

---

2. *Accord de Partenariat transpacifique global et progressiste* (CPTPP : Comprehensive and Progressive Agreement for Trans-Pacific Partnership), pour plus de détails sur cet accord, voir *infra* note 15.
3. *Accord économique et commercial global* (CETA : Comprehensive Economic and Trade Agreement) signé entre le Canada et l'Union européenne (UE) le 30 octobre 2016 et en application provisoire depuis le 21 septembre 2017.
4. *Accord de libre-échange entre l'UE et le Vietnam* (EVFTA : EU-Vietnam Free Trade Agreement) signé le 30 juin 2019 et en vigueur depuis le 1er août 2020.
5. *Accord Canada-États-Unis-Mexique*, signé le 30 novembre 2018 par les trois pays de l'Amérique du Nord pour remplacer l'*Accord de libre-échange nord-américain* (1994) et en vigueur depuis le 1er juillet 2020.
6. A.T. Rana et P. Saucier, « Les clauses environnementales dans les accords de libre-échange entre pays développés et pays émergents. Analyse des déterminants », *Monde en développement*, vol. 41, n° 162, 2013, p. 49, p. 51-53, analysent plusieurs raisons qui justifient l'inclusion des clauses environnementales dans les accords de commerce, à savoir le besoin de préserver l'environnement comme un « bien public international », la faible possibilité d'avancement dans le cadre multilatéral de l'OMC, « le principe du donnant-donnant et sa variante gagnant-gagnant », la différence de niveau de développement entre les pays négociateurs (81,7 % des accords Nord-Sud contiennent une clause sur l'environnement par rapport à 47,9 % des accords Sud-Sud, à la page 55), la « recherche plus générale d'abaissement des barrières non tarifaires, très mal prises en compte par l'OMC ».

Il est à noter que les deux acteurs principaux – les États-Unis et l'Union européenne, compte tenu du nombre d'accords incluant des dispositions liées à l'environnement qu'ils ont conclus – ont des approches très différentes de concevoir des normes environnementales dans les accords commerciaux[7].

1.1 Approche américaine : la compétition

Dans un premier temps, les États-Unis cherchaient à imposer aux partenaires commerciaux leurs standards environnementaux élevés pour assurer des conditions de concurrence équitables au service de leurs entreprises. En effet, ce pays avait adopté des normes environnementales strictes applicables sur son territoire. Si les mêmes niveaux de normes n'étaient pas à respecter par les entreprises étrangères, les entreprises américaines risqueraient de devenir « victimes de *dumping* environnemental[8] ». Comme les États-Unis n'ont pas réussi à défendre leurs politiques environnementales devant les instances de l'OMC, ils pourraient remédier à ces lacunes du système multilatéral en introduisant des clauses environnementales dans leurs accords de commerce conclus et à conclure avec d'autres pays.

Le premier accord de ce type est l'*Accord nord-américain de coopération dans le domaine de l'environnement* – un des deux accords parallèles de l'ALENA[9] – signé avec le Canada et le Mexique le 14 septembre 1994. Il est caractérisé par l'emploi d'une approche juridique forte, imposant des obligations et des moyens pour assurer leur respect. Ainsi, chaque membre s'engage à une « application efficace de ses lois et réglementations environnementales » (art. 5). La mise en œuvre des engagements est garantie par des procédures d'arbitrage prévues dans l'accord, pouvant aboutir à des compensations financières ou à des contre-mesures, y compris la suspension d'avantages commerciaux (art. 24, 34 et 36). Les États-Unis cherchent aussi à faire participer la société civile au processus, d'où l'inclusion d'une disposition sur la participation du public.

---

7. J.F. Morin et M. Rochette, « Les dispositions environnementales des accords commerciaux : entre innovation et diffusion », dans S. Maljean-Dubois (dir.), *Circulations de normes et réseaux d'acteurs dans la gouvernance internationale de l'environnement*, Aix-en-Provence, DICE, 2017, p. 37.
8. *Ibid.*, p. 41.
9. *Accord de libre-échange nord-américain*, sur cet accord, voir *supra* note 5.

Plusieurs autres accords conclus par les États-Unis, tels que ceux avec le Pérou[10], le Maroc[11], la Jordanie[12] et la Colombie[13], reproduisent ce modèle de dispositions. L'approche américaine est aussi reflétée dans l'article 20.3[14] de l'*Accord de partenariat transpacifique* (PTP) qui est devenu l'actuel PTPGP[15]. L'engagement de respecter des conventions internationales sur l'environnement est aussi intégré dans les accords de commerce des États-Unis, comme le prévoit l'article 20.4 du PTPGP[16]. La participation du public est prévue dans l'article 20.8 « Opportunities for Public Participation », permettant de consulter les experts en environnement.

L'innovation des normes environnementales dans les accords des États-Unis a très vite inspiré les pays partenaires qui ont choisi de reprendre ces

---

10. *Accord de libre-échange États-Unis–Pérou*, 12 avril 2006, art. 18.2-18.4, [En ligne], https://ustr.gov/sites/default/files/uploads/agreements/fta/peru/asset_upload_file953_9541.pdf.
11. *Accord de libre-échange États-Unis–Maroc*, 15 juin 2004, art. 17.1, 17.2 et 17.4, [En ligne], https://ustr.gov/sites/default/files/uploads/agreements/fta/morocco/asset_upload_file679_3854.pdf.
12. *Accord de libre-échange États-Unis–Jordanie*, 24 octobre 2000, art. 5, [En ligne], https://ustr.gov/sites/default/files/Jordan%20FTA.pdf.
13. *Accord sur la promotion du commerce États-Unis–Colombie*, 22 novembre 2006, art. 18.2-18.4, [En ligne], https://ustr.gov/sites/default/files/uploads/agreements/fta/colombia/asset_upload_file644_10192.pdf.
14. Art. 20.3 du PTPGP: « 3. Chacune des Parties s'efforce de faire en sorte que ses lois environnementales et ses politiques en matière d'environnement prévoient et favorisent des niveaux élevés de protection de l'environnement, et elle s'efforce de continuer à hausser ses propres niveaux de protection de l'environnement. 4. Une partie n'omet pas d'appliquer et de faire respecter efficacement ses lois environnementales par des actions ou inactions soutenues ou récurrentes d'une manière qui a une incidence sur le commerce ou l'investissement entre les Parties, après la date d'entrée en vigueur du présent accord pour cette Partie. »
15. Le PTP a été négocié et conclu le 4 février 2016 par 12 pays de la région pacifique – Australie, Brunei, Canada, Chili, États-Unis, Japon, Malaisie, Mexique, Nouvelle-Zélande, Pérou, Singapour et Vietnam. En janvier 2017, le nouveau gouvernement de Donald Trump a décidé de retirer les États-Unis de l'accord, qui sert néanmoins de corpus au nouvel accord – *Accord de partenariat transpacifique global et progressiste* (PTPGP) – en vigueur depuis le 30 décembre 2018 entre les onze pays qui restent. Gouvernement du Canada, *Aperçu du PTPGP*, 22 juin 2023, [En ligne], https://www.canada.ca/fr/immigration-refugies-citoyennete/organisation/publications-guides/bulletins-guides-operationnels/residents-temporaires/travailleurs-etrangers/accords-libre-echange-internationaux/transpacifique.html.
16. « Les Parties reconnaissent que les accords multilatéraux sur l'environnement auxquels elles sont parties jouent un rôle important quant à la protection de l'environnement à l'échelle mondiale et nationale et que la mise en œuvre de ces accords par chacune des Parties est essentielle à l'atteinte des objectifs environnementaux de ces accords. En conséquence, chacune des Parties confirme son engagement à mettre en œuvre les accords multilatéraux sur l'environnement auxquels elle est partie. »

normes dans leurs propres accords[17]. Ce pays a d'ailleurs adopté certains aspects novateurs de l'approche européenne dans ses accords plus récents, tels que l'incorporation des accords multilatéraux sur l'environnement dans l'accord de commerce ou des dispositions détaillées sur des questions environnementales spécifiques. Tel est par exemple le cas du PTPGP qui inclut des dispositions sur la protection de la couche d'ozone, de la biodiversité, les pêcheries et la protection de l'environnement marin contre la pollution provenant des navires (art. 20.5-20.6).

1.2 Approche européenne : la coopération

Contrairement à l'approche uniforme et compétitive américaine, l'Union européenne favorise la coopération dont le niveau est adapté en fonction du contexte politique, économique et environnemental de ses partenaires. Les accords de l'UE s'attaquent aussi à des questions spécifiques de l'environnement[18]. Si les États-Unis veulent imposer leurs standards environnementaux dans une perspective concurrentielle, l'UE cherche à faire accepter par ses partenaires les valeurs communautaires, dans le souci de protéger l'environnement dans le cadre du développement durable.

Par exemple, le chapitre 24, « Commerce et environnement », de l'AECG débute en énonçant, après un article sur les définitions, le contexte et les objectifs très centrés sur le développement durable et la coopération[19].

L'accord de libre-échange UE–Viet Nam incorpore les objectifs environnementaux dans le chapitre portant sur le développement durable (chap. 13). L'article 13.1 énonce que le chapitre vise à renforcer la contribution aux aspects de commerce et d'investissement liés au travail et à l'environnement (art. 13.1 §1), en rappelant les engagements internationaux de développement durable des deux parties (art. 13.1 §2).

17. J.F. Morin et M. Rochette, *op. cit.*, p. 49.

18. *Ibid.*, p. 44-45.

19. Article 24.2 « Contexte et objectifs » : « Les Parties reconnaissent que l'environnement forme un pilier fondamental du développement durable et reconnaissent la contribution que peut avoir le commerce pour le développement durable. Les Parties soulignent qu'une coopération accrue aux fins de la protection et de la conservation de l'environnement a les effets bénéfiques suivants : a. favoriser le développement durable ; b. renforcer la gouvernance environnementale des Parties ; c. consolider les accords internationaux en matière d'environnement auxquels elles sont parties ; d. compléter les objectifs du présent accord. »

Dans tous les cas, la coopération est soulignée comme moyen principal pour atteindre les objectifs de l'environnement. Comme les accords commerciaux des États-Unis, ceux qui ont été conclus par l'UE contiennent toujours un article qui réaffirme les engagements des parties dans les accords environnementaux multilatéraux et leur permet de faire prévaloir les obligations environnementales sur celles qui concernent le commerce et l'investissement.

Sous l'influence de l'approche coopérative, les accords européens mettent l'accent sur la bonne foi des parties plutôt que sur la contrainte juridique, comme le font les accords américains[20]. Ils prévoient donc des obligations d'information et de sensibilisation du public, de partage d'information et de coopération[21]. Au lieu d'une procédure judiciaire de règlement des différends liés à l'environnement, ces accords s'appuient sur le dialogue en prévoyant l'établissement d'un comité sur le commerce et le développement durable[22], ainsi que des points de contact pour faciliter « la mise en œuvre » du chapitre.

Certains auteurs ont mis en question l'efficacité pratique de cette approche, notamment du fait que « les accords conclus par l'UE excluent la possibilité de recourir au mécanisme général de règlement des différends, plus stricts et autorisant les parties à adopter des contre-mesures en cas de non-conformité d'une partie à l'accord[23] ». Cela n'empêche pas que le modèle européen soit devenu une source d'inspiration pour de nombreux États dans leurs négociations d'accords de commerce, notamment des dispositions portant sur des enjeux environnementaux spécifiques, que même les États-Unis ont commencé à les adopter dans leurs accords récents. De plus, l'UE cherche à améliorer son approche en se dirigeant vers un cadre plus strict de mise en œuvre des dispositions sur l'environnement. Ses accords

20. J.F. Morin et M. Rochette, *op. cit.*, p. 46, 48. Les auteurs expliquent la différence des approches européennes au regard des approches américaines: « Dans plusieurs cas, l'UE ne les perçoit pas comme des compétiteurs avec qui des règles de concurrence doivent être établies, mais plutôt comme des pays en développement, voire d'anciennes colonies, qui requièrent de l'assistance afin de mettre en place un niveau de protection environnementale efficace. [...] Ainsi, la raison pour laquelle l'UE a inséré des normes environnementales dans ses accords n'était pas la crainte d'un *dumping* environnemental, mais plutôt un désir d'accéder à un niveau de cohérence plus élevé entre ses objectifs de commerce, de développement et de protection de l'environnement. »

21. AECG, art. 24.7, 27.8 et 24.12; ALEUEV, art. 13.11-13.14.

22. AECG, art. 24.13; ALEUEV, art. 13.15.

23. A. Pirlot, « La dimension environnementale des accords de libre-échange : une perspective européenne », *R.I.D.E.*, 2020, vol. 34, p. 193.

récents prévoient un mécanisme de règlement des différends relatifs au commerce et développement durable assuré par les groupes d'experts et de suivi par le Comité du commerce et du développement durable. Tel est le cas de l'AECG (art. 24.15) et de l'ALEUEV (art. 13.17). Depuis novembre 2020, elle met en place une nouvelle institution nommée « responsable européen du respect des règles du commerce » (*Chieft Trade Enforcement Officer*) qui veille au respect des engagements liés au commerce et à l'environnement par ses partenaires[24].

2. LA PROTECTION DES MILIEUX MARINS DANS LES NOUVEAUX ACCORDS DE COMMERCE

Cette section analyse les dispositions relatives à la protection des milieux marins dans les grands accords commerciaux régionaux qui sont récemment entrés en vigueur, à savoir le PTPGP, l'AECG, l'ALEUEV et l'ACEUM. Elle montrera, d'une part, les objectifs partagés dans ces accords et, d'autre part, la diversité d'approches dans l'appréciation des défis globaux relatifs à l'environnement marin.

Les ressources marines font l'objet d'une protection dans les quatre accords de différentes manières. La première disposition commune de ces accords porte sur les pêcheries. Elle commence par un paragraphe reconnaissant l'importance et « l'état d'urgence de la réglementation sur les pêcheries » dans l'objectif de conservation et de gestion durable des stocks de poissons (PTPGP, art. 20.16 §1; AECG, art. 24.11 §1; ACEUM, art. 24.17 §1, ALEUEV, art. 13.9 §1). Est également soulignée la « nécessité d'une action individuelle et collective dans les enceintes internationales » pour s'attaquer au problème de surexploitation et l'utilisation non durable des ressources halieutiques. Sur ce point, on trouve le partage entre les modèles européens et américains, dans le sens où la protection des milieux marins doit passer par des actions concertées au niveau international.

Le tableau suivant offre une vue comparative du niveau d'intégration des engagements de protection des milieux marins dans les ACR analysés.

24. Commission européenne, *Chief Trade Enforcement Officer*, [En ligne], https://policy.trade.ec.europa.eu/enforcement-and-protection/chief-trade-enforcement-officer_en.

TABLEAU 8.1 Les dispositions relatives à la protection des milieux marins dans les nouveaux accords de commerce

N°	RÈGLES	ALEUEV	AECG	PTPGP	ACEUM
1.	Prendre des mesures nécessaires pour prévenir la pollution	√	√	√	√
2.	Gestion durable des pêcheries marines / commerce durable de produits de la pêche	√	√	√	√
3.	Pêche illicite, non déclarée et non réglementée	√	√	√	√
4.	Conservation marine			√	√
5.	Subventions accordées au secteur des pêches			√	√
6.	Protection de l'environnement marin contre la pollution par les navires			√	√
7.	Déchets marins				√

L'ACEUM accorde une importance particulière à ce domaine, avec cinq articles portant respectivement sur les pêches de poissons sauvages en mer (art. 24.17), la gestion durable des pêches (art. 24.18), la conservation des espèces marines (art. 24.19), les subventions accordées au secteur des pêches (art. 24.20) et la pêche illicite, non déclarée et non réglementée (art. 24.21). Au contraire, l'ALEUEV regroupe différents aspects de protection des milieux marins dans une seule disposition portant sur « le commerce et la gestion durable des ressources marines et des produits halieutiques ».

Différents moyens ont été prévus dans les accords pour atteindre l'objectif de conservation et de gestion durable des ressources marines par la réglementation des pêcheries, tels que : favoriser le commerce de produits de la pêche gérée de manière durable, la lutte contre la pêche illicite, l'élimination des subventions à la pêche illicite ou non durable.

Le niveau d'engagement et de détails est différent selon les accords. Ce sont les accords auxquels les États-Unis participent qui mettent beaucoup l'accent sur les moyens économiques, c'est-à-dire les subventions. Ainsi, tant le PTPGP (art. 20.16 §6-11) que l'ACEUM (art. 24.20) engagent, de façon détaillée, les États parties à un contrôle des subventions pour lutter contre la pêche illicite ou non durable. Les États-Unis ont aussi incorporé dans leurs accords des politiques pour répondre aux préoccupations au sujet des espèces menacées, qu'ils n'ont pas réussi à défendre à l'OMC. L'article 20.16 §4 du PTPGP prévoit l'obligation des parties de « promouvoir la conservation à long terme des requins, des tortues marines, des oiseaux de mer, et des mammifères marins ». L'article 24.19 de l'ACEUM est dédié à la conservation des espèces marines. Le paragraphe 1 détaille les mesures visant cette obligation de « favoriser la conservation à long terme », incluant les études et les évaluations à mener par les États membres, la coopération, ainsi que « des mesures pour éviter, limiter ou réduire les prises accessoires d'espèces non visées dans le cadre d'activités de pêche ».

En revanche, les accords de l'UE mettent en avant la coopération, qui correspond bien à son approche. Dans l'AECG, en plus de l'article 24.12 qui est consacré à la coopération en matière environnementale, les dispositions portant sur les enjeux spécifiques mentionnent plusieurs fois cette obligation. Par exemple, en vertu de l'article 24.11, « Commerce de produits de la pêche et de l'aquaculture », les parties s'engagent aux paragraphes b) et c) « à coopérer contre la pêche illicite, non déclarée et non réglementée » et « à coopérer avec et [...] au sein des organisations régionales de gestion des pêches ». L'ALEUEV est démarqué par l'énumération à l'article 13.9 §2 des accords multilatéraux relatifs à la protection des milieux marins, auxquels les deux parties s'engagent à respecter à différents niveaux : (1) l'obligation de se conformer à la Convention des Nations unies sur le droit de la mer du 10 décembre 1982; (2) l'obligation d'encourager la conformité avec l'*Accord sur la conservation et la gestion des stocks de poissons chevauchants et des stocks de poissons grands migrateurs* du 4 août 1995, l'*Accord visant à favoriser le respect par les navires de pêche en haute mer des mesures internationales de conservation et de gestion* de 1993 et l'*Accord relatif aux mesures du ressort de l'État du port visant à prévenir, contrecarrer et éliminer la pêche illicite, non déclarée et non réglementée* du 22 novembre 2009; (3) l'obligation d'adhérer aux principes du *Code de conduite pour une pêche responsable*, adopté par l'Organisation de l'alimentation et de l'agriculture au 31 octobre 1995.

On peut constater que la plupart sont des obligations de moyens et que l'accent est mis sur la bonne foi et la coopération des parties. Dans cette logique, comme l'AECG, la même disposition de l'ALEUEV prévoit que chaque partie s'engage à coopérer avec l'autre partie pour mettre en œuvre des mécanismes de surveillance et d'application des mesures de gestion, des systèmes de documentation des captures ou de certification; pour lutter contre la pêche illicite, non déclarée et non réglementée par l'échange d'information et l'application des mesures visant à exclure des flux commerciaux les produits résultant de la pêche illicite (par. b et c).

Particulièrement, les accords négociés par les États-Unis – le PTPGP et l'ACEUM – s'intéressent à la lutte contre la pollution par les navires. L'article 20.6 du PTPGP et l'article 24.10 de l'ACEUM portent le même titre – « Protection de l'environnement marin contre la pollution par les navires » – et ont le même contenu. Tout d'abord, « les parties reconnaissent l'importance de protéger et de préserver l'environnement marin » et, « à cette fin, chacune des parties prend des mesures de prévention de la pollution de l'environnement marin par les navires » (par. 1). Le deuxième paragraphe reconnaît « l'importance de la participation et de la consultation du public [...] dans l'élaboration et la mise en œuvre des mesures de prévention de la pollution de l'environnement marin par les navires ». Pour cela, les parties s'engagent à informer le public sur leurs programmes et activités concernés. Enfin, le dernier paragraphe prévoit la coopération dans les domaines énumérés, à savoir :

a) Pollution accidentelle causée par les navires;

b) Pollution causée par les activités normales des navires;

c) Pollution par les navires par acte délibéré;

d) Développement de technologies visant à minimiser la production de déchets par les navires;

e) Émissions des navires;

f) Caractère adéquat des installations portuaires de réception des déchets;

g) Protection accrue dans des zones géographiques particulières;

h) Mesures d'application, y compris les notifications aux États du pavillon et, s'il y a lieu, par les États du port.

Enfin, l'ACEUM est le seul accord qui se préoccupe de la pollution marine à cause des déchets. L'article 24.12, « Déchets marins », exprime bien la détermination des États-Unis de faire valoir leurs normes élevées de protection de l'environnement marin. Le paragraphe 2 affirme « le caractère mondial du problème des déchets marins » que chaque partie reconnaît et s'engage à prendre des mesures pour le prévenir et le réduire. Par conséquent, le paragraphe 3 appelle à « la coopération sur des questions d'intérêt commun », telles que la lutte contre les déchets marins, la lutte contre la pollution de la terre et des mers. Cette approche est novatrice en ce qu'elle souligne l'importance de la coopération entre les États pour faire face aux problèmes communs, dont la pollution des milieux marins.

L'étude comparative montre que l'ACEUM offre le cadre le plus détaillé en intégrant largement les engagements internationaux dans le domaine. En somme, non seulement les nouveaux accords de commerce consacrent l'obligation de se conformer avec les accords multilatéraux sur l'environnement auxquels ils font référence, mais ils établissent des obligations concrètes à respecter par les parties en ce qui concerne l'environnement marin.

3. LES MÉCANISMES DE MISE EN ŒUVRE DES ENGAGEMENTS ENVIRONNEMENTAUX DANS LES NOUVEAUX ACCORDS DE COMMERCE

Afin d'évaluer l'efficacité de la protection des milieux marins dans les accords de commerce, il est utile d'analyser les mécanismes de mise en œuvre prévus à cette fin.

Deux catégories de procédures ont été établies, d'une part, pour gérer et, d'autre part, pour régler les différends.

Premièrement, pour prévenir les infractions aux obligations environnementales, les accords prévoient l'établissement des points de contact dans les pays membres afin d'assurer l'échange d'information et la coopération. De plus un comité sur l'environnement (PTPGP, art. 20.19; ACEUM, art. 24.26) ou un comité du commerce et du développement durable (AECG, art. 24.13; ALEUEV, art. 13.15), composé de représentants des parties, sera chargé de veiller à la mise en œuvre du chapitre.

Deuxièmement, en cas de différends, les parties s'engagent au règlement en deux étapes : consultations et groupes d'experts. Le PTPGP et l'ACEUM prévoient jusqu'à trois niveaux de consultation : consultations par des points de contact, consultations entre hauts représentants, consultations ministérielles. Pour ce qui concerne des deux accords de l'UE – l'AECG et l'ALEUEV –, les consultations se déroulent à deux niveaux : consultations par des points de contact et réunion du Comité du commerce et du développement durable, au cas où « la question requière une analyse plus approfondie ». Les deux cas montrent que les parties aux accords commerciaux accordent une grande importance au règlement des différends par la voie de négociation.

Lorsque le différend ne peut être réglé par la voie de négociation, un groupe d'experts sera établi pour entendre la question. Ce groupe fonctionne selon les procédures assez semblables à celles des groupes spéciaux de l'OMC. À la différence des accords des États-Unis qui prévoient les mêmes groupes spéciaux établis pour tout différend résultant de l'accord[25], les

25. PTPGP, art. 20.23 et ACEUM, art. 24.32 qui se réfèrent respectivement au chapitre 28 (PTPGP) et au chapitre 31 (ACEUM) sur le règlement des différends. Il faut noter que ces accords prévoient en particulier que, dans le cadre d'un différend découlant de l'obligation de conformité avec les AME, le groupe spécial demandera « l'aide ou les conseils techniques d'une entité autorisée au titre de l'accord multilatéral sur l'environnement ».

accords de l'UE prévoient un mécanisme propre pour les différends environnementaux, qui l'emporte sur tout autre mécanisme[26]. Par conséquent, la disposition portant sur le règlement de différends dans le chapitre sur l'environnement et le développement durable est plus longue et plus détaillée. De plus, il est prévu que les experts réunis pour entendre le différend doivent être spécialistes en droit de l'environnement.

En ce qui concerne la mise en œuvre des rapports de règlement des différends relatifs à l'environnement, les accords de l'UE prévoient plutôt des mécanismes souples (*soft*) de mise en conformité. L'article 24.15 §11 de l'AECG et l'article 13 §9 de l'ALEUEV prévoient qu'à la suite du rapport du groupe d'experts les parties « entament des discussions » et s'efforcent de déterminer les mesures appropriées ou d'établir un plan d'action mutuellement satisfaisant. Un délai de trois mois leur est accordé. Il prévoit aussi un suivi par le Comité du commerce et du développement durable et des organisations de la société civile. Cependant, aucune disposition n'est prévue pour le cas de désaccords ou d'absence de mise en œuvre.

À l'inverse, dans les accords des États-Unis, les différends en environnement seront réglés selon les procédures générales de règlement des différends qui ressemblent beaucoup aux procédures de l'OMC. Ainsi, l'article 28.20 prévoit les possibilités de compensation ou de suspension des avantages comme moyens garantissant la mise en œuvre des rapports des groupes spéciaux.

CONCLUSION

La protection des milieux marins fait partie des défis mondiaux qui appellent à l'action concertée de tous les États. L'intégration des engagements de protection de l'environnement, dont les milieux marins, dans les accords de commerce montre la conscience croissante de la communauté internationale et ses efforts de concilier les besoins de gains économiques et la nécessité de préserver un environnement sain pour les générations futures. Si les AME ne se dotent pas de moyens contraignants pour faire respecter aux États leurs engagements environnementaux, les accords de commerce peuvent offrir des moyens pour le faire. Par conséquent, l'incorporation des

---

26. AECG, art. 24.16 § 1 : « Pour tout différend découlant du présent chapitre, les Parties ont uniquement recours aux règles et aux procédures prévues dans le présent chapitre », de même pour l'ALEUEV, art. 13.17.

obligations environnementales dans les accords de commerce s'avère une solution efficace pour atteindre les objectifs de développement durable. Cette nouvelle pratique contribue donc à l'évolution du droit du commerce international en particulier et à celle du droit international en général.

CHAPTER 9

Recommendations for Sustainable Development of the Viet Nam Fisheries Industry from Thai Experiences Regarding Revoking the Yellow Card for Illegal, Unreported, and Unregulated Fishing

Trinh Thi Thu Huong, Nguyen Minh Anh and Nguyen Thi Binh

ABSTRACT

The Vietnamese fisheries industry plays a significant role in the country's economy and is a major contributor to its export revenues. However, the industry has been plagued by illegal, unreported, and unregulated (IUU) fishing practices, resulting in the European Union (EU) issuing a yellow card to Viet Nam in 2017. This yellow card indicates that Viet Nam's seafood products may be banned from the EU market if corrective measures are not taken. In response, Viet Nam has made significant efforts to address IUU fishing, including implementing stricter regulations, improving monitoring and control systems, and increasing public awareness. This paper analyzes the success of Thailand in removing the yellow card imposed by the European Commission and proposes sustainable measures for the development of

Viet Nam's fisheries industry, including strengthening collaboration among relevant authorities, enhancing seafood traceability systems, and promoting sustainable aquaculture practices. These measures will not only help revoke the IUU yellow card but also promote the sustainable development of Viet Nam's fisheries industry.

KEYWORDS: *Fisheries industry, IUU, yellow card, sustainability*

Located in Southeast Asia, Viet Nam extends from north to south along the eastern coast of the Indochina Peninsula, bordered by the Gulf of Tonkin, the South China Sea (also called the East Sea), and the Gulf of Siam (also called the Gulf of Thailand), amongst other waters. Its tropical climate and natural environment make it an excellent location for fishing. The seabed in the East Sea area is flat, and the coastline stretches over 3,260 km. Viet Nam also boasts a marine exclusive economic zone of approximately one million square kilometres, along with thousands of large and small islands. Despite an increase in domestic demand for fishery products, most of them are exported to other countries. China, Thailand, and Viet Nam contribute over 70% of the world's total farmed shrimp production. Viet Nam exports its seafood products to 164 markets, providing employment for more than 4.5 million people within the industry.[1]

Despite positive developments, the fisheries industry in Viet Nam faces several limitations and emerging problems, with Illegal, Unreported, and Unregulated (IUU) fishing currently a significant issue. IUU fishing refers to activities that violate international laws or the laws of countries with sovereignty at sea, or involve unreported and unregulated fishing in a country's waters. Many factors contribute to IUU fishing, including crew ethics, fishermen education, and declining seafood production. The IUU Fishing Index measures the extent to which countries resist IUU fishing on a scale of 1 to 5, a transparent aggregate score that allows countries to assess their vulnerabilities and response to IUU fishing activities. Acording to the this Index, Viet Nam ranked as the 56th country for IUU fishing in 2021, having dropped 51 places compared to 2019.[2] This is a positive sign for a developing

1. VASEP, "Seafood export turnover to the EU in September 2022," 2022, https://vasep.com.vn/seafood/151_15296/viet-nam-xuat-khau-thuy-san-sang-chau-au-tang-truong-tro-lai.htm.
2. IUU Fishing Index, *Vietnam Profile,* 2022, https://iuufishingindex.net/profile/vietnam.

country like Viet Nam, especially after the European Union (EU) applied a yellow card to the Vietnamese fisheries industry on 23 October 2017 for failure to comply with anti-IUU fishing regulations.[3]

FIGURE 9.1 – Viet Nam's position in the IUU Fishing Index in 2021

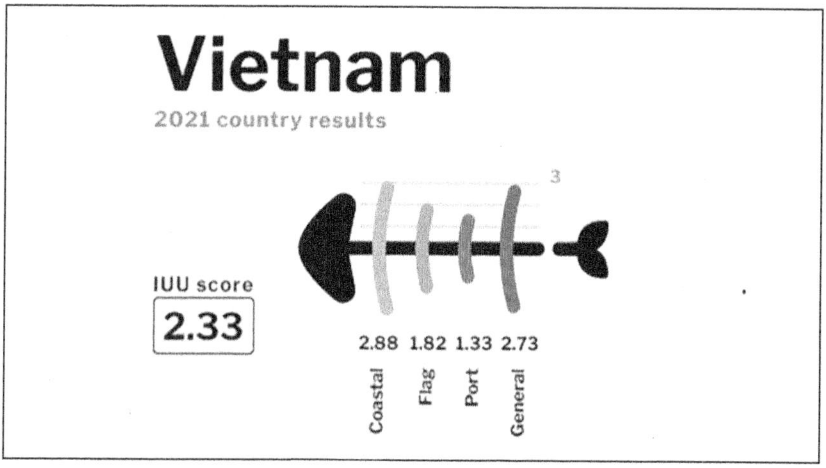

Source: IUUfishingindex (2022)

Viet Nam is addressing these issues to enhance its competitiveness and sustain its fisheries sector. Regaining the credibility of the fishing industry in the international trade market requires the government and state agencies to meet growth targets in its seafood industry and seize opportunities, since the consumer market demands food standards and sustainability.

1. OVERVIEW OF THE SUSTAINABLE FISHERIES INDUSTRY AND IUU FRAMEWORK

1.1 Overview of the sustainable fisheries industry

The fisheries industry refers to the commercial activity of catching, processing, and selling fish and seafood products. The industry plays a significant role in the global economy, providing jobs and food for millions

3. European Commission, "Questions and Answers: Illegal, Unreported and Unregulated (IUU) fishing in Vietnam", 2017, https://ec.europa.eu/fisheries/press/questions-and-answers-illegal-unreported-and-unregulated-iuu-fishing-vietnam_en.

of people worldwide.[4] The term "sustainable fisheries industry" lacks an internationally accepted definition. However, a prevalent interpretation pertains to fishing practices that can persist over a sustained period, especially given that the industry also faces several challenges, including overfishing, habitat destruction, and climate change.

According to Krueger and Decker,[5] fisheries management involves using various types of information, including ecological, economic, political, and socio-cultural data, to make decisions that align with the goals related to the use of fisheries resources. To achieve these goals, specific tactics and operational plans need to be developed, which should be in line with overall strategic fishery objectives and policy directions. The objectives of fisheries management, according to De la Mare,[6] are to maximize benefits, prevent harmful effects to the environment, and promote sustainability in the fisheries industry. However, these objectives cannot all be optimized simultaneously, leading to the necessity for certain trade-offs between them.[7]

One of the key aspects of the sustainable fisheries industry is the need to balance economic, social, and environmental objectives.[8] Sustainable fisheries management aims to maximize the economic benefits of the industry while minimizing the negative impacts on the environment and the livelihoods of local communities.[9] This involves developing policies and regulations that promote responsible fishing practices, protect marine ecosystems, and ensure equitable distribution of benefits among stakeholders.

Another aspect of the fishing industry is the importance of ecosystem-based management, which takes a holistic approach to fisheries management. It recognizes that fish stocks are part of complex ecosystems that are interconnected and influenced by various factors, such as climate change, habitat degradation, and pollution.[10] By taking into account the broader ecological context, ecosystem-based management aims to ensure the long-term

4. Garcia S.M. & Rosenberg A.A., "Food security and marine capture fisheries: Characteristics, trends, drivers and future perspectives," *Philosophical Transactions of the Royal Society B: Biological Sciences,* 2010, pp. 125–129.
5. Krueger C.C. & Decker D.J., "The process of fisheries management," *American Fisheries Society,* 1999, pp. 31–59.
6. De la Mare W.K., "Tidier fisheries management requires a new MOP," *Fish Biology and Fisheries,* 1998, pp. 349–356.
7. Kittinger J. et. al., "Committing to socially responsible seafood," *Science,* 2017, no. 356, pp. 912–913.
8. FAO, "Fisheries and aquaculture," 2021, http://www.fao.org/fishery/en/.
9. *Ibid.*
10. FAO, "Ecosystem approach to fisheries," 2019, http://www.fao.org/fishery/topic/16140/en.

sustainability of fish stocks and the health of marine ecosystems. The concept of sustainable fisheries management has gained increasing attention in recent years, with various international organizations, governments, and industry stakeholders promoting its implementation. For example, the United Nations Food and Agriculture Organization (FAO) has developed guidelines and principles for responsible fisheries management.[11] The FAO also works with governments and industry stakeholders to develop and implement sustainable fisheries management practices at the national and regional levels.

1.2 Illegal, Unreported and Unregulated fishing framework

IUU fishing is a significant threat to the sustainability of global fish stocks and the livelihoods of small-scale fishermen worldwide. To tackle this issue, the EU has developed a framework to combat IUU fishing, which includes imposing bad credit upon countries that fail to meet IUU fishing standards.[12] IUU fishing consists of three elements:

- Illegal fishing refers to fishing activities that are in violation of national or international laws, regulations, or conservation measures. These activities may include fishing in prohibited areas, exceeding catch limits, using illegal gear, or engaging in trade of illegally caught fish.[13]
- Unreported fishing refers to fishing activities that have not been reported, or have been misreported or underreported, to the relevant authorities. This may include failing to report catches or fishing effort, falsely reporting the species or location of catch, or operating without a license or permit.[14]
- Unregulated fishing refers to fishing activities that are conducted outside of established management and conservation measures. This may include fishing in areas without regulations, using gear or methods that are not subject to regulation, or targeting species that are not subject to catch limits.[15]

It has been suggested that approximately 20% of the global wild catch, which equates to 11–26 million tons of fish, is obtained through illegal or

11. *Ibid.*
12. European Commission, "Fight against IUU fishing: the EU's carding system," 2021, https://ec.europa.eu/fisheries/cfp/illegal_fishing_en.
13. FAO, "Illegal, Unreported and Unregulated Fishing," 2018, http://www.fao.org/fishery/iuu-fishing/en/.
14. *Ibid.*
15. *Ibid.*

unreported means, leading to a yearly financial loss of 10–24 billion USD. Developing countries are particularly vulnerable to the effects of illegal fishing as they often lack the necessary measures to safeguard their coastal resources. In fact, if the fishing industry were to include unregulated catches in the calculations, the aforementioned figures would be even higher.[16]

To address IUU fishing, the EU has established a framework that includes regulations and measures to prevent, deter, and eliminate IUU fishing. The EU's IUU Regulation, which came into effect in 2010, aims to prevent the importation of IUU fishery products into the EU market by requiring a catch certificate with information on the species, location of fishing, fishing vessel, date of catch, and any transit operations. The regulation requires that all fishery products imported into the EU have legal and sustainable origins and that fishing vessels operating in EU waters comply with EU regulations. The first proposed text of the IUU Regulation was adopted in October 2007. On 24 June 2008, this document reached consensus in the EU, it was officially adopted by the European Council on 29 September 2008, and took effect from 1 January 2010 (Regulation No. 1005/2008), thereby establishing an EU-wide system to prevent and eliminate the importation of IUU-caught fishery products into the EU market.[17]

Under this framework, the EU issues yellow and red cards to countries that fail to meet IUU standards. A yellow card serves as a warning to a country that its fishing activities may be contributing to IUU fishing, and it provides recommendations for corrective measures. If a country fails to take sufficient action to address the issues identified by the yellow card, it may receive a red card, which prohibits the importation of fishery products from that country into the EU market. At the end of 2022, there were 27 countries that had been fined by the EU, of which 15 have since been removed from the list (Figure 9.2). When a country that has been pre-identified, identified, or listed by the EU makes significant progress in addressing the EU's concerns, the Commission will remove its pre-identification status or recommend to the Council that the country be delisted, which is commonly referred to as receiving a "green card."[18]

16. VASEP, *Sách trắng về chống khai thác IUU ở Việt Nam (White book on IUU fishing in Viet Nam)*, 2020, https://vasep.com.vn/DATA/IMAGES/2020/11/14/20201114140723770sach-trang-ve-chong-khai-thac-iuu-o-viet-nam-1-0.pdf.

17. *Ibid.*

18. Europe Parliament, *Illegal, Unreported and Unregulated (IUU) Fishing*, 2022, https://www.europarl.europa.eu/RegData/etudes/ATAG/2017/614599/EPRS_ATA(2017)614599_EN.pdf.

FIGURE 9.2 – Countries that have been warned by the EU for failing to take actions against IUU fishing

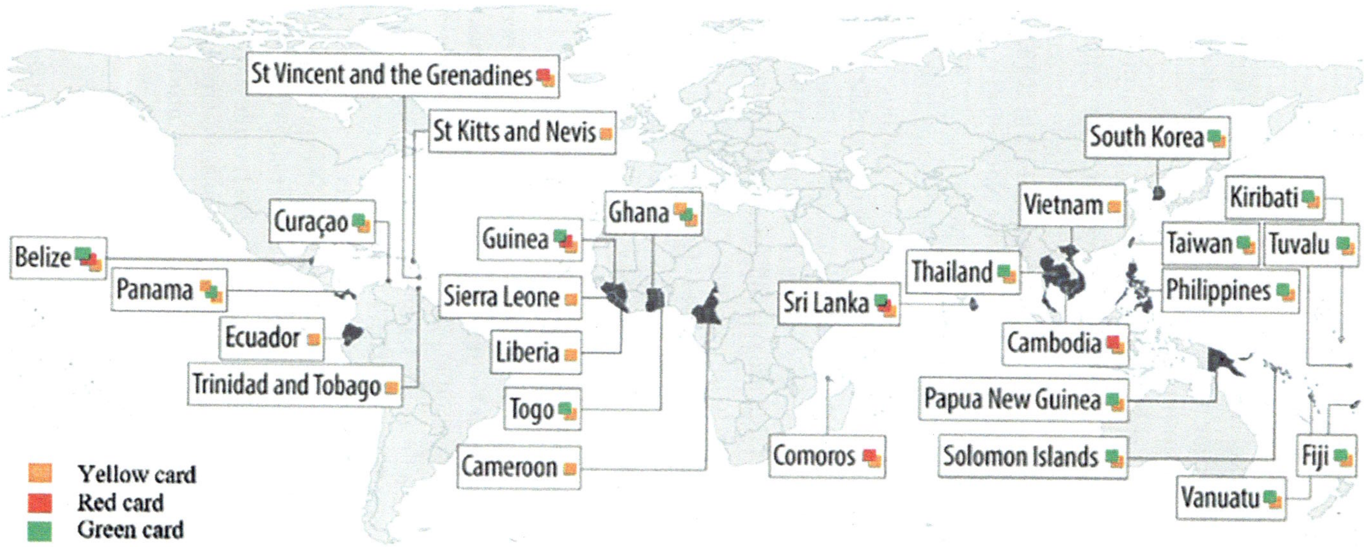

Source: European Parliament (2022)

2. THE CURRENT SITUATION OF VIET NAM'S FISHERY PRODUCTS EXPORTS TO THE EU MARKET

Viet Nam has been a significant player in the global fisheries market for many years, with exports accounting for a large portion of the country's economy. The EU is one of the largest markets for Vietnamese fish exports, with demand increasing in recent years.

The export of fishery products from Viet Nam to the EU had significantly increased before the IUU yellow card was imposed, driven by increasing demand and favourable trade policies. According to the Viet Nam Association of Seafood Exporters and Producers (VASEP), in 2018, after one year of being affected by the imposed fine, Viet Nam's fish exports to the EU decreased slightly by 0.6%, for a total equivalent to 1.47 billion USD. In 2019, this figure decreased to $1.3 billion, a decline of 19% compared to the previous year. This decreasing trend has continued into 2020 due to the double impact of the COVID-19 pandemic and Brexit. The pandemic has disrupted global trade and supply chains. Additionally, the closure of restaurants and food service establishments in the EU has reduced demand for seafood products that are typically consumed in these settings.[19] As a result, seafood exports to the EU market dropped by 26.2% compared to 2019, only reaching 959 million USD (Figure 9.3). Since 2019, the EU has dropped from the second largest seafood import market for Viet Nam to the fourth, coming after the US, Japan, and China. Nevertheless, the EU remains an important partner for Viet Nam's seafood industry, as is still a large directional and dominant market for other markets.

Over the last five years from 2017 to 2021, the EU has been the second-largest import market for Vietnamese seafood products, making up 19–22% of Viet Nam's total seafood exports. Viet Nam's seafood exports to the EU have remained stable at 1.0–1.4 billion USD per year during this period.[20] The top five countries in the EU that import the most seafood from Viet Nam are Germany, Italy, the Netherlands, France, and Spain, accounting for 58–65% of the total exports to the EU. However, exports to the three markets of the Netherlands, Italy, and France have decreased in recent years. Exports to the Netherlands fell 26% from 2017 to 2021, while those to Italy fell 24%, and to France 22%. Meanwhile, exports to Spain increased slightly by 16% during this period. Overall, Viet Nam's fisheries exports to the EU have faced

19. *Ibid.*
20. Nga L.T.V. et al. "Vietnam's Seafood Export to the EU Market in the Context of the EVFTA Implementation," *VNU Journal of Economics and Business*, 2022, no. 2, pp. 82–92.

challenges in recent years, especially after receiving the IUU yellow card from the EU in 2017. The impact of this regulation has caused a decline in Viet Nam's seafood exports to the EU market.

FIGURE 9.3 – Viet Nam's fisheries export turnover to the EU market in the period 2018–2022

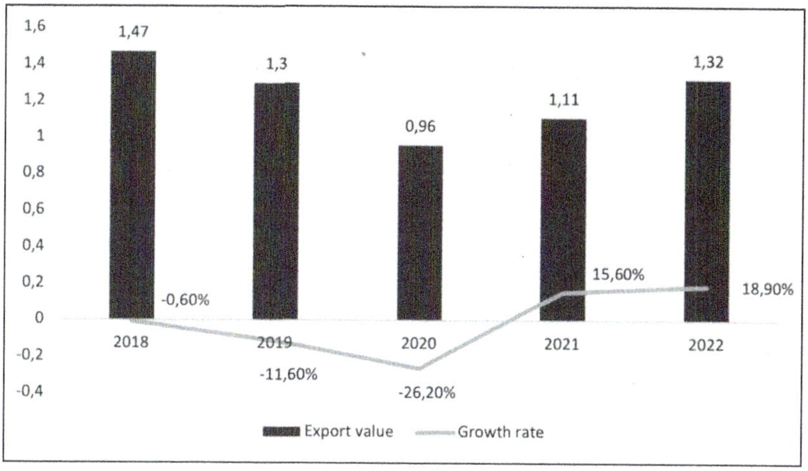

Unit: billion USD. Source: Author collections from VASEP

FIGURE 9.4 – Market structure in the EU for importing seafood from Viet Nam in 2017–2021

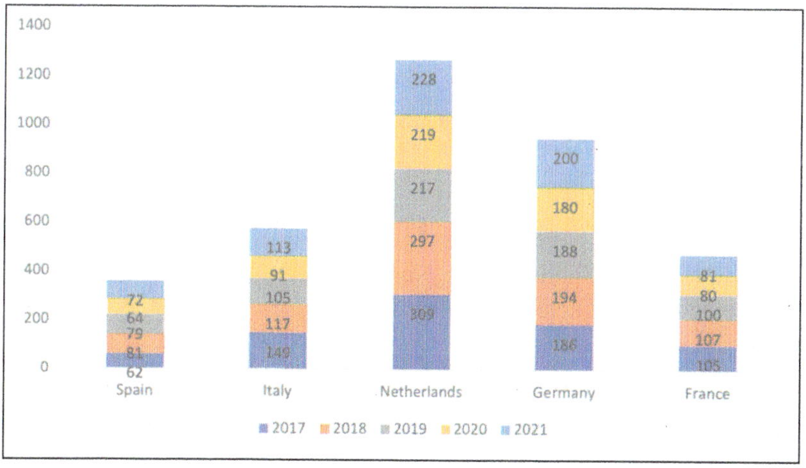

Unit: million USD. Source: Author collections from VASEP

It is worth noting that the EU has implemented regulations and requirements for imported fish products to ensure food safety and environmental sustainability. Viet Nam has made significant efforts to comply with these regulations, including implementing a traceability system for seafood products and strengthening its inspection and control measures.

3. IUU YELLOW CARD IMPOSED ON VIET NAM'S FISHERIES EXPORTS

One of the main sustainability requirements that Viet Nam has failed to meet is the protection of marine ecosystems. The EU requires that fishing practices should not harm marine habitats and that the fishing gear used should be selective to minimize the impact on non-target species. However, in Viet Nam, fishing practices are often not selective, leading to overfishing and damage to the marine ecosystems. According to a study by Truong,[21] overfishing in Viet Nam is a serious problem, and the lack of effective management measures has resulted in the depletion of fish stocks and destruction of marine habitats.

Another sustainability requirement that Viet Nam has failed to meet is the traceability of fishery products. The EU requires that imported seafood products should be traceable back to the vessel that caught them, and that the fishing activities should be legal and regulated. However, in Viet Nam, IUU fishing is still prevalent, and many seafood products are caught illegally and not properly recorded. This makes it difficult to trace the origin of the products and ensure their legality and sustainability.

Furthermore, Viet Nam's aquaculture sector, which accounts for a significant portion of its seafood exports to the EU, has also faced sustainability challenges. The use of antibiotics and chemicals in aquaculture production is a major concern, as it can lead to the contamination of water and the accumulation of pollutants in fish tissues, posing risks to human health. The EU has strict regulations on the use of antibiotics and chemicals in aquaculture, and the failure of Viet Nam to meet these requirements has led to the rejection of its seafood exports to the EU.[22]

---

21. Truong N.T., "Overfishing in Vietnam: Causes, consequences, and solutions," *Marine Policy*, 2017, no. 76, pp. 153–158.
22. *Ibid.*

Since the issuance of the yellow card, the Vietnamese government and the seafood industry have taken measures to address the IUU fishing issue. However, since Viet Nam has yet to fully comply with EU's requirements, the IUU fishing yellow card has not been removed. In November 2021, the European Commission (EC) announced that it would extend the yellow card for Viet Nam's seafood products for another six months, citing the country's insufficient progress in implementing the necessary measures.

In late October 2022, a delegation of EU inspectors conducted the next visit to Viet Nam to assess the nation's endeavours in combating IUU fishing. Given the fact that significant achievements of the Vietnamese government have been acknowledged and highly appreciated, there have been more positive developments in combating IUU exploitation in Viet Nam compared to the two previous inspection rounds. However, Viet Nam's efforts in combating IUU exploitation still face many difficulties and constraints that have yet to be overcome. The enforcement of laws and handling of violations still have many limitations, and instances of fishing vessels violating regulations continue to occur, with complex dynamics. The EU affirmed that they will not lift the yellow card if Viet Nam does not put an end to these situations.[23]

In response to this, the Prime Minister of Viet Nam approved an action plan aimed at preventing IUU fishing and preparing for a fourth inspection by the European Commission. As part of this plan, Viet Nam committed to completing several key tasks by the end of May 2023. These tasks included compiling comprehensive statistics on fishing vessel registrations, issuing fishing licenses, and equipping fishing vessels with a voyage monitoring system (VMS). Additionally, Viet Nam pledged to enhance the inspection of all fishing vessels passing through sea border stations and foster cooperation among different localities to effectively regulate fishing boats operating outside their home provinces.[24]

---

23. Nguyen A., "EC to visit Vietnam to examine measures against IUU fishing," *Vietnam Investment Review*, 11 September 2022, https://vir.com.vn/ec-to-visit-vietnam-to-examine-measures-against-iuu-fishing-96261.html.

24. Huyen A., "Vietnam determined to have the EU remove yellow card for IUU," *VOV*, 13 March 2023, https://vovworld.vn/en-US/current-affairs/vietnam-determined-to-have-the-eu-remove-yellow-card-for-iuu-1182725.vov.

4. CASE STUDY OF THAILAND IN REMOVING IUU YELLOW CARD

4.1 Overview of Thailand IUU yellow card

In April 2015, Thailand received a warning in the form of a yellow card from the EU due to its inability to combat IUU fishing. This put the export of Thai fishery products in jeopardy. However, Thailand has since taken action to address the issues highlighted by the EU, including enacting new laws and enforcing regulations. Consequently, on 8 January 2019, the EU removed Thailand from the group of warned countries based on the measures taken. The yellow card classification had negative consequences for Thailand's fisheries industry, affecting sales and reputation, as shown by a graph depicting a continuous decrease in fisheries exports to the EU, especially canned and processed products.[25] Between 2015 and 2018, total canned and processed seafood exports dropped by 5%, from 3.753 million USD to 3.574 million USD. Additionally, exports to the EU plummeted by 35%, from 346 million USD in 2015 to 221 million USD in 2018. Thailand's significant strides in combating IUU fishing since 2015 led to the EU lifting the yellow card in January 2019.[26] This decision was a result of the constructive partnership between Thai authorities and the Commission, which resulted in the implementation of comprehensive and systematic reforms to Thailand's legal and policy frameworks aimed at curbing illegal fishing.

4.2 Thailand's actions to combat the IUU Yellow card

4.2.1 New marine laws respecting fisheries

Thailand's legal framework before 2015 did not meet its obligations under international agreements such as the United Nations Convention on the Law of the Sea (UNCLOS) regarding the conservation and management of aquatic living resources. However, the Royal Ordinance on Fisheries B.E. 2558 (2015) was enacted within seven months of Thailand receiving the yellow card from the EU.[27] This comprehensive legal framework focuses not only on preventing and deterring IUU fishing, but also on the management

25. Sok S. "Addressing illegal, unreported, unregulated (IUU) fishing in Cambodia: the impact of the EU's IUU regulation," *World Maritime University Dissertations*, 2022, no. 2.
26. Wongrak G. et al., "The impact of the EU IUU Regulation on the sustainability of the Thai fishing industry," *Sustainability*, 2021, no. 13, pp. 6814.
27. *Ibid.*

and conservation of marine resources. It enabled Thailand to establish its first sustainable Fisheries Management Policy and become a party to significant international agreements such as the United Nations Fish Stock Agreement (UNFSA), Agreement on Port State Measures to Prevent, Deter and Eliminate IUU fishing (PSMA), and other Regional Fisheries Management Organization (RFMO) agreements. It has been a fundamental catalyst for change in the Thai fisheries and seafood industry.

The new Thai fisheries law recognizes IUU fishing as an international crime and imposes severe sanctions to ensure compliance. Owners of vessels and factories found engaging in any illegal activities will face both administrative and criminal sanctions, including punitively high penalty fees of up to 30 million Baht (€780,000) or five times the value of the catch obtained.[28]

4.2.2 Robust Monitoring, Control, and Surveillance (MCS) System

Thai efforts to combat IUU fishing involve a range of activities including port inspections, sea inspections, air surveillance, and remote surveillance via the Fisheries Monitoring Centre (FMC). The FMC, which was established in 2016, serves as a central hub for integrated MCS. Additionally, 30 Port In Port Out (PIPO) Centers and 21 Forward Inspection Points (FIPs) have been set up along the coast of Thailand to inspect vessels at port. This includes vessels with a gross tonnage (GT) of 30 or above, as well as vessels using three types of fishing gears (trawler, purse seine, and anchovy falling net) with a GT of less than 30. PIPO officers not only scrutinize necessary documentation but also inspect vessels, fishing gear, catch, VMS signals, and crew on board.[29]

Thai authorities have taken robust enforcement measures against foreign flagged fishing vessels suspected of engaging in IUU fishing. In particular, import control and inspection have been strengthened for foreign vessels entering Thai ports. The Traceability section links all workflows, IT systems, and data from various agencies, enabling Thai authorities to prevent illegally caught fish from entering the domestic supply chain and international markets, regardless of the mode of transport.[30]

---

28. *Ibid.*
29. Kadfak A. & Linke S., "More than just a carding system: Labour implications of the EU's illegal, unreported and unregulated (IUU) fishing policy in Thailand," *Marine Policy*, 2021, no. 127, pp. 104–445.
30. Singchum J., "Thailand: Role Model and Bridge Builder for EU-ASEAN Cooperation in Combatting IUU Fishing," *European Institute for Asian Studies, Policy Brief*, 2022.

4.2.3 Rigid fisheries management system

Thailand's current sustainable resources and fleet management system marks a departure from the pre-2015 system, in which fishing vessel registration and licensing were not geared towards managing fishing efforts or fish stocks. The process of acquiring registration and licenses was too lenient, leading to unsustainable fishing practices and depletion of fisheries resources in Thai waters. The new fisheries law replaced the "open access" system with a controlled licensing regime based on scientific evidence of maximum sustainable yield (MSY) and a prescribed total allowable catch to prevent overexploitation.[31]

To achieve sustainable fisheries management, Thailand has taken the following actions:

- Establishing a new legal framework for fishing licensing and vessel registration.
- Controlling fishing effort through catch limits based on MSY and gear regulations.
- Controlling fishing vessel registration with moratoriums, surveys, and regulations.
- Increasing collaboration through joint workflows and standard operating procedures among all relevant authorities, and with member countries of the Association of Southeast Asian Nations (ASEAN).
- Implementing new operational systems for licensing and registration.

4.2.4 Proactive international cooperation

Thailand has been enhancing its collaboration with third-party economies, including Flag, Coastal, and Port states, to effectively combat IUU fishing. Furthermore, Thailand has been actively reinforcing its partnership with different RFMOs, such as the Indian Ocean Tuna Commission (IOTC), Southern Indian Ocean Fisheries Agreement (SIOFA), and the Western and Central Pacific Fisheries Commission (WCPFC). Efforts to build bridges to different organizations help Thailand to foster more extensive cooperation

31. *Ibid.*

and engage in a comprehensive dialogue to fight IUU fishing and ensure sustainable fisheries management in a wider regional context.[32]

5. RECOMMENDATIONS FOR VIET NAM'S NATIONAL AND LOCAL AUTHORITIES REFLECTING THAILAND'S SUCCESSFUL IMPLEMENTATION

To overcome the shortcomings and limitations discussed above, Viet Nam needs to have a comprehensive strategy to combat IUU fishing. The following suggestions may be considered:

Improve legal framework: Viet Nam needs to develop a legal framework to implement the Fisheries Law and the EU's IUU Regulation effectively. The Decree on sanctions for administrative violations in the fisheries sector should be reviewed and revised to meet EU's requirements. The country should also ensure that the legal framework is effectively enforced. Improvement of the legal framework should be accompanied by communicating the framework to a wide range of organizations and individuals of all walks of life, particularly those who have close associations with the sea and ocean. To address the issue of overlapping responsibilities among Viet Nam's maritime law enforcement agencies, it is necessary to streamline their operations. Currently, there are six independent agencies operating under different command structures, which leads to the dispersion of limited resources and thus reduces their overall effectiveness. To optimize resource allocation and policy attention, Viet Nam should prioritize interagency coordination by establishing a unified command structure. This approach would ensure that budgetary allocations and policy initiatives are directed towards coordinated and cost-effective actions, rather than being fragmented across multiple agendas that result in overlapping and duplicative responses.

Enhance international cooperation: It is very necessary to strengthen cooperation with other countries, particularly neighbouring countries in order to prevent IUU fishing in shared waters. The government should also work closely with international organizations, such as the FAO, to improve fisheries management practices.[33] Viet Nam needs to foster its participation in international cooperation to combat IUU fishing by joining relevant international organizations to share information and coordinate in dealing with Vietnamese-flagged vessels engaged in IUU fishing in the high seas

32. *Ibid.*
33. *Ibid.*

and areas under the jurisdiction of RFMOs. It needs to negotiate and participate in the Southeast Asian Fisheries Development Center (SEAFDEC) and the Agreement to Promote Compliance with International Conservation and Management Measures for Fishing Vessels on the High Seas to facilitate international cooperation in IUU fishing prevention and control.

At the regional level, it is imperative for Viet Nam to establish robust collaboration with ASEAN and neighbouring countries to establish a dedicated cooperation mechanism aimed at addressing IUU fishing. Viet Nam should also foster close partnerships with regional countries that are members of the PSMA, including Cambodia, Thailand, the Philippines, Indonesia, Myanmar, and Japan. These collaborations should prioritize strengthening port state control measures to impede the access of IUU fishing vessels to ports, thereby reducing the occurrence of IUU fishing. Furthermore, Viet Nam should actively engage with other countries in the region to promote the development and sharing of information and data regarding fishing vessels, particularly those implicated in IUU fishing activities. Establishing a hotline with countries whose vessels partake in IUU fishing in Vietnamese waters, or those nations where Vietnamese ships are frequently involved in IUU fishing, would facilitate regular communication and updates on violations.

Improve traceability: The Government should establish a system for the traceability of seafood products from catch to export, to meet the EU's requirements for chain control of the legality of products exported to the European market. Regarding the traceability of fishing vessels, the government is required to collaborate with local authorities to improve the capacity to assess and tally all local fishing vessels, ensuring that 100% of them are registered and labelled appropriately, granting fishing licenses, and installing VMS in accordance with regulations. All fishing vessel information needs to be updated in the Viet Nam Fisheries Database System. Additionally, a catalogue must be established containing details on fishing vessels not actively engaged in fishing and those at high risk of engaging in IUU fishing violations, which will be dispatched to the appropriate authorities for monitoring and management by designated entities and individuals.

Authorities need to strictly prohibit the operation of vessels that are subject to the VMS requirement but have not installed the system. Based on the experiences of Thailand, one of the key measures to remove the yellow card is to require the mandatory installation of VMS systems for offshore-capable fishing vessels. With 24/7 connectivity and real-time updates, authorities can accurately determine the location of fishing vessels, whether they are operating within the managed areas or engaging in IUU fishing in foreign waters.

Focus on sustainability goals: To enhance climate resilience and coastal development, Viet Nam should adopt appropriate policies and investment strategies, with a particular focus on areas most vulnerable to climate change. This entails prioritizing the development of sustainable infrastructure, strengthening organizational capacity in disaster risk management, and finalizing legal frameworks for marine industries. Recent investments in previously neglected and impoverished coastal regions, such as the Mekong Delta Regional Master Plan and Investment Promotion (2021–30), demonstrate Viet Nam's commitment to this goal.[34] However, it is crucial to learn from past development projects that suffered from inadequate planning and safety standards, and the absence of comprehensive data on hazards and socio-economic risks. Future efforts should avoid repeating these mistakes and emphasize meticulous planning, adherence to safety protocols, and the maintenance of accurate information regarding potential hazards and socio-economic factors.

CONCLUSION

Various measures have been implemented in the five years Viet Nam since received an EU yellow card for IUU fishing. These measures include enacting new regulations, managing fishing fleets, and conducting monitoring and control activities. However, these actions have not been sufficient to remove the yellow card due to limitations in law enforcement, continued violations of fishing vessels in foreign waters, and lack of proper record-keeping. Despite these challenges, the yellow card presents an opportunity for Viet Nam to restructure its fisheries sector towards more responsible and sustainable practices.

To effectively address the yellow card issue, Viet Nam must prioritize building institutional capacity and political will at both national and local levels. This includes revising and finalizing fisheries guidance decrees with robust sanctions, and prosecuting violators. Viet Nam must also strengthen its MCS system, clarify stakeholder responsibilities, and strictly handle IUU fishing violations. Educating fishermen on relevant laws and regulations

34. Communist Party of Vietnam Magazine. *Developing a Sustainable, Modern Mekong Delta with a Rich Cultural Identity*, 2022, https://dangcongsan.vn/lanh-dao-dang-nha-nuoc/phat-trien-dong-bangsong-cuu-long-ben-vung-hien-dai-mang-dam-da-ban-sac-van-hoa-613538.html.

and harmonizing institutional, economic, and social perspectives in the fishing industry are also essential.

In addition to the efforts of State agencies, fishermen also need to take initiative by taking measures towards sustainable development. Small-scale and commercial fisheries companies or individuals should proactively promote digitalization using electronic catch documentation and traceability systems, and join relevant international treaties on IUU fishing. By implementing these recommendations, Viet Nam improves the likelihood of removing the yellow card and transforming its fisheries industry into a sustainable and responsible sector.

CHAPTER 10

Causes, Consequences and Solutions to Illegal, Unreported, and Unregulated Fishing in Viet Nam

Nguyen Khac Vuot

ABSTRACT

Illegal, unreported, and unregulated fishing (IUU) not only threatens food security, biodiversity, and conservation of rare aquatic species, it also affects the ecological environment, maritime governance, maritime economy, and safety and security at sea. Combating and moving towards the elimination of IUU fishing is an urgent issue nationally as well as globally. Identifying the exact causes of IUU fishing will help find the right solutions to eliminate it. This article will focus on analyzing the causes and consequences, and proposing some solutions to eliminate IUU fishing in Viet Nam.

KEYWORDS: *IUU fishing, causes, consequences, solutions, Viet Nam*

Illegal, unreported and unregulated fishing (IUU) not only threatens food security, biodiversity, and conservation of rare aquatic species, it also affects the ecological environment, maritime governance, maritime economy, and safety and security at sea. Annually, at least 15% of global fish catches are illegal, with a value of about 8–19 billion EUR.[1] According to the Food and Agriculture Organization of the United Nations (FAO), about 70% of global fisheries[2] have been depleted by overfishing, negatively affecting the global ecosystem. Some species are overfished, leading to extinction, loss of precious genetic resources, and imbalance of marine ecosystems.

Fisheries play a vital role in food security, as well as creating jobs and incomes for workers around the globe. There are about 60 million workers directly exploiting fisheries and aquaculture, while about three billion people worldwide rely on seafood products as the main source of protein, and the value of seafood products exported globally is about 150 billion USD per year.[3]

Combating and moving towards the elimination of IUU fishing is an urgent issue on a national as well as global scale. Identifying the exact causes of IUU fishing will help find the right solution to eliminate it. The present article will focus on analyzing the causes and consequences, and proposing some solutions to eliminate IUU fishing in Viet Nam.

1. CAUSES OF IUU FISHING

There are many reasons for IUU fishing, but the major ones include: increase in demand for seafood; increase in the number of fishing vessels leading to an excess of fishing capacity; limited awareness by fishermen; lack of management and supervision capacity by the authorities; shortcomings of the legal system; and territorial disputes over the seas between adjacent and opposite countries.

1.1 Increase in demand for seafood

The first reason is increase in demand for seafood and aquatic products along with the increase in global population, as well as the increase in global incomes. The world population in 1970 was about 3.7 billion people; by 2021

1. European Commission, "Commission warns Vietnam over insufficient action to fight illegal fishing," https://europa.eu/rapid/press-release_IP-17-4064_en.htm.
2. Swan J., "Decision Making in Regional Fishery Bodies or Arrangement: The Evolving Role of RBFS and International Agreement on Decision Making Process", *FAO Fisheries Circular No 995, Food and Agriculture Organization of the United Nations*, Rome, 2004, p. 8.
3. Global Fishing Watch, "Commercial Fishing," https://globalfishingwatch.org/commercial-fishing/.

it was 7.8 billion people.[4] The gross domestic product (GDP) of the whole world in real prices was estimated at about 48 trillion USD in 1999; however, by 2019 it was about 87 trillion USD, meaning that global GDP had almost doubled in the 20-year period.[5] Research shows that the increase in income is directly proportional to the increase in demand for seafoods, such that a 10% increase in income will increase the demand for seafoods in developed countries by about 2.8%, while for developing countries, a 10% increase in income, will increase the demand for seafoods by about 10%.[6]

The average fish consumption per capita worldwide in 1970 was about 11.5 kg, while by 2011 it was about 18.9 kg.[7] According to FAO's statistics, the amount of seafood consumed for food in 1968 was about 38 million tons, which increased to about 156 million tons in 2018,[8] meaning that the total global demand for seafood by 2030 will be about 180 million tons.[9] As the demand on fisheries increases, the exploitation to meet that demand also increases, with an increase in the number of people and fishing vessels involved in fishing in the seas, including the Exclusive Economic Zone (EEZ) and the high sea.[10] With poor management, IUU fishing is inevitable.

1.2 Excess fishing capacity

The overcapacity of fishing is another major cause of IUU fishing globally. According to statistics from the World Wide Fund For Nature (WWF), there are currently about four million fishing vessels operating globally, many with advanced fishing capacities and techniques which increase fishing efficiency.[11] The pressure of an increased fishing capacity could increase the risk of damaging the structure and function of marine ecosystems. Particularly for developing countries on the high seas, a lack of governance capacity and coordination for management, law-making, and

4. Worldometer, "World Population by Year," https://www.worldometers.info/world-population/world-population-by-year/.
5. Worldometer, "Global GDP by Year," https://www.worldometers.info/gdp/#gdpyear.
6. Robinson M.A., "Determinants of demand for fish and their effects upon resources," *Journal of the Fisheries Research Board of Canada*, 1973, vol. 30, pp. 2015–58.
7. HelgiLibrary, "Fish Consumption per Capita," https://www.helgilibrary.com/indicators/fish-consumption-per-capita/.
8. FAO, "Towards blue transformation: A vision for transforming aquatic food systems", http://www.fao.org/state-of-fisheries-aquaculture.
9. Petrossian G.A. & Pezzella F.S., "IUU Fishing and Seafood Fraud: Using Crime Script Analysis to Inform Intervention," *Annals, AAPSS*, 2018, pp. 121–39.
10. Melzner R., "Fishing Aspirations and Fishing Capacity: Two Key Management issues," *The International Journal of Marine and Coastal Law*, 2005, vol. 20, no. 3–4, pp. 459–78.
11. WWF, "Overfishing", https://www.worldwildlife.org/threats/overfishing.

control, as well as commercial exploitation that is disproportionate to the increase in the number of fishing vessels, is a major reason for the current IUU fishing problem.[12]

1.3 Limited awareness by fishermen

There are currently no statistics on the educational status of fishermen in the world in general and Viet Nam in particular. However, in terms of geography, fishermen mainly live in coastal areas and islands far from cultural and educational centers, so access to the education system presents certain difficulties. Moreover, by its nature fishing work often occurs far from the mainland, requiring fishermen to move places frequently and presenting another barrier to education. Fishermen who are illiterate are unable to read the symbols on the charts and do not know the boundaries of the seas of other countries where they are fishing; consequently, they may enter foreign waters to fish, leading to IUU fishing.

1.4 Lack of management and supervision capacity by authorities

Management, patrolling, and supervision of fishing activities are used to ensure that such activities comply with the provisions of law. These include activities such as issuing fishing licenses, registering vessels, inspecting ships and seafarers before leaving the port, border control procedures for foreign vessels to exploit waters under national sovereignty, as well as border control when fishing vessels travel to, exploit, and return from foreign waters. In addition, it is necessary to patrol and monitor whether such activities comply with the license terms or not; to supervise and inspect unlicensed vessels that are engaged in fishing, or vessels that are licensed but suspected of participating in IUU fishing activities.

1.5 Shortcomings of the legal system

One of the fundamental features of international law is universality, so in order for such laws to be accepted and adhered to by the majority of countries, the laws are written so as to provide guidance rather than details. This can make them difficult to implement. For example, Article 62 of the United Nations Convention on the Law of the Sea (UNCLOS) 1982 stipulates that coastal states shall promote the objective of optimum utilization of the

12. *Ibid.*

living resources in their EEZ. However, UNCLOS 1982 does not provide a specific definition or criteria for "optimum utilization," so coastal states will vary in their measures to make optimal use of living resources in their EEZ.

In addition, as countries differ in their level of legal documentation, the concretization of the same provisions of international law into national legal documents is also different, leading to different practical applications. The legal documents of some countries are not in accordance with the provisions of international law on IUU fishing. This is also one of the reasons why the global combat against IUU fishing is not uniform and has not achieved the desired results.

1.6 Territorial disputes over seas between adjacent and opposite states

One reason for IUU fishing in some waters is disputes between adjacent and opposite countries that make it difficult to assess fisheries reserves, conserve resources, enforce laws, and foster international cooperation. Worldwide, there are currently about 427 maritime disputes, of which only 168 (39%) are completely resolved, while the rest are partially resolved or unresolved,[13] Southeast Asia alone has 12 EEZs that have not been clearly delineated.[14] There are no precise statistics for the number of cases of foreign fishing vessels being seized by coastal states in disputed waters, but this number is likely not small.

In the South China Sea, disputes over territorial sovereignty of the Paracel Islands between Viet Nam and China and territorial disputes over the Spratly Islands between five countries (China, Brunei, Malaysia, the Philippines, and Viet Nam) and one territory (Taiwan – China) are still ongoing.[15] There are also other disputes in determining the boundaries of overlapping seas and continental shelves between countries with adjacent or opposite seas around the South China Sea.[16] Countries are in negotiations to delineate these boundaries, but no clear results have been reached. For example, Viet Nam and China have only demarcated the Gulf of Tonkin area, while

13. Schofield P.C., *Maritime Political Boundaries of the World*, Martinus Nijhoff, Leiden, NLD, 2004, p. 218.

14. Nguyễn H.T., "Công ước về Luật biển 1982 và Nghề cá ở Đông Nam Á" (UNCLOS and the fisheries in Southeast Asia), *Tạp chí Nghiên cứu Lập pháp*, March 2022.

15. An K., "Mấy nét về tranh chấp chủ quyền ở Biển Đông hiện nay," 23 November 2017, http://tapchiqptd.vn/vi/bien-dao-viet-nam/may-net-ve-tranh-chap-chu-quyen-o-bien-dong-hien-nay/10871.html.

16. *Ibid.*

there is no agreement how to divide the area off the bay closure line despite many rounds of negotiations.[17] Similarly, Viet Nam and Indonesia have just negotiated the division of the continental shelf, but have not completed negotiations on the division of the overlapping EEZs between the two countries.[18] Viet Nam and Cambodia have signed an agreement on the "historic waters of Viet Nam and Cambodia," but have not yet demarcated the maritime border between the two countries.[19]

The Arbitral Tribunal, established under Annex VII of the 1982 UNCLOS on the Philippines and China case, gave a ruling on 12 July 2016, stating that no disputed island in the Spratly is allowed to have its own EEZ and continental shelf. Even Itu Aba island, the largest natural island occupied by Taiwan, is deemed a "rock" without EEZ or continental shelf of its own because it is not suitable to support human life or have its own economy.[20] If the tribunal's ruling is recognized and applied by China and other countries in the South China Sea, the overlap of waters in the South China Sea will be significantly reduced. This ruling should allow substantive cooperation between countries in the South China Sea, including cooperation in management, exploitation, and conservation of living resources.

2. CONSEQUENCES OF IUU FISHING

2.1 Impacts on the sustainable development of fisheries resources

IUU fishing affects the sustainable development of living resources. Determination of the amount of allowable catch for a fishery is rendered inaccurate due to IUU fishing activities, which affects the sustainable management and exploitation of living resources. Some prohibited species

---

17. Hung M., "Đàm phán vòng XIV nhóm công tác về vùng biển ngoài cửa Vịnh Bắc bộ," https://dangcongsan.vn/thoi-su/dam-phan-vong-xiv-nhom-cong-tac-ve-vung-bien-ngoai-cua-vinh-bac-bo-572572.html.
18. Đăng N., "Việt Nam, Indonesia thúc đẩy phân định vùng đặc quyền kinh tế chồng lấn ở Biển Đông," https://tuoitre.vn/viet-nam-indonesia-thuc-day-phan-dinh-vung-dac-quyen-kinh-te-chong-lan-o-bien-dong-20210715181916813.htm.
19. Nguyen D.P., "Hiệp định về vùng nước lịch sử giữa Việt Nam và Campuchia," 27 July 2020, http://m.tapchiqptd.vn/vi/bien-dao-viet-nam/hiep-dinh-ve-vung-nuoc-lich-su-giua-viet-nam-va-campuchia-15785.html.
20. Cuong V., "Phán quyết của Tòa Trọng tài trong tranh chấp Biển Đông – Sự thay đổi luật chơi trong tranh chấp biển," *Nghiên cứu Biển Đông*, 23 July 2016, https://nghiencuubiendong.vn/phan-quyet-cua-toa-trong-tai-trong-tranh-chap-bien-dong-su-thay-doi-luat-choi-trong-tranh-chap-bien.49132.anews.

continue to be caught, leading to extinction, and causing an imbalance in marine ecosystems. Moreover, using destructive fishing gear such as rakes, electric pulses, or explosives not only destroys living species, it also destroys coral reefs, and affects breeding grounds, habitats, and food sources of such species.

2.2 Economic impacts

On the economic side, when IUU fishing activities are carried out by foreign fishing vesels, they represent a loss of revenue for the country, while at the same time reducing fisheries resources. According to a report by the World Resources Institute, about 7.2 million tons of fishery products are harvested through IUU fishing each year, worth 4.3 to 8.3 billion USD.[21] The loss of revenue due to illegal fishing is one of the reasons why small countries, whose exports are heavily dependent on fisheries, are economically exhausted; at the same time, the ecosystems of these countries are also destroyed.[22] The economic damage caused by IUU fishing activities results not only from lost revenue from licensing, but also damage to the country's fisheries resource reserves.

When a country struggling with IUU receives a "yellow card" warning from the European Commission (EC), seafood products imported into the EU are more tightly controlled, costs increase, and the cost of products becomes less competitive. In addition, major import markets such as the US, Japan and other potential markets will also put stricter controls on seafood products from countries sanctioned by the EU. According to a report of the Viet Nam Association of Seafood Exporters and Producers (VASEP), the total export turnover of Viet Nam's seafood products annually is about 1.9 to 2.2 billion USD.[23] The EU and the US each account for about 16 to 17% with a value of about 350 to 400 million USD per year.[24] Similarly, Thailand's annual seafood export turnover is about 5.5 to 6.3 billion USD.[25] For

21. Anh D., "Đội tàu Trung Quốc hủy hoại ngư trường màu mỡ nhất thế giới," 15 June 2021, https://www.thiennhien.net/2021/06/15/doi-tau-trung-quoc-huy-hoai-ngu-truong-mau-mo-nhat-the-gioi/.
22. *Ibid.*
23. Vietnam Association of Seafood Exporters and Producers, *Whitebook on Combating IUU fishing in Vietnam*, 2018, p. 17.
24. *Ibid.*, p. 17.
25. Ngamprasertkit S., "Thailand: Seafood Report," *Global Agricultural Information Network Report*, no. TH8067, 5 August 2018, https://apps.fas.usda.gov/newgainapi/api/report/downloadreportbyfilename?filename=Seafood%20Report_Bangkok_Thailand_5-8-2018.pdf.

Cambodia, the fisheries industry contributes greatly to the economy with a total value of seafood products of about 1.5 billion USD per year, contributing 8 to 12% of their GDP.[26]

While a country has received a yellow card, all containers of seafood imported from that country to the EU are held for a longer time to check the origin of the seafood. This origin inspection fee is about 500 GBP per container,[27] not including the storage fee as well as the business consequences to customer partners. Moreover, the risk of seafood containers being rejected and returned incurs heavy losses. It is estimated that the average cost of exporting seafood to the EU with a yellow card is about 10,000 EUR per container.[28] When the EU raises the sanction level to a "red card," all seafood products of that country are banned from export to Europe, with consequences for other markets. At that point, countries suffer major economic losses, especially those with high seafood export turnover such as Viet Nam.

2.3 Impacts on safety and social security

IUU fishing also affects safety and social security. IUU fishing leads to depletion of fisheries, with reduced catches leading to a decrease in fishermen's income, affecting the lives of the fishermen themselves and workers involved in fishing activities. When fisheries stocks are depleted, the income from fishing activities is poor, and many fishermen will have to quit their jobs. If they cannot find suitable alternate employment, these unemployed fishermen are at risk of falling into social evils that destabilize security. In addition, IUU fishing activities such as the use of explosive materials and electrical pulses that cause environmental destruction also have a negative effect on safety and security at sea.

IUU fishing also creates income inequality among fishermen and is a cause of social unrest. Fishermen who strictly observe sustainable fishing often have poorer incomes than fishermen who participate in IUU fishing. Fishermen practicing IUU fishing are also exploiting prohibited but high-value living species, fishing in prohibited waters, and evading taxes.

26. Kamsan N., "Country Fisheries Trade: Cambodia," 17 March 2020, http://www.seafdec.org/country-trade-cambodia/.
27. Vietnam Association of Seafood Exporters and Producers, *op. cit.*, note 23, p. 17.
28. *Ibid.*

2.4 Impact on foreign relations

IUU fishing not only causes economic, environmental, and ecological damage, it also affects foreign relations. The name of the country receiving the warning is published in official EU magazines and websites. This worsens the image and adversely affects the reputation and brand of the country's fisheries industry.[29] Moreover, when a country's fishing vessels exploit IUU fishing in waters under the management of another country, and are detected, pursued, and detained by authorities, they often resist, forcing authorities to use strong measures to force illegal fishing vessels to obey orders. If casualties occur, it can result in tensions between the two countries. For example, on 10 October 2014, the South Korean Coast Guard detected a Chinese fishing vessel, Lurongyu 50987, fishing illegally in South Korea's EEZ. Despite receiving orders to stop, the Chinese fishing boat still fled. A South Korean Coast Guard speedboat pursued and seized the fleeing vessel, while four other Chinese fishing boats near the vessel were seized by South Korean law enforcement. Sailors on the Chinese fishing boat used weapons such as knives and iron tubes against the South Korean Coast Guard, prompting them to fire warning shots and then shoot the captain of the fishing boat.[30] Later, Chinese Foreign Ministry spokesman Hong Lei spoke out against South Korea's law enforcement, and relations between China and South Korea were affected by that incident.

3. IUU FISHING IN VIET NAM

As of 31 December 2021, Viet Nam is estimated to have over 91,700 fishing vessels,[31] of which over 31,300 are offshore fishing vessels[32] with a total fishing

---

29. *Ibid.*
30. Hyun J.K., "South Korea's use of force against Chinese illegal fishing in the course of law enforcement in the Yellow Sea," *Marine Policy*, 2019, no. 99, pp. 148–156. 54 United Nations, Division for Ocean Affairs and the Law of the Sea, *Chronological lists of ratifications of, accessions and successions to the Convention and the related Agreements as at 28 May 2021,* http://www.un.org/depts/los/reference_files/chronological_lists_of_ratifications.htm.
31. An T., "Quá nửa tàu cá nằm bờ, dùng ngân sách hỗ trợ để đoàn thuyền lại ra khơi," *Vietnamnet,* 31 July 2022, https://vietnamnet.vn/qua-nua-tau-ca-nam-bo-dung-ngan-sach-ho-tro-de-doan-thuyen-lai-ra-khoi-2044758.html.
32. Binh A., "Phát triển ngành thủy sản Việt Nam thích ứng với tình hình mới," 11 May 2022, https://moit.gov.vn/tin-tuc/thi-truong-trong-nuoc/phat-trien-nganh-thuy-san-viet-nam-thich-ung-voi-tinh-hinh-moi.html.

capacity of about 3 million tons per year.[33] However, according to a study conducted by the Research Institute for marine fisheries (RIMF), Viet Nam's total marine living resources are estimated at about 4.061 trillion tons,[34] meaning the maximum fishing capacity that would ensure the sustainability of fishery resources in Vietnamese waters is about 1.8 million tons per year.[35] Thus, the current fishing capacities (about 3 million tons per year) clearly exceed the sustainable amount that can be exploited, and if this fishing occurs only in Vietnamese waters, fisheries resources will be gradually depleted. Moreover, the number of Vietnamese fishing vessels has increased rapidly in recent years, especially the number of offshore fishing vessels, leading to an excess of domestic fishing capacity. This may be a major reason why Vietnamese fishing vessels are involved in IUU fishing violations in foreign waters.

According to statistics of the General Department of Fisheries of Viet Nam on arrests by foreign authorities, "in 2020, there were 83 cases involving 142 ships and 974 fishermen; in 2021, there were 35 cases involving 53 ships and 447 fishermen; looking at only the first six months of the year 2022, the number of cases tends to increase compared to the year 2021, with 46 cases involving 68 ships and 615 Vietnamese fishermen."[36] Of the 46 cases of Vietnamese fishing vessels involved in IUU fishing violations in foreign waters in the first six months of 2022, there were "34 cases involving 51 vessels and 553 fishermen of violations in Malaysian waters; 5 cases involving 5 ships and 26 fishermen of violations in Thai waters; 5 cases involving 8 ships and 37 fishermen of violations in Cambodian waters; and 2 cases involving 4 ships and 35 fishermen of violations in Indonesian waters."[37] Thus, we can see that the number of cases of Vietnamese fishing vessels committing violations in foreign waters is still quite high, but mainly occurs in countries with adjacent and opposite waters that Viet Nam has not yet delineated. Some Vietnamese fishing vessels seized by foreign authorities in overlapping areas may be brought back to the enforcing country to handle, so there is not enough evidence that all Vietnamese

---

33. Tu T., "Cả nước có gần 111.000 tàu đánh cá," *Kinh tế và Đô thị*, 15 June 2017, https://kinhtedothi.vn/ca-nuoc-co-gan-111000-tau-danh-ca-290660.html.
34. Chu T.V et al., "Những thách thức về tính bền vững của nguồn lợi hải sản biển Việt Nam," http://www.rimf.org.vn/baibaocn/chitiet/tinid-2170.
35. *Ibid.*
36. Trung N., "Tăng cường phối hợp phòng, chống khai thác IUU và tội phạm, vi phạm trên biển," https://canhsatbien.vn/portal/hoat-dong-cua-luc-luong/tang-cuong-phoi-hop-phong-chong-khai-thac-iuu-va-toi-pham-vi-pham-tren-bien.
37. *Ibid.*

vessels detained by foreign countries as described above were committing IUU fishing violations.

The seafood industry plays an important role in economic development and employment for Viet Nam. The commodity export value of seafood is about 9 billion USD per year, ranking 5th in economic value, and accounting for about 4% of Viet Nam's export turnover in 2018.[38] In 2016, the fisheries industry was estimated to create about 4.7 million jobs, of which about 2 million were direct jobs and 2.7 million were indirect jobs in the seafood value chain; about 8.5 million people (10% of the Viet Nam's total population) derive their primary income directly or indirectly from fisheries.[39] However, the EC's yellow card for the Vietnamese seafood industry in the year 2017 due to IUU fishing has had a significant impact on the competitiveness and sustainability of the fisheries industry.

After five years of being affected by the EC's "yellow card" (2017 to 2021), Viet Nam's seafood exports to the European (EU) market decreased by about 27.3%, equivalent to 404 million USD.[40] This trend may continue in coming years if Viet Nam does not remove the EC's yellow card. If Viet Nam is raised to a "red card" by the EC, the trade ban is applied to all fishery products, and fishery products of fishing vessels of other countries caught in Vietnamese waters are also prohibited from exporting to the EU. The red card will indirectly affect Viet Nam's aquaculture products, and prevent Viet Nam from taking advantage of tariff incentives from the European Union–Vietnam Free Trade Agreement (EVFTA). According to estimates, a red card for IUU fishing would result in Viet Nam's seafood industry losing its export market to the EU with a value of about 480 million USD, of which the fishing industry would lose about 387 million USD due to direct impacts, and aquaculture would lose about 93 million USD due to indirect impacts.[41]

If the red card is prolonged, the entire seafood industry in Viet Nam will be severely affected: the fishing and processing industry would decrease by an estimated 30%. It would cause a loss of motivation to upgrade the value chain because the industry is oriented upon the leading EU market; a strong negative effect on the reputation of Vietnamese seafood products in general;

---

38. The World Bank, "A Trade-Based Analysis of the Economic Impact of Non-Compliance with Illegal, Unreported and Unregulated Fishing: The Case of Vietnam," 2021, p. 5.
39. *Ibid.*, p. 1.
40. According to a report of the Vietnam Association of Exporters and Processors (VASEP), seafood export turnover to the European market was 1.4807 trillion USD in 2017; 1.4718 trillion USD in 2018; 1.2972 trillion USD in 2019; 958.7 million USD in 2020; and 1.0767 trillion USD in 2021.
41. The World Bank, *op. cit.*, note 38, p. 52.

the potential for other markets such as the US or Japan to follow EU regulations; and lower prices for exports to other markets as they are forced to compete with products from other countries. This will directly affect 4.7 million workers in the seafood industry and strongly affect other industries due to changes in labour structure, and will make it difficult to sustain growth to reach the target of 16 to 18 billion USD of exports by 2030.[42]

In addition to the economic damage, when Vietnamese fishermen have exploited IUU fishing in foreign waters, it has affected Viet Nam's foreign relations. At multilateral forums, when discussing topics related to IUU fishing, Viet Nam is often mentioned as an example. At bilateral exchanges, other countries often raise the topic of Vietnamese fishing vessels exploiting IUU fishing in their waters. On the one hand, they would like to cooperate with Viet Nam to end this situation, on the other hand, they would like to implicitly remind Viet Nam of issues with management measures and awareness of Vietnamese fishermen. Incidents in which Vietnamese fishermen are exploiting clearly demarcated waters and Vietnamese authorities are present to prevent Vietnamese fishing vessels from crossing the line to exploit foreign waters have often been misunderstood as Vietnamese authorities covering up violations and protecting Vietnamese fishing vessels operating in disputed areas in order to assert their sovereignty and influence foreign affairs.

However, the fact that the Viet Nam seafood industry was given a yellow card by the EC is also an opportunity for Viet Nam to review its policies, laws, and management methods as well as change the perceptions and fishing habits of fishermen towards sustainable fishing. Recognizing this, the Government of Viet Nam has taken prompt actions to limit and end IUU fishing activities, including revising the legal system and developing a national action plan on IUU fishing prevention and control.

In terms of the legal system, Viet Nam signed the Agreement on the Implementation of the Provisions of UNCLOS 1982 on the conservation and management of amphibian and highly migratory fish (United Nations Fish Stocks Agreement, UNFSA) on 17 January 2019.[43] Viet Nam is in the process of being considered to join the International Plan of Action to Prevent, Deter and Eliminate Illegal, Unreported and Unregulated Fishing (IPOA-IUU).

42. *Ibid.*, pp. 52–53.

43. https://thuvienphapluat.vn/van-ban/Bo-may-hanh-chinh/Thong-bao-01-2019-TB-LPQT-hieu-luc-Hiep-dinh-thuc-thi-Cong-uoc-Lien-hop-quoc-ve-Luat-Bien-408769.aspx.

The Viet Nam Fisheries Law of 2017, effective from 1 January 2019, includes nine chapters and 105 articles regulating "fishery activities; rights and obligations of organizations and individuals engaged in fishery activities or related to fishery activities; state management of fisheries,[44] and shall apply to Vietnamese organizations and individuals and foreign organizations and individuals engaged in fishery activities or related to fishery activities in the interior, islands, archipelagoes and waters of Viet Nam; Vietnamese organizations and individuals exploiting fisheries outside Vietnamese waters."[45] At the same time, the Viet Nam Fisheries Law of 2017 provides relatively detailed provisions on fisheries planning, management, conservation and exploitation.

Decree No. 26/2019/ND-CP details a number of articles and measures to implement the Viet Nam Law on Fisheries, and introduces the general concept of IUU fishing, including three elements similar to that in IPOA-IUU. This provision has made the identification of IUU fishing behaviour more comprehensive than the 14 specific acts in the Viet Nam Fisheries Law of 2017.

Along with the Viet Nam Fisheries Law of 2017, Decree No. 26/2019/NĐ-CP created a broad legal framework to implement the law and cooperate with countries in the region and regional fisheries organizations to fight against IUU fishing; this timely decree is intended to help Viet Nam proactively avoid IUU "red cards," improve fishing productivity and export of derived fishery products, and develop Viet Nam's seafood in a sustainable way.[46]

In terms of implementation, on 16 January 2018, the Prime Minister issued Decision No. 78/QD-TTg on approving the National Action Plan to Prevent, Reduce, and Eliminate IUU fishing by 2025. The plan sets out specific tasks to focus on, according to three phases: the period before April 2018, from May 2018 to 2020, and from 2021 to 2025. In particular, from 2021 to 2025, there are 15 tasks to focus on to comprehensively address IUU fishing. In order to implement the national plan on IUU fishing, the Government has decided to establish an interagency working group and assign responsibilities to relevant agencies.

44. Article 1, Fisheries Law of 2017.

45. Article 2, Fisheries Law of 2017.

46. Nguyễn H.T., "Luật Thu⊠ sản năm 2017 và việc đấu tranh phòng chống đánh bắt bất hợp pháp, không báo cáo, không theo quy định (IUU)" (The Vietnam Fisheries Law 2017 and the Fight Against Illegal, Unreported, Unregulated (IUU) Fishing), *Tạp chí Nghiên cứu Lập pháp*, 2018, p. 62.

Facing the situation in which Vietnamese fishing vessels continued to practice IUU fishing in foreign waters, on 24 June 2021, the Prime Minister issued Directive No. 17/CT-TTG on the mechanism of interagency coordination between departments, ministries and People's Committees of 28 coastal provinces for the exchange and processing of information to prevent and mitigate Vietnamese fishing vessels engaging in IUU fishing in foreign waters, working toward the removal of the EC's yellow card.

Measures by Viet Nam to combat IUU fishing have achieved certain success. While the EC initially made nine recommendations for Viet Nam to remove the yellow card in December 2019, following the actual inspection the EC decreased this to four recommendations, which included: completing the legal framework; monitoring and verifying fishing vessel operations and managing the fleet; certifying and tracing fishery products; and bolstering law enforcement.

On the recommendation of the EC, the Government of Viet Nam has invested in infrastructure and installed a monitoring system for fishing vessels. According to statistics, 92 of Viet Nam's 125 fishing ports have received investments and been upgraded with a total capacity of about 1.8 million tons of seafood through these ports per year,[47] and 83 out of 146 anchorages have received investments, with a total capacity of nearly 52,000 ships.[48] By the end of August 2022, the installation of vessel monitoring systems (VMS) on fishing vessels with a length of 15 m or more had reached over 96.7%.[49]

However, the prevention and control of IUU fishing in Viet Nam still has some limitations: the traceability of fishery products from fishing cannot be guaranteed with current regulations; most of the fisheries infrastructure is still outdated and does not meet the requirements to prevent IUU fishing by controlling fishing vessels entering and leaving the port; the installation of VMS is behind schedule; and the investigation and handling of fishing vessels that commit IUU fishing violations, and organizations and individuals that broker transactions with Vietnamese fishing vessels and fishermen

47. https://laodong.vn/kinh-doanh/tien-do-dau-tu-xay-dung-cang-ca-va-khu-neo-dau-con-qua-cham-1034291.ldo.
48. https://thuysanvietnam.com.vn/giai-toa-kho-khan-trong-hau-can-nghe-ca/.
49. https://www.baocamau.com.vn/thoi-su/quyet-tam-den-nam-2022-cham-dut-tinh-trang-tau-ca-viet-nam-vi-pham-vung-bien-nuoc-ngoai-69418.html, accessed 24 January 2023.

illegally exploiting seafood in foreign waters have not been timely, and have not ensured the deterrence and strict enforcement of the law.[50]

4. SOLUTIONS TO ELIMINATE IUU FISHING IN VIET NAM

To effectively combat IUU fishing, the author proposes three potential solutions.

4.1 Assist fishermen in transitioning from pure fishing to fishing in conjunction with aquaculture, or changing the function of fishing vessels

As mentioned above, the increase in population and income will inevitably lead to an increase in demand for seafood products. Natural fisheries production in the world's seas is limited; if the catch exceeds the maximum level for sustainability, the fisheries resources will gradually be depleted and may not be able to recover. Meanwhile, the demand for seafood is increasing, so if it is only based on natural fishing, it will not be able to meet the demand. The solution to this problem is to reduce natural fishing catches and increase aquaculture products. Countries with fishing fleets that exceed optimal fishing capacity in their waters, such as Viet Nam, must find ways to support fishermen to transition to a model that combines fishing with aquaculture. This transformation will reduce dependence on traditional fishing, reducing the burden on natural fisheries resources; at the same time, it will also help create more sustainable raw fishery materials for processing activities, contributing to the development of the seafood processing industry.

For the surplus number of fishing vessels, which exceeds the permissible fishing capacity, it will be necessary to support the refitting of vessels for purposes such as tourism combined with recreational fishing at sea. Ensuring the continuity of income and livelihoods for fishermen after they switch careers will contribute to combating IUU fishing.

50. https://thuysanvietnam.com.vn/chung-tay-chong-khai-thac-iuu/, accessed 24 January 2023.

4.2 Apply commercial measures to fishery products originating from IUU fishing

According to EC regulations, when a country is issued a yellow card, this serves as a warning signal to implement strong actions to combat IUU fishing within an appropriate period of time. When the country makes positive changes in combating IUU fishing, the EC will remove the yellow card; however, when countries do not have specific plans to reduce IUU fishing within a reasonable timeframe, they will be given a red card by the EC. Once a red card has been issued, all fishery products caught by that country's vessels will be banned from export to the EC. These sanctions are effective against countries with high seafood export turnover such as Viet Nam. However, they are less effective against countries for whom seafood exports are less important.

Notably, trade measures against IUU fishing products can be abused by countries to create technical barriers to protect domestic seafood products and discriminate against countries they deem unfriendly. Therefore, when countries adopt trade measures against IUU fishing products, it is necessary to ensure the principle of non-discrimination is respected, as regulated by the General Agreement on Tariffs and Trade of the World Trade Organization.

4.3 Fulfill the obligations of fisheries cooperation and maritime delimitation negotiations, and strengthen the capacity of authorities to prevent and control IUU fishing

Viet Nam should encourage other countries, especially those with adjacent waters, to cooperate in the field of fisheries management, including combating IUU fishing. Disputed maritime areas between countries make it difficult to cooperate in assessing fisheries reserves, conservation and resource extraction and law enforcement. Delimitation negotiations take a lot of time, effort, and goodwill from the parties involved, but they represent a long-term and fundamental solution to problems arising at sea, including IUU fishing. The immediate solution for disputed areas, pending results of negotiations, is for the countries concerned to fulfill their obligations for cooperation, including fisheries cooperation, as specified in Articles 74(3) and 83(3) of the UNCLOS 1982.

Effective management and supervision of fisheries requires two factors: ensuring a sufficient number and quality of trained human resources, as well as sufficient number and quality of technical resources for supervision. Managing and supervising fishing activities requires science and technology such as: establishing an electronic fishing license system; mandatory installation of VMS for fishing vessels; fisheries logistics services operating in waters under the management of regional fisheries organizations (RFMOs) as well as on the high seas; traceability to ensure the control of fishery products throughout the supply chain; and standard operating procedures to cross-check and verify information in fishing certificates in accordance with EU regulations.[51] For developing countries, IUU fishing mainly results from a lack of capacity to control and supervise fishing activities due to the lack of human and technical resources.[52] For RFMOs, a lack of management and monitoring capacity and lack of international cooperation in sharing information and coordinating actions of member states makes combating IUU fishing less effective.[53] Therefore, effectively dealing with IUU fishing requires financial and technical support, technology transfer, and human resource training to manage and supervise fishing activities for developing countries,[54] while promoting international cooperation in the field of information sharing, exchange of experiences, and coordinated actions to effectively combat IUU fishing.

51. http://www.iuuwatch.eu/wp-content/uploads/2015/06/Case-Study2.FINAL_.EN_.pdf.

52. Rigg K., Parmention R. & Currie D., "Halting IUU Fishing: Enforcing International Fisheries Agreements," Paper Submitted to the IUU Workshop, 19-20 April 2004, Directorate for Food, Agriculture and Fisheries, Fisheries Committee of OECD, p. 3.

53. Doulman D.J., "Global Overview of IUU Fishing and Its Impacts on National and Regional Efforts to Manage Fisheries Sustainability: The Rationale for The Conclusion of the 2001 FAO International Plan of Action," p. 26.

54. Bray K., "Illegal, Unreported and Unregulated Fishing," International Conference on Fisheries Monitoring, Control and Surveillance, Brussels, Belgium, 24–27 October 2000, p. 4.

3

APPROCHE SPÉCIFIQUE FACE AUX MENACES PARTICULIÈRES ET PERSPECTIVES

A SPECIFIC APPROACH TO PARTICULAR THREATS AND PERSPECTIVES

CHAPTER 11

Supporting Schemes for Developing Offshore Wind Energy in the North Sea

Cooperation and Experiences for Viet Nam

Le Minh Nhut and Cao Duc Anh

ABSTRACT:

Developing renewable energy, especially offshore wind energy, has been an important mission for Viet Nam to achieve their target at the United Nations Framework Convention on Climate Change and COP26. With Decision No. 2068/QD-TTg, which approves the Development Strategy of Renewable Energy of Viet Nam by 2030 with a Vision to 2050, Viet Nam aims to achieve its target of increasing the volume of electricity produced by wind energy from 180 million kWh in 2015 to approximately 16 billion kWh and 53 billion kWh in 2030 and 2050, respectively. According to the World Bank Group, the estimated technical potential of offshore wind power in Viet Nam is 599 GW, so the target set by Viet Nam is plausible. However, the policy and framework for offshore wind energy development in Viet Nam are still incomplete. Moreover, coordination in developing offshore wind energy is currently lacking, and would help prevent the risk of unnecessarily increasing costs for specific projects.[1] To accomplish and fulfill Viet Nam's aims, it is necessary to learn from the experiences of other jurisdictions. The North

1. European Commission, *Coordination of tenders for offshore wind in the North Seas*, 2017, p. 1, https://energy.ec.europa.eu/system/files/201812/171207_sg3_paper_coordination_of_tenders_for_offshore_wind_final_0.pdf.

Seas Energy Cooperation (NSEC) is the most noteworthy organization in facilitating cooperation to develop offshore wind energy. Founded in 2016, NSEC has achieved many successes in the offshore wind energy field.[2] The authors will analyze NSEC's cooperation mechanism and some of the measures that NSEC has used to promote their offshore wind energy projects before showing what Viet Nam can learn from these experiences.

Keyword: *Offshore wind energy, NSEC, contract for difference, renewable energy*

Offshore wind energy development is a prerequisite for Europe to achieve carbon neutrality by 2050 at COP26, with a vision of deploying 450 GW of capacity generated from offshore wind power. According to a research by the International Energy Agency (IEA), offshore wind will be Europe's number one source of electricity in 2042,[3] with more than 300 GW capacity. To achieve the above goals, NSEC has discussed and proposed "The Political Declaration on Energy Cooperation between the North Seas Countries" which set an objective to facilitate the further cost-effective deployment of offshore wind energy through voluntary cooperation, secure affordable energy supply in the North Seas area, increase efficiency of wholesale electricity in the long term, and enhance the security of energy supply in the region.[4] To turn these ambitions into reality, NSEC has implemented many supporting schemes for developing offshore wind energy, such as bidding for the right to develop offshore wind power projects, using contracts for difference, building the sliding market premium mechanism, and developing combined grid projects and grid connections. These supporting schemes are extremely effective, and have much to teach us about the process of building and developing offshore wind energy in Viet Nam. The present article aims to analyze a number of effective measures NSEC has taken to develop offshore wind power cooperation, and compare them with Vietnamese law to assess the absorptive capacity of Viet Nam.

2. European Commission, "The North Seas Energy Cooperation," https://energy.ec.europa.eu/topics/infrastructure/high-level-groups/north-seas-energy-cooperation_en.
3. WindEurope, *Our energy, our future – How offshore wind will help Europe go carbon-neutral,* 2019, p. 9, https://windeurope.org/wp-content/uploads/files/about-wind/reports/WindEurope-Our-Energy-Our-Future.pdf.
4. NSEC, *The Political Declaration on energy cooperation between the North Seas Countries,* 2016, https://www.benelux.int/files/5916/4741/4954/NSEC_political_declaration_2016_signed.pdf.

1. DIRECT MARKETING

Direct marketing consists of any marketing that relies on direct communication or distribution to individual consumers rather than through a third party such as mass media.[5] Many forms of direct marketing are used by offshore wind farm operators such as direct mail, door-to-door leaflet marketing, telemarketing, and direct selling. For this scheme, offshore wind farm operators directly contact interconnector operators and investors to sell electricity more easily at a more favourable price. The parties can amicably discuss and negotiate the price, quantity and quality of electricity, method of payment, and other matters, in order to come to an agreement more easily. This is the easiest scheme to implement, as it saves time, lowers costs, and makes it easy to connect offshore wind farm operators with interconnector operators, renewable energy investors, and the government.

Direct marketing is considered the most common measure used to promote offshore wind energy development. Almost all the North Sea countries have widely applied direct marketing of the electricity produced with a feed-in premium, because this is the easiest way to connect investors with offshore wind farm operators. Where feed-in tariffs do not apply, direct marketing could prove advantageous because it helps ensure that preferential treatment for offshore wind farm operators does not endanger the Market Coupling mechanism.[6] A direct marketing scheme ensures that offshore wind energy producers can participate in the electricity market, making it easier for North Sea countries to purchase electricity from offshore wind farms at a reasonable price. Moreover, innovative forms of direct marketing can increase prices obtained for electricity by optimizing the choice of markets (e.g., intraday and day-ahead spot market, balancing market, bilateral over-the-counter contracts).[7]

Direct marketing has been used by offshore wind farm operators for a long time, indeed since Europe started developing this renewable energy, and is considered one of the most important and basic principles for the development of offshore wind power. In Germany, to promote the development of offshore wind energy as well as energy security, the 2014 reform of

5. Kenton W., "Direct Marketing," *Investopedia*, updated 13 May 2022, https://www.investopedia.com/terms/d/direct-marketing.asp.
6. Konig C., "Congestion management and the challenge of an integrated offshore infrastructure in the North Sea," *EU Renewable Energy Law – Legal challenges and new perspectives*, 2014, p. 199.
7. Purkus A. et al, "Market integration of renewable energies through direct marketing – lessons learned from the German market premium scheme," *Energy, Sustainability and Society*, 2015, vol. 5, p. 12.

the Renewable Energy Sources Act 2012 has made direct marketing mandatory except for small renewable energy plants.[8] The German government plans to make direct marketing of renewable energy obligatory for all renewable energy projects larger than 500 kW starting in 2015, and for all renewable energy projects larger than 100 kW starting in 2017.[9] With the introduction of mandatory direct marketing, offshore wind farm operators must now sell their electricity themselves, and also receive a sliding market premium which is determined on a monthly basis. The sliding market premium covers the average revenues generated by offshore wind power plants.[10] The above German policies on direct marketing have been shown to be effective in promoting the development of offshore wind power and are also being implemented by other NSEC countries. As an economic-specific scheme, direct marketing is not directly recognized in the national legislations of NSEC countries, but this scheme is still widely used by NSEC offshore wind farm operators.

Overall, direct marketing can be an effective way to promote offshore wind energy and reach out to potential customers in this growing industry. By targeting specific markets and industries, creating compelling marketing materials, and leveraging a range of marketing channels, offshore wind energy companies can connect with potential customers and drive growth in this field.

Viet Nam has implemented a number of policies and regulations to promote offshore wind energy, but there are no specific policies or regulations that directly focus on direct marketing. However, the Vietnamese government has set targets for renewable energy development, including offshore wind, and has introduced various incentives to encourage investment in this sector. These incentives include tax exemptions, preferential rates for electricity purchase agreements, and support for research and development. In terms of marketing offshore wind energy, companies operating in Viet Nam can leverage existing marketing strategies, such as targeted advertising, direct mail campaigns, and social media marketing, to reach potential customers and promote the benefits of offshore wind energy. Companies can also work closely with government agencies and industry associations to promote offshore wind energy and participate in industry events and conferences to showcase their products and services.

---

8. Article 27.2, German Renewable Energy Sources Act 2014.
9. Marr S., "Climate and Energy Policy in the EU and Germany at a Cross Roads," *Journal for European Environmental & Planning Law*, 2014, vol. 11, no. 2, pp. 95–115.
10. Neuhoff K. et al., "Direct marketing of renewable energy creates new risks for investors: Eight questions to Karsten Neuhoff," *DIW Economic Bulletin*, 2015, vol. 5, no. 2, p. 289.

In Viet Nam, due to the socialist-oriented market economy, the subjects involved in wind power trading are different from NSEC countries, and the national power company Viet Nam Electricity (EVN) is always an obligatory party to relationships involving purchasing and selling power. According to Circular 02/2019/TT-BCT, a power seller is a company that produces, operates, and trades electrical power from wind power plants, or an organization receiving rights and obligations to produce, operate, and trade electrical power of the company as specified in the law; while a power buyer is either EVN or its authorized-affiliated units or organizations receiving rights and obligations from EVN according to the law and regulations.[11] Therefore, in Viet Nam, offshore wind farm operators cannot legally sell electricity directly to consumers, and the application of direct marketing schemes will also differ from NSEC countries. The main purpose of direct marketing connecting investors and EVN with offshore wind farm operators is to bolster investment in offshore wind power projects and to negotiate and discuss issues in sale and purchase relations with EVN.

In summary, while there are no specific policies or regulations related to direct marketing in the offshore wind energy field in Viet Nam, there is a need for a more supportive regulatory environment for renewable energy development to help offshore wind farm operators succeed in the renewable energy market. Although EVN has a monopoly on electricity trading which limits competition in the market, it also has many positive effects such as stabilizing electricity market prices, ensuring national security in general and particularly national energy security. However, to promote the development of the renewable energy market, especially offshore wind power, Viet Nam needs more open regulations on who can participate in purchasing and developing offshore wind energy.

2. BIDDING PROCEDURES FOR THE RIGHT TO DEVELOP OFFSHORE WIND POWER PROJECTS

North Sea countries all set some pre-qualification criteria for technical and financial capability, which offshore wind farm operators need to meet to have the right to develop offshore wind power projects. Pre-qualification requirements to participate in bidding must strike a balance between ensuring high realization rates and attracting sufficient bidders (competition). To ensure that the winning bidder will be able to complete the projects as agreed, pre-qualification requirements are designed to be flexible for

11. Article 2.2, 2.3 Circular 02/2019/TT-BCT.

projects in different countries. NSEC countries usually have four options for developing procurement mechanisms: (1) strict tender design with aligned requirements; (2) lenient tender design with aligned requirements; (3) strict bidding procedures design with aligned requirements; (4) strict bidding design with certainty about hybrid-specific characteristics of the offshore wind farm development.[12] When setting pre-qualification requirements, countries need to consider that requirements that are too strict can limit access to the market or increase the total project cost, while requirements that are too lenient could reduce the possibility that the project will be built.

Bidding procedures are an effective supporting scheme for offshore wind energy development that yield significant cost reductions. The figure below shows the effectiveness of competitive tendering procedures, as the winning bid prices (EUR/MWh) for offshore wind energy have been decreasing in NSEC countries. In particular, the winning price in the United Kingdom and Denmark has dropped significantly. In the United Kingdom, the winning bid price for London Array Project was 186 EUR/MWh in 2013, but the winning bid price for Hornsea Project 2 and Moray East offshore wind farm in 2017 was only 64 EUR/MWh (a 65% decrease). Similarly, in Denmark, the winning bid price has decreased by 64%.

All NSEC countries except Belgium have moved toward compulsory bidding procedures. In France, the new "competitive dialogue" (*dialogue compétitif*) procedure for offshore wind projects provides for the pre-selection of applicants based on bidders demonstrating adequate financial and technical capacity. According to the French Energy Code, the competitive dialogue is conducted in three phases. In the first phase, offshore wind farm operators are invited to prepare an application file, including supporting documents relating to their financial and technical capacity. For the second phase, shortlisted operators will be invited to start a dialogue with the Minister for Energy to discuss solutions to meet the project requirements. The final phase entails the selection of successful offshore wind farm operators.[13]

12. Weichenhain U. et al., *Hybrid projects: How to reduce costs and space of offshore development: North Seas offshore energy clusters study,* European Commission, 2019, https://data.europa.eu/doi/10.2833/416539.

13. Chvika E., "Offshore wind energy in France: the competitive dialogue procedure in a fast-growing industry," 14 September 2021, https://www.pinsentmasons.com/out-law/analysis/offshore-wind-energy-france-competitive-dialogue-procedure.

FIGURE 11.1 – Winning bid prices (EUR/MWh) for offshore wind energy projects in recent years by using bidding procedures scheme

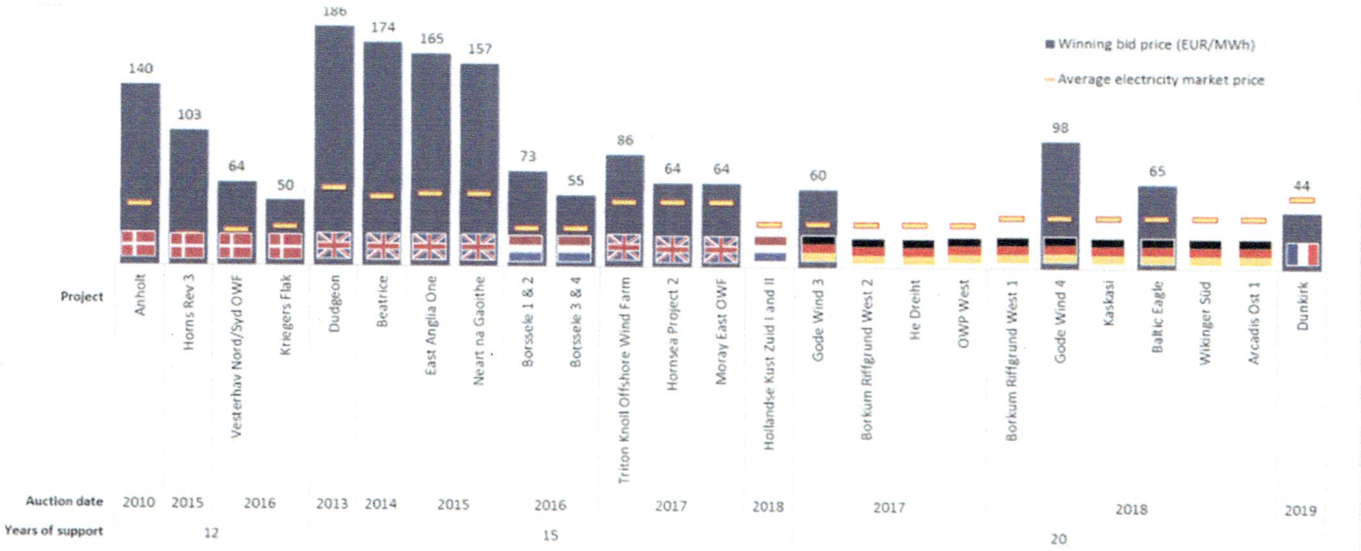

Source: European Commission, *Annual Progress Report on SET-Plan Offshore Wind* (2020), https://setwind.eu/wp-content/uploads/2020/11/SETWind_D3.1.AnnualProgressReport_offshorewind_2020.pdf.

Denmark and Germany have opted for financial pre-qualification criteria (bid bonds proportionate to planned capacity). Regarding the coordination of tenders, they regularly share information regarding their national tender schedule with other NSEC countries to ensure that tender processes maximize competition, reduce costs, and bring the most value for money to consumers.[14] Although the United Kingdom and the Netherlands have not introduced financial pre-qualification requirements, they demand demonstration of technical pre-qualifications such as agreements for the site, and planning authorizations. This mechanism is a result of the decentralized model of the two countries, whereby the site of investigation is under the responsibility of offshore wind farm operators, and they are believed to have a substantial financial commitment.[15]

In Viet Nam, there are specific bidding procedures and policies that apply to the offshore wind energy sector. These policies are aimed at promoting transparency and competition in the bidding process and ensuring that the most qualified bidders are selected for offshore wind energy projects. The primary regulatory framework for bidding procedures in Viet Nam is the Law on Bidding 2013, which governs the procurement of goods, services, and works by state agencies, public entities, and state-owned enterprises. Although the scope of the regulation is not specified in Article 1, private wind power projects are subject to the Bidding Law according to Article 2.2 on the selection of contractors.[16] This law sets out the basic principles and procedures for bidding, including the requirements for eligibility, bidding documents, evaluation criteria, and contract award. In addition to the Law on Bidding 2013, the Vietnamese government has also issued a number of circulars and decrees that specifically apply to the renewable energy sector, including offshore wind energy. These regulations provide additional guidance and requirements for bidding procedures and contract awards in the renewable energy sector. For example, Circular 02/2019/TT-BCT provides guidance on the competitive selection of investors for wind power projects in Viet Nam. This circular establishes the bidding procedures, requirements for eligibility, evaluation criteria, and other aspects of the competitive selection process for wind power projects, including offshore wind projects.

---

14. Danish Ministry of Climate, Energy and Utilities, Denmark's Integrated National Energy and Climate Plan, 2019.
15. European Commission, "Support schemes for offshore wind – Emerging best practices," Documents, December 2017, p. 6, https://energy.ec.europa.eu/system/files/2018-12/171207_sg3_paper_offshore_wind_support_schemes_emerging_best_practices_f_0.pdf.
16. Article 2.2, the Law on Bidding 2013.

However, the bidding mechanism for offshore wind power project development in Viet Nam is only theoretical, and has not yet been applied in practice. There is also no specific legal framework for the bidding mechanism, which will soon be applied to wind and solar power projects that have not been completed. On 30 March 2022, the Ministry of Industry and Trade (MOIT) submitted a report to the Prime Minister on the development of a bidding mechanism to buy electricity from wind power and solar power projects that are still in progress or not yet in operation. However, no framework has been established for a new bidding mechanism for new offshore wind projects. The projects expected to participate in the bidding in order to test the new bidding mechanism are wind power projects that have received investments but have not been able to meet the deadlines specified in Decision 39/2018/QD-TTg dated 10 September 2018, and Decision 13/2020/QD-TTg dated 6 April 2020. Transitional projects may choose to participate in the competitive electricity market. Power plants that choose to participate are responsible for fully implementing the rights, obligations, and responsibilities of the generating unit in accordance with the electricity market regulations promulgated by the MOIT.[17]

Overall, bidding procedures and policies in Viet Nam's offshore wind energy sector aim to ensure that the procurement process is fair, transparent, and competitive, and that the most qualified bidders are selected to deliver offshore wind energy projects.

3. CONTRACTS FOR DIFFERENCE AND FEED-IN TARIFFS

In the field of renewable energy, a Contract for Difference (CfD) is understood as a long-term contract, where two or more parties agree to trade a certain volume of energy for a set strike price. In case the market price of energy is lower or higher than the agreed strike price, the parties will be allowed to renegotiate the difference. As a result, a CfD enables generators to stabilize their revenues at a pre-agreed level or strike price level.[18]. The CfD scheme is the government's main mechanism to support low-carbon electricity generation and work toward carbon neutrality. CfDs are a supporting scheme to incentivize newly built offshore wind energy projects,

17. Luong B., "Unfinished wind and solar power projects will apply the bidding mechanism," *Vietnamnet*, 30 March 2022, https://vietnamnet.vn/du-an-dien-gio-dien-mat-troi-do-dang-se-ap-dung-co-che-dau-thau-826222.html.
18. Weichenhain et al., *op. cit.*, note 13, p. xxiii.

since offshore wind farm operators with high upfront costs and long project lifetimes are provided with protection from sliding market premiums. Not only that, the CfD scheme also protects consumers from having to pay increased costs when electricity prices are high.[19]

The CfD scheme in the United Kingdom was introduced to increase and diversify investment in low-carbon energy, and to deliver low-carbon energy such as offshore wind power to consumers at reasonable and stable prices. This is the motivation for countries to promote the development of offshore wind power to fulfil their carbon-neutral commitments. A CfD is considered a private law contract in which a renewable energy project operator is one party to the joint CfD, while the Low Carbon Contracts Company (LCCC) is the counter-party. The mechanism of this scheme is to award CfD contracts after a competitive tender. Offshore wind farm operators who bid successfully receive a guaranteed revenue stream for the duration of the contract. All generators sell electricity, whether on an open market or through a power purchase agreement. Under the CfD scheme, when the market price is below the strike price (the pre-agreed price set out in the contract), the LCCC will pay for the difference, and when the market price is above the strike price, the offshore wind farm operators must pay LCCC the difference, thus protecting consumers from high prices. The strike price is fixed for the duration of the 15-year contract and indexed with annual adjustments. The CfD mechanism stabilizes the operator's income and reduces risk, thereby giving operators more confidence to participate in the renewable energy market.[20]

The above line graph illustrates the strike price overview in the United Kingdom between 2016 and 2031. The number of investment contracts and renewable energy projects being built is increasing steadily, and the strike price remains stable to stabilize the income of renewable energy project operators and the market price of electricity. This stability comes from the fact that all operators that join the CfD for a delivery year cannot set the pre-agreed price higher than an administrative strike price set by LCCC and The Department for Business, Energy & Industrial Strategy of the United Kingdom.

---

19. Government of the United Kingdom, "Policy paper – Contract for Difference," updated September 22, 2024, https://www.gov.uk/government/publications/contracts-for-difference/contract-for-difference.

20. "Contracts for Difference," Our Schemes, Low Carbon Contracts Company (LCCC), https://www.lowcarboncontracts.uk/contracts-for-difference#:~:text=What%20is%20a%20Contract%20for,the%20lifetime%20of%20the%20contract.

FIGURE 11.2 - Strike Price Overview in the United Kingdom

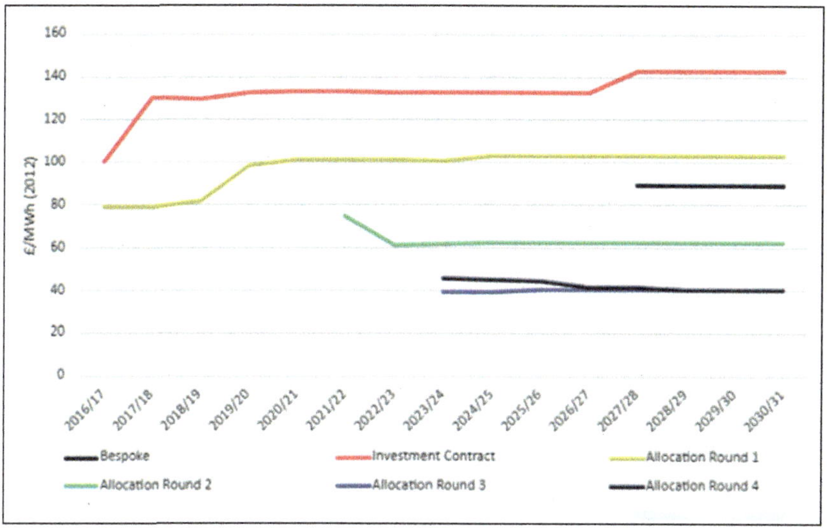

Source: "LCCC AR4 Generators Welcome Event — Presentation Slides", Publications, Electricity Settlements Company (ESC), September 2022, https://www.lowcarboncontracts.uk/publications/lccc-ar4-generators-welcome-event-presentation-slides

A similar CfD scheme with sliding feed-in premiums exists in the Netherlands, Germany, and other NSEC countries, which reduces the risk for developers of renewable energy projects, since their overall remuneration (electricity price + premium) remains stable. The method of calculating the strike price also differs between NSEC countries, ranging from a yearly average in Denmark, to a monthly average in France and Germany, to hourly in the United Kingdom. The strike price is fixed for the duration of a long-term contract (5–15 years), and it has been shown that a longer average period is more beneficial to developers. Longer-term periods encourage developers to adjust their production to changes in market prices so that they can maximize market revenue in comparison to sliding feed-in premium payments.[21]

21. European Commission, "Support schemes for offshore wind," https://energy.ec.europa.eu/documents_en?f%5B0%5D=document_title%3Asupport%20schemes.

A feed-in tariff (FiT) is a policy mechanism that guarantees a certain price for renewable electricity that is fed into the grid. This policy requires utility companies to purchase renewable electricity at a predetermined price, which is usually higher than the market rate, for a specified duration. This mechanism encourages investment in renewable energy projects by providing a dependable and predictable revenue stream for renewable energy producers. Feed-in tariffs are often implemented for small-scale renewable energy projects such as rooftop solar installations or small wind turbines.

While both feed-in tariffs and CfDs provide a stable and predictable income stream for renewable energy producers, they differ in their structure and implementation. Feed-in tariffs provide a fixed price for electricity over a specified period, while CfDs provide a price that is linked to the market price of electricity. Additionally, feed-in tariffs are often used for small-scale renewable energy projects, while CfDs are typically used for large-scale projects.

In Viet Nam, a FiT mechanism is also being developed. The MOIT has finalized the feed-in tariffs for solar and wind projects that came online after 3 December 2022 and 1 November 2021, respectively in Decision 21/2023/QD-BCT.[22] The revised rates serve as a guideline for renewable energy developers and investors, as well as the state-owned EVN to negotiate power purchase agreements (PPA). This facilitates the process of procuring renewable energy and ensures that all parties involved have a clear understanding of the rates to be negotiated. The recent Decision has put an end to a prolonged phase of ambiguity for certain renewable energy projects that could not adhere to the FiT deadlines because of setbacks in construction and issues related to acquiring land.

TABLE 11.1 – New FiT rates in Decision 21/2023/QD - BCT[23]

Type	VND/kWh	US$/kWh
Ground solar plant	1,185.90	0.051
Floating solar plant	1,508.27	0.065
Inland wind power plant	1,587.12	0.068
Sea-based wind power plant	1,815.95	0.078

22. Barnes M., "Explained: Vietnam's FiT Rates for Solar and Wind Power Projects," *Vietnam Briefing*, 16 January 2023, https://www.vietnam-briefing.com/news/feed-in-tariffs-solar-wind-vietnam.html/.
23. Decision No. 21/2023/QD – BCT.

Viet Nam has a significant potential for offshore wind energy development, but to fully realize this potential, the country needs to develop effective policies and contracts that encourage investment in the sector. The current absence of specific contracts for offshore wind energy is one of the key challenges faced by investors and developers. In addition, the FiT mechanism, which serves as an important incentive for renewable energy development, needs to be improved to better support the growth of offshore wind energy in Viet Nam. By building up contracts for different mechanisms and improving the FiT mechanism, Viet Nam can create a more supportive environment for offshore wind energy development and attract the necessary investment to meet its ambitious renewable energy targets.

4. HYBRID PROJECTS AND HYBRID POWER PLANTS

NSEC countries are deliberately changing Europe's energy system to decarbonize and develop renewable energy sources, especially offshore wind power. Offshore wind power is playing a decisive role in limiting climate change, while still providing a large amount of electricity for the consumption of European countries. According to the definition given by the European Commission, "Hybrid projects are transnational, coordinated offshore energy generation projects. Typically, hybrid projects combine generation and transmission assets across maritime boundaries."[24] They differ from traditional offshore wind power projects, which are not coordinated with other nearby countries and only focus on the power transmission line feeding the national grid connection. The first hybrid project recognized in NSEC is the Kriegers Flak Combined Grid Solution offshore interconnector in the Baltic Sea, jointly implemented by Germany and Denmark. The electricity generated at this wind farm can flow to both countries. This project marks the first time an offshore wind farm is connected to the electrical grids of two different countries.[25]

24. Weichenhain et al., *op. cit.*, note 13, p. xxiv.

25. WindEurope, "Hybrid renewable power plants make a good business case but require clearer legislation to become more widespread," 22 October 2020, https://windeurope.org/newsroom/news/hybrid-renewable-power-plants-make-a-good-business-case/.

FIGURE 11.3 – Kriegers Flak – Combined Grid Solution Map

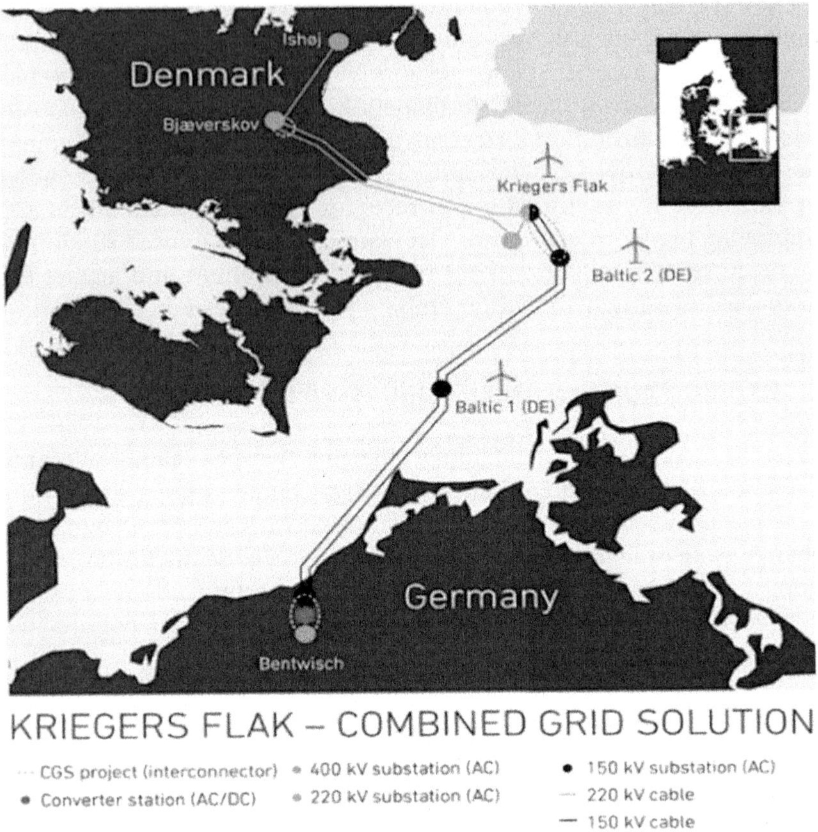

Source: Per Obbekær, Kriegers Flak – Combined Grid Solution, EnergiNet. For further information see: https://en.energinet.dk/Infrastructure-Projects/Projektliste/KriegersFlakCGS/ (consulted on 1 February, 2023).

A hybrid project in NSEC may be built according to five different concepts: (i) Combined grid solution; (ii) Modular grid; (iii) Offshore hub; (iv) Interconnector tie-in; and (v) Neighbour offshore wind farm.[26] NSEC classifies the above five concepts based on how the offshore wind farms are connected, the number of connected farms, and grid connection. Only (i), (ii), and (iii) have been implemented in practice, and NSEC countries are conducting research on implementing the interconnector tie-in and neighbour offshore wind farm.

---

26. Weichenhain et al., *op. cit.*, p. 2.

i) Combined grid solution: Connects two offshore wind farms (OWFs) in different exclusive economic zones, individually connected to their home countries.

ii) Modular grid: Connects more than two OWFs in different exclusive economic zones by a single export cable system, but just connects OWFs within a single country; unlike other concepts of hybrid projects, it is not transnational.

iii) Offshore hub: Connects more than two OWFs to at least two renewable energy markets via an offshore hub.

iv) Interconnector tie-in: Connects two OWFs to shore via an interconnector.

v) Neighbour offshore wind farm: connects an OWF located in the exclusive economic zone of country A to the shore of country B.

FIGURE 11.4 – Hybrid project concepts

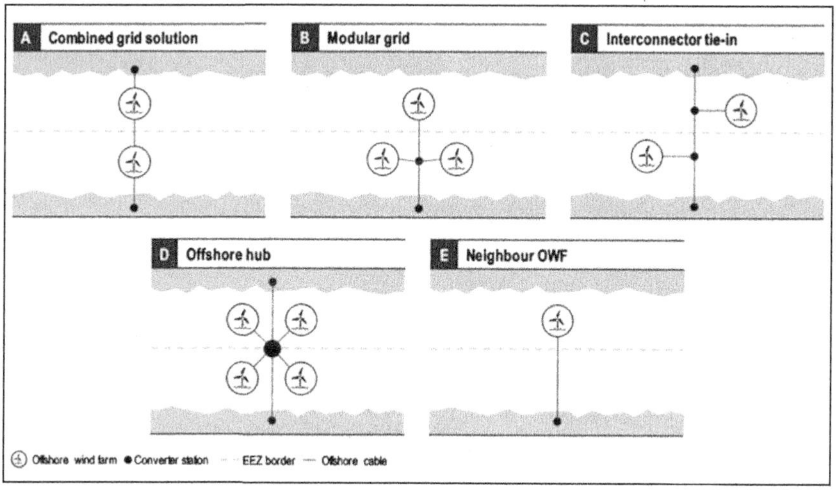

Source: Per Obbekær, Kriegers Flak – Combined Grid Solution, EnergiNet. For further information see: https://en.energinet.dk/Infrastructure-Projects/Projektliste/KriegersFlakCGS/ (consulted on 1 February, 2023).

Developing hybrid projects offers several benefits such as cost savings and taking up less space than original offshore wind farms, thereby lowering the impact on the environment. NSEC countries also promote hybrid project development to create cross-border links between countries in the North Sea area, provide additional interconnection capacity, and support the EU's internal renewable energy market. The development of hybrid projects also helps create many jobs, enabling the entire NSEC offshore wind power industry to thrive. NSEC countries promote the development of hybrid projects with the aim of increasing offshore wind power capacity as well as strengthening cooperation among NSEC countries.

The Danish Energy Agency, in partnership with the Viet Nam Renewable Energy Agency, found that Viet Nam's 3,000 km coastline could generate up to 160 GW of electricity if fully exploited—seven times the total wind capacity off the coast of Europe.[27] There is a huge potential for Viet Nam to build hybrid power projects with neighbouring countries in ASEAN and China. In the north, Viet Nam has the potential to build a transnational hybrid power project in the cooperation with China—a leading country in the field of offshore wind power. In the south, especially in the Gulf of Thailand, hybrid projects could also be built in cooperation with Thailand, jointly building a transnational offshore wind project to connect two countries and contribute to building a future ASEAN super-grid.

Besides the development of hybrid project schemes, hybrid power plants (HPPs) are also a prominent, and promising, direction for wind farms. HPPs include more than one renewable-energy source into one system, with a focus on wind and solar energy, with or without storage technologies. WindEurope identifies two concepts of wind–solar HPPs based on the common integration and operation of the different generating modules: (i) Wind and solar sharing the same substation and coupling point to the grid, and (ii) photovoltaic (PV) panels integrated with the wind turbines.[28]

i) Wind and solar sharing the same substation and coupling point to the grid: In this concept, wind and solar share the same grid connection and substation, but separate wind and solar plants are developed.

ii) PV panels integrated with the wind turbines: In this concept, solar panels are integrated with wind turbines. This solution helps operators with potential cost savings and eliminates the need for solar inverters, while the wind turbines' evacuation capacity can be utilized for solar power.

27. Do N.T. et al., "Vietnam's solar and wind power success: Policy implications for the other ASEAN countries," *Energy for Sustainable Development,* 2021, vol. 65, p. 2.

28. WindEurope, *Renewable hybrid power plants – Exploring the benefits and market opportunities,* July 2019, https://windeurope.org/wp-content/uploads/files/policy/position-papers/WindEurope-renewable-hybrid-power-plants-benefits-and-market-opportunities.pdf.

FIGURE 11.5 – Concepts of hybrid power plants

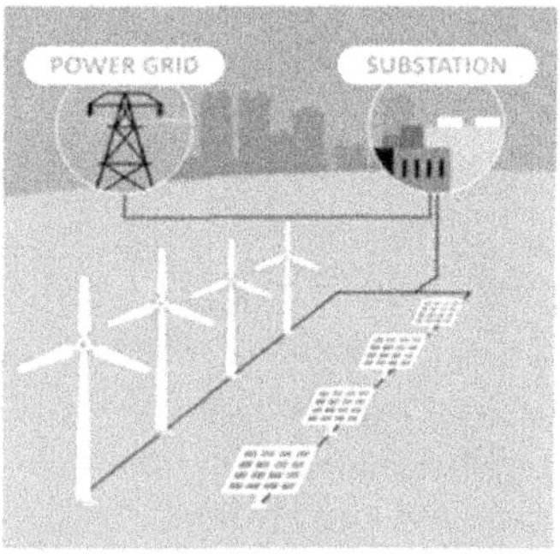

Same substation and grid connection

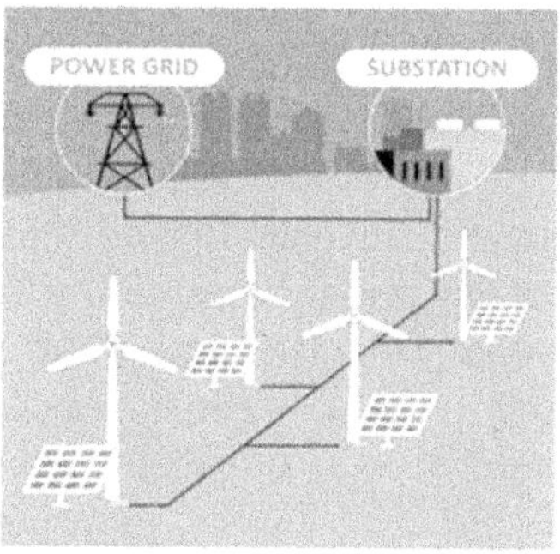

PV panels integrated with the turbines

Source: WindEurope, *Renewable Hybrid Power Plants - Exploring the Benefits and Market Opportunities*, July 2019, p. 7-8.

In the future, hybrid power plants will offer several benefits to NSEC's renewable energy industry when compared to pure wind or other renewable power plants, or pure storage plants. Hybrid power plants generate higher annual electricity capacity yearly and make power output much more stable. Moreover, hybrid power plants optimize the electricity network, reduce balancing costs and, most importantly, reduce infrastructure investment.

Viet Nam has significant potential for both wind and solar power due to its geographic location, which offers high levels of solar radiation and strong wind resources. In recent years, the Vietnamese government has implemented several policies to promote the development of renewable energy, including wind and solar power. According to a report by the International Renewable Energy Agency (IRENA), Viet Nam has the potential to generate up to 500 GW of solar power and 160 GW of wind power, so the construction of hybrid power plants that combine these resources could help improve the reliability and efficiency of the country's power supply.

5. GRID CONNECTION

In the field of offshore wind energy, offshore grid connection refers to the process of connecting offshore wind farms to the onshore electrical grid. This process allows the electricity produced by offshore wind turbines in wind farms to be transmitted to individuals, businesses, and other electricity consumers. The operating principle of offshore grid connection is that offshore wind farms generate electricity, which is sent to an offshore substation where the voltage is increased to a level that can be transmitted over long distances. The electricity is then transmitted through undersea cables to an onshore substation, where the voltage is reduced to a level that is suitable for distribution to consumers. Finally, the onshore substation is connected to the wider electricity grid, allowing the electricity to be distributed to homes, businesses, and other consumers. In summary, offshore grid connection involves transforming the voltage of the electricity produced by offshore wind turbines, transmitting it through undersea cables, reducing the voltage for distribution, and connecting it to the wider electricity grid to make it available to consumers. Improved grid connection makes the transmission process more efficient over long distances, saving transmission costs and ensuring electricity is delivered safely to consumers.

Within the scope of this article, the authors propose some measures to improve offshore grid connection that have been applied by NSEC countries.

5.1 High Voltage Direct Current (HVDC) technology

HVDC technology is a power system that allows large amounts of electricity to be transmitted over long distances with lower power losses compared to traditional alternating current (AC) transmission systems. Using HVDC for long-distance transmission lowers both costs and power losses by using direct current (DC) to transmit electricity. HVDC technology is commonly used for transmitting electricity from remote sources, such as offshore wind farms, to areas where the electricity is needed. The implementation of HVDC systems typically involves converter stations to convert the AC power generated by the source into DC power for transmission, and then back into AC power for use.

Some NSEC countries are known for their expertise in HVDC, such as Germany, the United Kingdom, Belgium, Sweden, and Norway, but the most prominent among these countries is Germany, which has been a leader in HVDC technology for many years and is home to several major manufacturers of HVDC equipment. Some notable projects implementing HVDC technology in Germany are the BorWin system, which connects several large offshore wind farms in the North Sea area to the onshore grid, and the NordLink interconnector between the German and Norwegian power grids, which uses HVDC technology to transmit renewable energy in both directions between the two countries.[29]

29. Statnett, "NordLink – New subsea interconnector between Norway and Germany," https://www.statnett.no/en/our-projects/interconnectors/nordlink/.

5.2 Smart Grid technology

According to the definition of the IEA, Smart Grid technology is a system of advanced digital communication and automation technologies used in the offshore wind energy field to optimize the transmission and distribution of electricity.[30] Smart Grid technology enables real-time monitoring, analysis, and control of the entire power system, from generation to consumption, which allows for more efficient and reliable energy transmission. Smart Grid technology in offshore grid connection is also used to manage the variability and unpredictability of wind turbines which depend on wind speeds, among other factors.

Although Smart Grid technology is widely developed in NSEC, the IEA has reported that in Viet Nam, the deployment of various renewable energy sources and the electrification of other sectors are growing faster than the construction of Smart Grid technology, which leads to strains and pressures on Viet Nam's power systems. The rapid build-out of more than 20 GW of renewable energy during just the past three years has led to an overloaded grid connection and high rate of curtailment of renewable energy. As a result, Viet Nam had to announce in early 2022 that no new renewable energy projects would be connected for the rest of 2022.[31]

5.3 Redundancy and reliability

In the offshore wind energy field, redundancy and reliability are critical considerations to ensure the safety and continuous operation of wind turbines and associated infrastructure. Redundancy pertains to the use of backup systems or components that can take over in case of failure or malfunction in the primary system or its components. For example, wind turbines may incorporate multiple generators, gearboxes, or blade-pitch systems to provide redundancy and ensure that the turbine continues to generate electricity even when one of these components fails. Similarly, offshore substations may feature redundant power transformers or switchgear to minimize the risk of downtime and ensure continuous power supply.

Reliability, on the other hand, refers to the capacity of a system or component to function without failure or disruption for a specific duration. Improving reliability may involve using high-quality components, conducting regular inspections and maintenance, and establishing robust

30. Gonzalez P., "Smart Grids — Infrastructure deep dive," September 2022, https://www.iea.org/reports/smart-grids.

31. *Ibid.*

safety and monitoring mechanisms. For instance, wind turbine blades are exposed to severe environmental conditions and need periodic inspection for signs of wear or damage. Additionally, sophisticated monitoring systems such as vibration sensors or condition monitoring software can identify potential issues before they lead to failure, enabling prompt maintenance or repair.

Viet Nam is currently developing the 2,400 MW Bac Lieu offshore wind farm, which will be connected to the grid using HVDC technology. The project is expected to reduce transmission losses by up to 30%, improve grid stability, and enable the integration of more renewable energy into the grid. New offshore wind power projects in Viet Nam have included investment in Smart Grid technology, including the deployment of advanced metering infrastructure, distribution automation, and energy management systems. In the future, it is certain that other offshore wind power projects will also apply these technologies to increase productivity, and reduce costs and power loss during transmission.

CONCLUSION

The development of offshore wind energy in NSEC uses a range of supporting schemes to ensure successful implementation and sustainable growth. This paper has explored five key schemes: direct marketing, bidding procedures, contracts for difference, hybrid projects, and improved grid connection. Each of these schemes has strengths and weaknesses, and the optimal choice will depend on factors such as the local market conditions, policy objectives, and the specific needs of offshore wind projects. However, by carefully designing and implementing these schemes, policymakers and stakeholders can help create a favourable environment for offshore wind energy development in NSEC, contributing to the transition to a more sustainable and lower carbon energy system. To apply these measures, Viet Nam will need to improve its physical and technical foundations, as well as improve the legal framework for offshore wind energy development.

CHAPTER 12
Implementation of Environmental Impact Assessment in Offshore Wind Power Projects

Lessons From the UK and Recommendations for Viet Nam

Nguyen Vu Diem Quynh
and Bui Thi Dieu Thuy

ABSTRACT

Viet Nam's Power Development Plan for the period from 2021 to 2030, with a vision to 2050 sets out an ambitious target of developing 6 GW of offshore wind power (OWP) in 2030 and rapidly increasing to 91.5 GW in 2050 (Decision No. 500/QD-TTg, dated 15 May 2023 of the Prime Minister). However, as Viet Nam's regulatory framework for the development of OWP projects is still fragmented and underdeveloped, concerns persist around various relevant issues, including environmental impact assessment (EIA) for OWP projects. This paper aims to review Viet Nam's current policy and legal framework relating to the development of OWP projects and EIA for project developers. It assesses the challenges posed by the current regulatory framework and the need to develop centralized, specialized regulations respecting EIA for OWP project developers and relevant stakeholders. Based on lessons from the UK, the paper proposes recommendations to develop current regulations to accommodate the concurrent exploitation of OWP and how a developed framework for EIA can benefit this process.

Keywords: *Offshore wind power, project development, EIA*

The survey of World Bank's Offshore Wind Technical Potential Analysis revealed that Viet Nam has a total offshore wind technical potential capacity of 599 GW,[1] which is nearly 2.2 times higher than the forecast of total capacity from all sources of the national power system in 2022 (both production and imports).[2] Given this potential, OWP provides a valuable source of renewable energy that can contribute to Viet Nam achieving its net-zero commitment in 2050. The Power Development Plan for the period from 2021 to 2030, with a vision to 2050, set out an ambitious target of developing 6 GW of OWP in 2030 and rapidly accelerating up to 91.5 GW in 2050,[3] which will require Viet Nam to develop centralized, specialized regulations for OWP projects, including those related to EIA of OWP projects.

This paper reviews Viet Nam's current policy and legal framework relating to OWP projects and EIA for project developers, including legislation on developing wind power projects and conducting EIAs. Through this review, it points out the lack of specialized regulations for OWP projects and assesses how this lack has hindered the development of OWP projects in Viet Nam. Through a comparison with the more developed legal regime of the UK, and an example of a OWP project which has completed its EIA, the paper proposes recommendations to develop the relevant legal regime to facilitate EIA of OWP projects in Viet Nam.

1. ENVIRONMENTAL IMPACT ASSESSMENT IN OFFSHORE WIND POWER PROJECTS

1.1 Offshore wind power projects

OWP is the type of energy obtained from the force of winds above water bodies, mainly at sea, captured by wind turbines and transformed into electricity.[4] Globally, countries like China and the UK have significant capacities in OWP and consider it a renewable and clean energy source, with ongoing OWP installations and expansions. A World Bank report has

1. World Bank, "Offshore Wind Technical Potential in Vietnam," January 2021, https://documents1.worldbank.org/curated/en/340451572465613444/pdf/Technical-Potential-for-Offshore-Wind-in-Vietnam-Map.pdf
2. Electricity Regulatory Authority of Vietnam, Ministry of Industry and Trade, "Status of power supply in the first 6 months of 2022 and planned power supply in the last 6 months of 2022," 2022, http://www.erav.vn/d4/news/Tinh-hinh-cung-cap-dien-trong-6-thang-dau-nam-va-ke-hoach-cung-cap-dien-6-thang-cuoi-nam-2022-8-800.aspx
3. Decision No. 500/QD-TTg, *op. cit.*, note 1.
4. Climate Council, "Australia and Offshore Wind," 23 September 2021, https://www.climatecouncil.org.au/resources/offshore-wind-fact-sheet/.

assessed that by 2035, offshore wind has the potential to provide 12% of Viet Nam's electricity, which would play a significant role in sustainably meeting Viet Nam's rapidly rising electricity demand. By displacing coal-fired power generation, this could help prevent over 200 million metric tons of CO_2 emissions and add at least 50 billion USD to Viet Nam's economy.[5]

Key activities for each stage of developing an offshore wind farm are summarized below, although the implementation of each stage may vary according to project specifications.

TABLE 12.1 – Stages of developing an offshore wind project[6]

No.	Stage	Details
Stage 1	Development	This stage covers activities up to the project reaching financial close or obtaining firm orders from relevant stakeholders to proceed with construction. This includes securing planning consents such as the EIA and defining design and engineering aspects of the project.
Stage 2	Installing and Commissioning	This stage covers the installation and commissioning of balance of plant and turbines, including land- and sea-based activity.
Stage 3	Operation and Maintenance	This stage includes operation, maintenance, and service, the combined functions which, during the lifetime of the wind farm, support the ongoing operation of the wind turbines, balance of plant, and associated transmission assets.
Stage 4	Decommissioning	This stage entails removing or safely disposing of offshore infrastructure at the end of its useful life.

1.2 Environmental impact assessment

Each stage of an OWP project imposes varied obligations for environmental protection. This paper only focuses on the obligation to carry out an EIA as part of the project development stage.

5. World Bank, "Offshore wind roadmap for Vietnam," June 2021, https://documents1.worldbank.org/curated/en/261981623120856300/pdf/Offshore-Wind-Development-Program-Offshore-Wind-Roadmap-for-Vietnam.pdf.

6. BVG Associates, The Crown Estate and Catapult, "Guide to an offshore wind farm," January 2019, https://www.thecrownestate.co.uk/media/2861/guide-to-offshore-wind-farm-2019.pdf.

EIAs, established since the 1970s, are mandatory documents prepared by project developers to forecast environmental changes and propose management strategies.[7] EIAs are used in the decision-making process prior to the development of large-scale infrastructure projects, such as transportation infrastructure, power stations, or industrial facilities.

The implementation of EIAs has been institutionalized by the introduction of regulations to ensure that all proposed development activities which are anticipated to cause environmentally adverse effects are assessed before obtaining authorization. Such regulations govern:

- Proposed development activities which are subject to an EIA requirement;
- Methods by which EIA is conducted;
- Utilization of EIA results and recommendations in decision-making process;
- If authorization is given to implement development activities, utilization of EIA results and recommendations to guide and monitor the development activities.

While EIAs enhance decision-making, promote accountability, and mitigate negative environmental impacts, challenges persist, including: difficulties in ensuring adequate and useful public involvement (or participation); weak procedures for obtaining early agreement on the scope of EIA studies; production of EIA reports which are not easily understood by decision-makers and the public because of their length and technical complexity; lack of mechanisms to ensure that EIA reports are considered in decision-making; and limited technical and managerial capacities to implement EIAs.

1.3 Environmental impact assessment in offshore wind power projects

There are a range of potential environmental advantages of offshore wind farms, but for the purposes of exploring how EIA can benefit

7. The United Nations Environment Program, "Environmental Impact Assessment and Strategic Environmental Assessment: Towards an Integrated Approach," 2004, https://wedocs.unep.org/bitstream/handle/20.500.11822/8753/Environmental_impact_assessment.pdf?sequence=3&amp%3BisAllowed=&fbclid=IwAR1dVTDc1VcpJfwrswUvC47nz_PsHiBElJ_p3WRHbxd9sh7e-s0ctiqKBrE

offshore wind projects, this paper will only describe some negative environmental impacts of offshore wind farms.[8]

TABLE 12.2 - Typical negative environmental impacts of offshore wind farms

Type of environmental impact	Details
Increased noise levels	Offshore piling, depending on the weather, may be audible. This is potentially harmful to marine species and has been of greatest concern for marine mammal species, such as endangered whales.
Risks of collisions	Risks of collisions with ships and birds are significant concerns due to the large areas of farms and proximity to traffic lanes.
Pollution	Pollution from offshore wind farms can occur during construction, operation, and decommissioning.
Disturbance to marine animals	Displacement of marine mammals, birds, fish and other organisms during construction, operation, and decommissioning of the wind turbines and associated infrastructure.
Socio-economic impacts	Socio-economic impacts on fishing, tourism, recreation, navigation and other marine uses are also factors to consider.

Though they are a renewable and clean source of electricity that can contribute to reducing greenhouse gas emissions, offshore wind farms also poses challenges and trade-offs for environmental management and planning. Therefore, EIAs are necessary for offshore wind farms to ensure that they are developed sustainably, with public consultation and stakeholder engagement to mitigate potential conflicts and enhance social acceptance of offshore wind energy. However, despite acknowledging the complexities of offshore wind farms, there is a long way to go to establish a developed EIA framework to fully assess and monitor their environmental impacts. The next section will delve into the current Vietnamese legal framework for offshore wind projects.

8. Rezaei F. et al., "Towards understanding environmental and cumulative impacts of floating wind farms: Lessons learned from the fixed-bottom offshore wind farms," *Ocean and Coastal Management,* 2023, vol. 243, https://www.sciencedirect.com/science/article/pii/S0964569123002971#:~:text=Ecologically%20'negative'%20impacts%20may%20include,of%20seabirds%20because%20of%20avoidance

2. VIETNAMESE REGULATIONS ON ENVIRONMENTAL IMPACT ASSESSMENT IN OFFSHORE WIND POWER PROJECTS

2.1 Overview of Vietnamese regulations on offshore wind power project development

Vietnamese law defines an "offshore wind power project" to be any grid-connected wind power project with wind turbines constructed and *operated offshore — outside the lowest mean high water as measured over 18.6 years.*[9] Lowest mean high water as measured over 18.6 years is measured and published by the Ministry of Natural Resources and Environment (MONRE).[10]

Circular 02/2019/TT-BCT ("Circular 02") provides specialized regulations on the process of developing wind power projects in general, although some of its provisions have been annulled by Circular 01/2023/TT-BCT due to inconsistencies with higher-ranking statutes. The procedure for development of OWP projects under Circular 02 (as amended by Circular 01/2023/TT-BCT) and other key relevant statutes is summarized as below.

TABLE 12.3 – Key Vietnamese regulations on offshore wind development procedure

No.	Stage	Key relevant regulations
1.	Planning development of power projects (including national-level, regional-level, and provincial-level planning)	Circular 02 mandates compliance with the Law on Planning 2017 and its implementing regulations.[11] We note that the Law on Planning 2017 already provides for specific planning of development of the power sector and national planning for marine space. The 2021–2030 Power Development Plan has been promulgated with an ambitious target of developing 6 GW of offshore power projects in 2030. Meanwhile, the planning on marine space was approved by the Appraisal Council on 29 September 2023 and is being finalized before it is submitted to the Prime Minister for approval.[12]

9. Article 2.12 and 2.13 of Decision 37/2011/QD-TTg regarding incentives for development of wind power projects in Vietnam, as amended by Decision 39/2018/QD-TTg ("Decision 37")
10. Article 8, Decree 40/2016/ND-CP guiding the implementation of the Law on Sea and Islands ("Decree 40")
11. Article 3 of Circular 02.
12. Vietnam Agency of Seas and Islands, "The Appraisal Council unanimously approved the National Marine Spatial Planning from 2021 to 2030, with a vision to 2050", September

No.	Stage	Key relevant regulations
2.	Approval of investment policy of power project	The approval of investment policy of projects in general is governed by the Law on Investment 2020 and its implementing regulations.
3.	Selection of investor(s) for implementation of power projects	The selection of investors for implementation of projects in general is governed by the Law on Investment 2020 and Law on Public Procurement 2023 and their implementing regulations. However, regulations remain silent on investor selection for offshore wind projects.
4.	Preparation of Feasibility Study (FS) (together with Environmental Impact Assessment Report (EIAR)	Circular 02 provides requirements to measure wind, and sets out the mandatory contents of the Feasibility Study for wind power projects, with reference to the Law on Construction and its implementing regulations. We note that Circular 02 does not include specialized regulation on measurement activities for offshore wind projects, including, among others, allocation of sea area for measurement activities. Rather, regulations on the allocation of sea areas are primarily prescribed in Decree no. 11/2021/ND-CP. This Decree is under amendment to include a more detailed framework for developers to apply for specific areas for survey activities. Under Circular 02, the contents of the Feasibility Study for OWP projects must include (i) the specific sea area and marine resource(s) allocated to the investor, and (ii) confirmation by competent authorities of the location of offshore wind turbines.[13] The preparation of EIA for projects in general is governed by the Law on Environmental Protection 2020 and its implementing regulations.

(fallowing)

2023, https://vasi.gov.vn/Pages/hoi-dong-tham-dinh-nhat-tri-thong-qua-quy-hoach-kh-0afb.aspx.

13. Article 6 of Circular 02.

No.	Stage	Key relevant regulations
5.	Construction and installation	Circular 02 provides requirements on the safety corridor for wind power projects; these refer to regulations on safety standards for electrical construction works. Circular 02 also provides requirements on the allocation and administration of land used in wind power projects.[14] We note that Circular 02 does not include specialized regulation on construction of offshore wind projects, including regulation of sea area for construction. The construction and installation of power projects in general are governed by the Law on Construction, the Law on Electricity, the Law on Environmental Protection, the Law on Fire Prevention & Extinguishment, and their implementing regulations.
6.	Commissioning and acceptance of completion	Circular 02 designates the competent authorities to oversee inspection and acceptance of completion of wind power projects. Circular 02 also states that the inspection and acceptance of completion of wind power projects should comply with all applicable laws (without detailing which laws should be referred to).[15] The commissioning and acceptance of completion of power projects in general is governed by the Law on Construction, the Law on Electricity, the Law on Environmental Protection, the Law on Fire Prevention & Extinguishment, and their implementing regulations.
7.	Operation and Maintenance	Circular 02 provides requirements for the annual reporting regime of wind power projects. Circular 02 also refers to regulations in laws covering the management of operation of electrical construction works and environmental protection.[16] The operation and maintenance of power projects in general is governed by the Law on Construction, the Law on Electricity, the Law on Environmental Protection, the Law on Fire Prevention & Extinguishment, and their implementing regulations.

14. Articles 11, 12, 13 of Circular 02.
15. Article 8 of Circular 02.
16. Article 9 of Circular 02.

No.	Stage	Key relevant regulations
8.	Decommissioning	Circular 02 does not include specialized provisions for this stage, other than requiring the decommissioning to be described in the Feasibility Study. The decommissioning of power projects in general is governed by the Law on Construction, the Law on Electricity, the Law on Environmental Protection, the Law on Fire Prevention & Extinguishment, and their implementing regulations.

2.2 Vietnamese regulations on environmental impact assessments in offshore wind power projects

Vietnamese laws have evolved in their approach to EIAs, beginning with the Law on Environmental Protection (LEP) in 1993 and culminating in the recent LEP 2020. The new law introduces Preliminary Environmental Impact Assessments (PEIAs) during the pre-feasibility study or investment proposal stage, acting as an initial screening for projects with adverse environmental impacts. Only Group I projects, a category which primarily encompasses large projects, public investment projects, and high-risk projects, are subject to PEIAs. These cover virtually all OWP projects due to their complex marine impacts which need to be assessed from an early stage. The overall EIA procedure is summarized in the following table and further detailed below.

TABLE 12.4 – EIA procedure for offshore wind farms under Vietnamese law

Step	Stage	Key relevant regulations
1.	Preparation of PEIA report and getting approval for investment policy	Offshore wind farms with sensitive environmental factors are classified as Group I projects and must submit a PEIA report.[17] The report, which is integrated into the Pre-Feasibility report,[18] serves as a basis for government approval of the investment policy. Details on the approval procedure and authority remain uncertain following the expiration of Decree 54/2021/ND-CP guiding PEIAs.
2.	Project awarded to investor	When a project is awarded to an investor, the investor shall be responsible for preparing an EIA report, whether by themselves or via a consulting agency.

(fallowing)

17. Article 29.1 of the Law on Environmental Protection 2020.
18. Article 28 of the Law on Environmental Protection 2020.

Step	Stage	Key relevant regulations
3.	Preparation of EIA report	Group I projects are all subject to conducting the EIA report covering environmentally sensitive factors, except for urgent public investment projects.[19]
4.	Review of EIA report	The appraisal procedure is stipulated in Article 34.3 of the LEP 2020 and is detailed below.
5.	Appraisal Decision	Depending on the findings of the Appraisal Committee members, the Appraisal Decision will be issued, and the EIA report will either be (i) approved, (ii) not approved, or (iii) subject to amendments.[20]

Initially, the project promoter shall prepare a PEIA report alongside other project documentation. As its name suggests, the PEIA shall only delve into major environmental impacts and serves as a "screening" step for stakeholders to understand the most outstanding impacts of each project. However, as the Decree No. 54/2021/ND-CP guiding PEIA has recently expired and not yet been replaced, it is unknown which stakeholders will appraise this report.

When the project has obtained approval of its investment policy and is assigned an investor, the investor is required to prepare an EIA report addressing more detailed environmental concerns. The EIA shall be carried out during the project preparation stage, in parallel with formulating the Feasibility Study report. This timing is reasonable, since the project is still at the conceptual stage and subject to modification. As for what the EIA report should contain, there is as yet no regulations on specific aspects to be included in the EIA report for offshore wind farms—which are highly sophisticated projects with various environmental impacts, as analyzed above. There is also a lack of procedures to guide the investor in consulting stakeholders on the scope of the EIA. For example, should the impacts be observed only within the project area, or 5 nautical miles outside the area in order to fully observe marine animal behaviour? To what height should the investor measure the impacts on birds?

The LEP 2020 has increased the role of local communities in the EIA process, mandating consultations with residents, fishermen, and other

19. Article 30 of the Law on Environmental Protection 2020.
20. Article 13.8 of Circular 02.

stakeholders. Decree 08 outlines three consultation methods: (i) direct meeting, (ii) written opinion, and (iii) the e-portal of the Appraising Authority.[21]

After completing the EIA report and providing explanations for community and stakeholder feedback (if any), the investor shall incorporate all of these into the EIA report and submit it to the Appraising Authority. The appraisal process must be completed within 45 working days, extendable by a decision from the Prime Minister.[22]

3. EXPERIENCES OF THE UK ON ENVIRONMENTAL IMPACT ASSESSMENT IN OFFSHORE WIND POWER PROJECTS

The UK's offshore wind industry began with its first demonstration offshore wind farm in December 2000 off the Northumberland coast. Over the next decade, nine additional projects were installed, focusing mainly on technological development, bringing the UK's overall capacity to 1.5 GW by Spring 2010. At the time of writing, the UK has a total of more than 10 GW of cumulative installed capacity across 38 sites, and is aiming for the target of 40 GW of offshore wind energy by 2030.[23]

3.1 Overview of UK regulations on offshore wind power development[24]

The UK has established a robust legal framework for OWP projects, governed by key legislation including the Electricity Act 1989 ("Electricity Act"), the Planning Act 2008 ("Planning Act"), the Marine and Coastal Access Act 2009 ("Marine and Coastal Access Act"), and the Marine (Scotland) Act 2010.

Under the Planning Act, any offshore wind project with a capacity of more than 100 MW in England and Wales qualifies as a Nationally Significant Infrastructure Project (NSIP) and needs a Development Consent Order (DCO) from the Secretary of State.[25]

21. Article 26 of Decree No. 08/2022/ND-CP guiding the Law on Environment Protection ("Decree 08").
22. Article 34.6(a) and (d) of the Law on Environment Protection 2020.
23. Department for Business and Trade, "Offshore wind".
24. Hussain T., "Offshore wind projects: Assessing the environmental impact: United Kingdom," 26 April 2019, https://www.whitecase.com/insight-our-thinking/united-kingdom
25. Section 31 of the Planning Act 2008.

The Crown Estate manages the leasing of seabed areas for renewable energy projects, including OWP. Developers are granted leasing rights after securing necessary approvals and meeting conditions outlined in the lease contract. Before starting construction, developers must acquire licenses for cabling installation to link their projects to the grid. Additionally, they must prepare and gain approval for an EIA and a decommissioning program. These documents assess the potential environmental impacts throughout the project's lifespan and propose measures to prevent significant adverse effects beyond the control of relevant authorities during construction, operation, and decommissioning.

3.2 UK regulations on environmental impact assessment in offshore wind power projects

For any offshore wind farm with a capacity of more than 100 MW, a formal EIA is required as part of the application for a DCO. At the end of the EIA process, an Environmental Statement (ES) is prepared as a formal report documenting the EIA process. The EIA assesses all potential environmental impacts during construction, operation and decommissioning, and any associated mitigation measures. Consultation bodies, members of the public, and interested third parties have the right to submit representations about any potential environmental impacts, which the planning authority must consider.

The main legislation governing the EIA process is the Infrastructure Planning (Environmental Impact Assessment) Regulations 2017 (the "EIA Regulations 2017"). Below is a summary of the EIA process under EIA Regulations 2017 and analysis of the experiences from the Hornsea Four Project, an offshore wind power project in the UK which was granted a DCO on 12 July 2023 following the close of Examination in August 2022.[26] The ES of Hornsea Four Project, together with relevant documents, have been published for public consultation and monitoring.

Screening: Before conducting an EIA, the project developers are required to either (i) consult with the Secretary of State to adopt a screening opinion on whether such project would be subject to EIA requirements, or (ii) notify the Secretary of State that the developers propose to undertake the EIA process and provide an ES with regards to the project on a voluntary basis.[27]

26. Orsted, "Hornsea Four Develop Consent Order Application Approved," 12 July 2023 https://hornseaprojects.co.uk/hornsea-project-four/decision-documents.
27. Article 8.1 of the EIA Regulations 2017.

It is important to note that a screening opinion granted before the DCO application is mainly based on the information submitted by the project developer. If the screening opinion from the pre-DCO application stage provides that the project is not subject to EIA requirements, this opinion will be subject to reconsideration by the Planning Inspectorate during subsequent stages of reviewing the project's DCO application. If the Planning Inspectorate, upon reviewing new information after the issuance of the screening opinion, determines that the project is subject to EIA requirements, the DCO application will be suspended until the developers complete the EIA and submit an ES.[28] In the Hornsea Four Project, the project developer itself gave notice that its application for DCO would be accompanied by an ES and committed to providing in the ES at minimum the information required under Article 14.2 of the EIA Regulations 2017.[29]

Scoping: The EIA Regulations 2017 provide minimum requirements for the contents to be included in an ES. Notably, it requires the ES to incorporate any additional information specified in Schedule 4 relevant to the specific characteristics of the development and to the environmental features likely to be significantly affected.[30] This additional information includes:[31]

- A description of the development, specifying its location, physical characteristics, main characteristics of the operational phases, estimates of expected residues and emissions;
- A description of reasonable alternatives studied by the developer and an indication of the main reasons for the developer's choice of a given option among the alternatives;
- A description of the relevant aspects of the current state of the environment (baseline scenario) and an outline of the likely evolution thereof without implementation of the development;
- A description of factors likely to be significantly affected by the development;
- A description of the likely significant effects of the development on the environment;

---

28. Article 15 of the EIA Regulations 2017.
29. Orsted, "Hornsea Four Project: Environmental Impact Assessment: Scoping Report," 8 October 2018, https://hornseaprojects.co.uk/-/media/www/docs/corp/uk/hornsea-project-four/scoping-report/hornsea-four-scoping-report-low-res.
30. Article 14.2 of the EIA Regulations 2017.
31. Schedule 4 of the EIA Regulations 2017.

- A description of forecasting methods or evidence used to assess the significant effects of the development on the environment;
- A description of the measures envisaged to avoid, prevent, reduce or, if possible, offset any identified significant adverse effects on the environment and, where appropriate, of any proposed monitoring arrangements;
- A description of the expected significant adverse effects of the development on the environment deriving from the vulnerability of the development to risks of major accidents and/or disasters which are relevant to the project concerned;
- Non-technical summary and reference list for all contents above.

The provisions under the EIA Regulations 2017 are general and apply to all types of large-scale infrastructure projects. For OWP projects, developers are responsible for determining the scope of the EIA and ensuring it meets all relevant requirements through consultation. Besides mandatory consultation, project developers can also request a written opinion from the Secretary of State as to the scope and level of detail of the ES.[32] In case a scoping opinion is adopted, this opinion must be used as the basis for preparing the ES to be used for the DCO application at the later stage, provided that the proposed development remains materially consistent with the one outlined in the scoping opinion.[33]

The Hornsea Four Project exemplifies this process, in which the developer obtained a Scoping Opinion in 2018, which guided the aspects to be included in the EIA Report, and which could be scoped out of the ES with relevant rationales. For example, in the Hornsea Four Project, it was accepted that "accidental pollution events during the construction phase" could be scoped out of the ES due to the low risk of impacts and confidence that effective mitigation measures could be implemented. These scoping opinions can prove extremely helpful for developers to focus on the material environmental damage to be assessed. Where a given matter is scoped in, developers can draw upon the evidence base and government consultation from previous impact assessment work as appropriate.

32. Article 10.1 of the EIA Regulations 2017
33. Article 14.3 of the EIA Regulations 2017

Preparation, examination, approval, and publication of the Environmental Statement: The EIA Regulations 2017 set out four requirements for the ES as follows:[34]

- If a scoping opinion is obtained from the Secretary of State, the ES should be based on such opinion, provided that the proposed development described under the ES and the DCO application is materially the same as the proposed development described in the scoping opinion;
- The ES should include information reasonably required for assessing the project's significant environment effects, taking into account current knowledge and methods of assessment;
- The ES should take into account the results of any relevant UK environmental assessment, which is reasonably available to the applicant with a view to avoid duplication of assessment;
- The ES should be prepared by competent experts, whose relevant expertise or qualifications must be outlined in a statement provided by the applicant.

Preparation involves consulting relevant bodies, whose input is incorporated into the final ES. The examination and approval of the ES is also accompanied by consultation activities, the details of which are explained below. The final decision on the ES will be published to the consultation bodies and the public.[35]

Notification to consultation bodies is required during different stages of the EIA implementation process, including (i) before a scoping opinion is issued,[36] (ii) during ES preparation,[37] (iii) before the DCO application,[38] and (iv) after the DCO application is accepted for examination[39] (including special circumstances where the relevant authority determines that the screening opinion does not take into account all relevant information[40] or the ES contains inadequate information[41]).

34. Article 14.3 and 14.4 of the EIA Regulations 2017.
35. Article 31.2 of the EIA Regulations 2017.
36. Article 10.6 of the EIA Regulations 2017.
37. Article 11 of the EIA Regulations 2017.
38. Article 13 of the EIA Regulations 2017.
39. Article 16 of the EIA Regulations 2017.
40. Article 19 of the EIA Regulations 2017.
41. Article 20 and 24 of the EIA Regulations 2017.

Upon notification by project developers to the Planning Inspectorate regarding the provision of an ES or the adoption of a screening opinion indicating the project's need for an EIA, the Planning Inspectorate will notify relevant consultation bodies. These bodies are obligated to engage in consultation with the developers if requested, in order to contribute relevant information for the ES preparation.[42] In addition, the Planning Inspectorate will notify the project developer of any consultation bodies that it considers (i) affected by, or likely to be affected by, or having an interest in the proposed development, or (ii) unlikely to become aware of the proposed development by means of measures taken pursuant to Part 5 of the Planning Act 2008 (pre-application consultation), for inclusion of such bodies in the consultation process.[43] We note that this duty to notify consultation bodies applies throughout all project development stages, with the project developer taking an active role in determining who participates in each consultation activity.

During the pre-DCO application stage, the project developer must prepare a "preliminary environmental information" document, which compiles relevant details from the final ES. This aims to inform consultation bodies about the likely significant environmental effects of the development.[44] The EIA Regulations 2017 give flexibility to developers in determining the content, format, and consultation activities related to this preliminary information. The project developer must include the results of all consultations, information obtained from such consultations, and how these results have been incorporated into the ES or otherwise addressed.[45]

As an example, in Hornsea Four Project, the project developer engaged in consultations with stakeholders throughout the development phases of the project, and constantly provided updates at key stages and intervals. Relevant stakeholders that engaged in consultation with the project developer include:[46] (i) relevant authorities (such as the Crown Estate, the Planning Inspectorate, and local Councils), (ii) public organizations acting for communities affected by the proposed development (such as local Wildlife Trusts), and (iii) the general public.

---

42. Article 11.3 of the EIA Regulations 2017.
43. Article 11.1(c) of the EIA Regulations 2017.
44. Article 12.2 of the EIA Regulations 2017.
45. Article 31(d)(ii) of the EIA Regulations 2017.
46. Orsted, "Hornsea Four Project: Preliminary Environmental Information Report (PEIR): Volume 1, Chapter 6: Consultation," 30 July 2019, https://orstedcdn.azureedge.net/-/media/www/docs/corp/uk/hornsea-project-four/01-formal-consultation/pier/volume-1/peir-volume-1-chapter-6-consultation.ashx?rev= 19d26c514e434d0b947b479bdca96439&hash=A6E20160B5A513A3D1477BD2B748B69F.

4. RECOMMENDATIONS ON DEVELOPMENT OF VIETNAMESE REGULATIONS ON ENVIRONMENTAL IMPACT ASSESSMENT IN OFFSHORE WIND POWER PROJECTS

4.1 Scoping of EIA content for offshore wind power projects

Currently, Vietnamese regulations do not provide any mechanism for project developers to seek scoping opinions from relevant authorities. Hence, developers cannot ascertain, before preparing the EIA, whether their planned outline for the EIA sufficiently covers all required content under the laws, and whether this outline is appropriate given the specific characteristics of the project. Introducing a scoping mechanism could streamline the EIA preparation process, saving time and effort for developers. However, it is important to note that Vietnamese authorities may lack the expertise needed to administer OWP development and EIA implementation effectively.

Determining the scope of EIA for offshore wind farms in Viet Nam poses challenges due to the abundance of sea resources. International practice suggests that the scope can primarily include (i) marine geology, oceanography, and physical features, (ii) subsea noise and vibration, (iii) marine ecology and animals, and (iv) shipping and navigation. Moreover, the scope could also include infrastructure, and aviation and radar where appropriate. It is clear that EIAs for offshore wind farms would require the engagement and coordination of different governmental functions, and in the case of Viet Nam it will most likely be the Ministry of Natural Resources and Environment that is mainly responsible for organizing such coordination.

4.2 Consultation in preparing and approving EIAs for offshore wind power projects

Although public consultation is required as part of the EIA preparation stage, to ensure effective public participation, it is also important that not only the investor but also the authorities are responsible for soliciting views and feedback on the potential environmental impacts and mitigation measures of a project. Consultation in approving EIA should be a separate procedure from EIA preparation, and should be conducted in a transparent, inclusive, and timely manner.

Although the EIA report is a public document subject to public consultation and review, there may be instances where commercially sensitive information is included in the EIA report. In such cases, it is important for authorities to balance the need for public engagement with protecting commercially sensitive information submitted by the project developer. This can be done if the EIA dossier only requires a reasonable, justified amount of information adequate for assessing the environmental impacts of the project rather than any other redundant information.

4.3 Database for EIA reports and standards for offshore wind power projects

Viet Nam must create a database that will form the basis for EIA reports and their assessment. This database should include basic information such as meteorology, hydrology, environmental monitoring, marine animal populations by region, and polluted areas. The database will serve to provide the description of the baseline environment, and how impacts are likely to be propagated.

The new EIA reports shall feed into this database system and gradually enrich it. As the OWP market matures, this system will also develop and provide plenty of information for concerned stakeholders and investors to plan their environment impact mitigation measures.

In consideration of the sensitivity of the EIA process at sea, it is recommended that authorities establish a system of standards or techniques to be used at sea. This would help provide initial guidance to investors, and in turn, also keep authorities informed of the range of devices used or techniques to be carried out, avoiding unwanted impacts from EIA activities.

4.4 Legal regime to kickstart the development of the offshore wind industry

There needs to be certainties in the offshore wind development framework, starting with Marine Spatial Planning (MSP) and implementation of pilot projects combined with developing relevant regulations along the way. MSP, with a clear allocation of different sea areas to different uses such as fisheries, oil and gas extraction, and OWP development will help stakeholders map out and set reasonable expectations for marine development as well as monitor environment impacts at each area. The initial PEIA and EIA reports in such context will feed into the existing body of knowledge about seabed characteristics and the status of marine animals, thus further supplementing the MSP. As the offshore wind market matures, the MSP will act as a guide to practical decision-making, and a blueprint for ocean use and conservation.

A clearly defined MSP will also help investors identify the physical extent of EIA work by defining "government administrative boundaries" which would provide planning context for project developers. For instance, any possible effects on marine life would typically be witnessed at the construction location, while noise or visual disturbance might be observed from some distance away from the construction work.

It is also important to start implementing pilot projects using a clear process of project assignment and investor selection in order to unlock Viet Nam's offshore wind potential. Then, alongside the development of these first gigawatts, the Vietnamese government can keep benefiting from international experience while observing the pilot case study in order to establish a comprehensive legal framework.

CONCLUSION

There is a lack of specialized legal framework governing OWP projects in Viet Nam, including regulations for carrying out EIAs for OWP projects. This underdeveloped legal framework has created difficulties for developers in planning, proposing, and implementing their projects, as it fails to address critical issues, such as the scope of content to be included in the EIA, involvement of relevant stakeholders in appraising the EIA report, or established standards and precedents for assessing the EIA report. Based on the UK's experiences, the EIA process can be facilitated by providing specific guidance throughout all stages, from screening for application of EIA and scoping of the EIA report, to preparing, examining, and approving the EIA report, to comprehensive incorporation of consultation activities. The present paper proposes four recommendations to develop Vietnamese regulations on EIAs for OWP projects, including (i) introducing a scoping mechanism for the contents of the EIA report, (ii) bolstering legislation for public consultation during EIA appraisal and approval stages, (iii) establishing a database and applicable standards for EIA reports of OWP projects, and (iv) enacting legislation and implementing pilot projects to kickstart the OWP industry.

CHAPTER 13

Advancing Sustainable Development Through the EU-Viet Nam Free Trade Agreement

Addressing Climate Change and Promoting Offshore Wind Power in Viet Nam

Nguyen Thi Lan Huong and Pham Ba Phong

ABSTRACT

The EU-Viet Nam Free Trade Agreement (EVFTA), in effect since August 2020, heralds a new era of economic growth and strategic partnership between the European Union and Viet Nam. The EVFTA includes a dedicated chapter on Trade and Sustainable Development, underscoring the shared commitment to implementing international climate change agreements including the United Nations Framework Convention on Climate Change, the Kyoto Protocol, and the Paris Agreement. The present study evaluates Viet Nam's readiness to meet its climate change obligations outlined in the EVFTA by analyzing its domestic framework and offering recommendations for necessary adjustments. Additionally, the study sheds light on specific hurdles within Viet Nam's renewable energy development policies, focusing on offshore wind power initiatives as one of the country's climate change adaptation strategies.

Keywords: *EVFTA, UNFCCC, Kyoto Protocol, Paris Agreement, climate change, pro-sustainable development, renewable energy, offshore wind power, green growth policy*

The 26th United Nations Climate Change Conference of the Parties (COP26) hosted in Glasgow from 31 October to 13 November 2021 resulted in the achievement of many significant objectives and the adoption of a new environmental treaty, the Glasgow Climate Pact, which expressed the world's determination in responding to climate change. At COP26, Viet Nam's Prime Minister Pham Minh Chinh affirmed strong commitments which include reaching net-zero carbon emission target by 2050, stopping deforestation by 2030, and phasing out coal-fueled power generation by 2040.[1] These commitments are consistent with obligations that have been set out under the EU–Viet Nam Free Trade Agreement (EVFTA) recently concluded between the European Union (EU) and Viet Nam, and the COP26 commitments may be considered a strong decision in order to comply with this agreement. Both parties to the Free Trade Agreement (FTA), which came into force in August 2020, expect that it will create impetus for further economic development as well as strategic collaboration between the regions. Both parties have expressed a strong and unified viewpoint in the chapter on Trade and Sustainable Development, which includes an obligation to cooperate on the implementation of the United Nations Framework Convention on Climate Change of 1992 (UNFCCC), the Kyoto Protocol, and the Paris Agreement.

This paper analyzes Viet Nam's obligations on sustainable development and climate change response in accordance with the EVFTA and relevant international environmental treaties. To assess Viet Nam's capacity to fulfill its climate change obligations under the EVFTA, we must examine the country's overall capability to manage its climate change response and to advance offshore wind power development as a part of its strategy for climate change adaptation. Furthermore, in light of the potential impact of the COVID-19 pandemic, it is imperative to evaluate the current landscape and anticipate the potential need for increased government efforts.

1. Dezan Shira & Associates, "COP26: Vietnam's Commitment to Reducing Emissions," *Vietnam Briefing*, 5 November 2021, https://www.vietnam-briefing.com/news/cop26-climate-change-vietnams-commitment-reducing-emissions.html/.

1. SUSTAINABLE DEVELOPMENT AND CLIMATE CHANGE RESPONSE OBLIGATIONS UNDER THE EVFTA AND RELEVANT ENVIRONMENTAL TREATIES

The correlation between trade and environmental protection was acknowledged beginning in the 1970s,[2] and is not solely addressed by recently concluded FTAs. The establishment of the World Trade Organization (WTO) also resulted in several agreements that mentioned environmental issues.[3] This practice highlights the legacy of previous policies in international trade and the importance of addressing environmental concerns in new-generation FTAs like the EVFTA and other FTAs concluded by the EU with its different partners.[4] Given that these new-generation FTAs contain comprehensive provisions on trade and environmental protection, including the correlation between trade and climate, there is a pressing need to address environmental issues to secure sustainable economic growth in the present era.

1.1 Obligations on sustainable development and climate change response under the EVFTA

1.1.1 Sustainable development and responding to climate change under the EVFTA

The EVFTA does not introduce new environmental regulations, but reaffirms the commitments of the parties to existing environmental treaties, particularly those related to climate change. The agreement emphasizes the effective implementation of these multilateral environmental treaties in

2. WTO, "Early Years: Emerging Environment Debate in GATT/WTO," World Trade Organization, accessed 1 December 2021, https://www.wto.org/english/tratop_e/envir_e/hist1_e.htm.
3. The preamble of Marrakesh Agreement, Article XX (b) and (g) of GATT, and the Subsidies and Countervailing Measures Agreement.
4. For instance, the FTA between the EU and the Mercado Común del Sur (or Common Market of the South) (MERCOSUR) (EU-MERCOSUR FTA) dedicates a chapter to regulating Trade and Sustainable Development. More information is available at: European Commission, "EU-Mercosur trade agreement: The Agreement in Principle and its texts," *European Commission*, 12 July 2019 (last updated on 15 July 2021), https://trade.ec.europa.eu/doclib/press/index.cfm?id=2048. The FTA between the EU and Singapore (EU-Singapore FTA) dedicates all of Chapter 12 to governing Trade and Sustainable Development. More information is available at: European Commission, "EU-Singapore Trade and Investment Agreements," *European Commission*, 18 April 2018, https://trade.ec.europa.eu/doclib/press/index.cfm?id=961.

domestic law and practice (Article 13.5(2)). Specific commitments follow those made under the UNFCCC, the Kyoto Protocol, and the Paris Agreement to address climate change (Art. 13.6(1)). The EVFTA also promotes consultation, and sharing of information and experience in areas such as carbon pricing, domestic and international carbon markets, energy efficiency, low-emission technology, and renewable energy (Article 13.6(2)). It encourages the establishment of domestic advisory groups (DAGs) (Article 13.15(4)) to facilitate public participation and effective implementation of the Trade and Sustainable Development chapter of the agreement. Viet Nam has established a DAG in accordance with a decision by the Ministry of Industry and Trade (MOIT) (Decision No. 1972 dated 17 August 2021), following the practice of EU–FTAs with other partner countries.[5] These measures aim to ensure the implementation of the environmental provisions of the EVFTA and to promote sustainable development.

1.1.2 The impacts of the EVFTA on Viet Nam and the consequences of failing to comply with its climate change commitments

Viet Nam's membership in the EVFTA requires it to comply with international environmental commitments, including those related to its climate change response. This compliance can drive policy reforms in areas such as trade regulation, environmental protection, and green development. The EU is expected to provide valuable expertise and information on sustainable development and climate change adaptation. Particularly, in the first meeting of the EU–Viet Nam Trade and Sustainable Development (TSD) Committee under EVFTA held on 8–9 November 2021,[6] during the Trade and Climate section the EU presented its own legislative package[7] to implement the objectives it had stated in the meeting, namely the enhanced greenhouse gas (GHG) emission reduction target of -55% from 1990 levels by 2030, and a commitment to net-zero GHG emissions by 2050. The EU

5. European Commission, "Participation of Civil Society Organisations in the Implementation of Trade Agreements – TSD Committees and Civil Society Meetings," European Commission, December 21, 2021, https://trade.ec.europa.eu/doclib/press/index.cfm?id=1870.

6. The Joint Report of this meeting is available at: "Joint Report of the First EU–Viet Nam Trade and Sustainable Development (TSD) Committee Meeting to the TSD Public Forum," *CIRCABC*, 12 November 2021, https://circabc.europa.eu/ui/group/09242a36-a438-40fd-a7af-fe32e36cbd0e/library/84ff4c1b-dde0-4c40-ac8d-52ffeaeb3bf0/details.

7. More information on the "Fit for 55 package" is available at: "Fit for 55," European Council, Council of the European Union, accessed 10 January 2022, https://www.consilium.europa.eu/en/policies/green-deal/fit-for-55-the-eu-plan-for-a-green-transition/.

also provided an overview of the linked Carbon Border Adjustment Mechanism (CBAM)[8] and expressed its readiness to keep Viet Nam informed about its development. These exchanges between the two partners in this first meeting once again show that both parties are completely willing to share in this common concern.

However, the consequences of violating climate change obligations under the EVFTA are not clearly defined. While Chapter 13 of the EVFTA includes provisions on climate change, it does not reference the dispute settlement mechanisms outlined in Chapter 15 (Dispute Settlement) and its Annex 15-C (Mediation Mechanism). Therefore, a violation of climate change provisions may not lead to significant legal consequences. This is similar to the EU–MERCOSUR FTA, in which violations of climate change provisions do not result in legal consequences.[9]

Although Article 13.6 of the EVFTA does not outline specific obligations that the parties must adhere to, it underscores the implementation of international treaties on climate change, such as the UNFCCC, the Kyoto Protocol, and the Paris Agreement. The following section will examine Viet Nam's possible obligations based on multilateral environmental agreements (MEAs).

1.2 Viet Nam's obligations under relevant environmental treaties

Viet Nam, along with other member states, follows the UNFCCC, the Kyoto Protocol, and the Paris Agreement, which provide a framework for addressing climate change without establishing detailed provisions. The UNFCCC and the Kyoto Protocol focus on reducing GHG emissions of the member states listed in Annex I, while the Paris Agreement aims to limit the global average temperature increase to well below 2°C above pre-industrial levels. In this context, the recent COP26, held in Glasgow from 31 October to 13 November 2021, resulted in the adoption of the Glasgow

---

8. More information on the "CBAM" is available at: "Carbon Border Adjustment Mechanism (CBAM)," *KPMG*, 13 December 2022, https://kpmg.com/xx/en/home/insights/2021/06/carbon-border-adjustment-mechanism-cbam.html; and European Commission, "Proposal for a Regulation of the European Parliament and of the Council Establishing a Carbon Border Adjustment Mechanism," European Commission, 14 July 2021, https://ec.europa.eu/info/sites/default/files/carbon_border_adjustment_mechanism_0.pdf.
9. do Amaral Jr. A., Martes M.M., "The Mercosur–EU FTA and the Obligation to Implement the Paris Agreement: An Analysis from the Brazilian Perspective," *European Yearbook of International Economic Law*, 2020, March 2021, p. 408.

Climate Pact,[10] which reaffirms the objectives of the Paris Agreement and serves as an extension of it.[11]

We conclude that the EVFTA and international treaties on climate change provide a general framework and objectives for addressing climate change. However, they do not impose specific obligations or sanctions on member states. Transparency is emphasized under the Paris Agreement, which puts pressure on Viet Nam to proactively implement government schemes and fulfill its Nationally Determined Contributions (NDCs). On a smaller scale, the wording of the EVFTA,[12] along with the establishment of the DAG, and the Committee on Trade and Sustainable Development (TSD), help ensure that the parties to the agreement will adhere to their commitments to some extent.[13]

2. CLIMATE CHANGE RESPONSE IN VIET NAM – THE CASE OF OFFSHORE WIND POWER

This section examines Viet Nam's obligations on climate change under the EVFTA and international environmental treaties. It evaluates Viet Nam's capacity to implement green growth policies and fulfill these obligations, particularly in the context of post-COVID-19 recovery. We establish the relationship between sustainable development, green growth, and climate change before discussing Viet Nam's current policies on green growth and climate change adaptation. We analyze how these policies relate to the commitments made under the EVFTA. We conclude by highlighting the challenges Viet Nam faces in pursuing green growth, focusing on the promotion of renewable energy.

10. The Glasgow Climate Pact can be accessed at: "Glasgow Climate Pact," United Nations Climate Change, November 2021, https://unfccc.int/sites/default/files/resource/cma2021_L16_adv.pdf.
11. "COP26 Keeps 1.5C Alive and Finalises Paris Agreement," *UN Climate Change Conference UK 2021 in Partnership with Italy*, 13 November 2021, https://ukcop26.org/cop26-keeps-1-5c-alive-and-finalises-paris-agreement/.
12. Both of the clauses of Article 13.6 on climate change response use the modal verb "shall" in order to stress the need to comply with the provisions.
13. For more information regarding the DAGs and the Committee on TSD, see European Commission, https://policy.trade.ec.europa.eu/eu-trade-relationships-country-and-region/transparency-eu-trade-negotiations/domestic-advisory-groups_en. See also: European Commission, "Participation of Civil Society Organisations in the Implementation of Trade Agreements – TSD Committees and Civil Society Meetings."

2.1 Green growth and climate change adaptation in Viet Nam

Responding to climate change is a key objective of green growth and sustainable development. In 2022, Viet Nam took significant strides in climate action with the approval of two pivotal initiatives by Prime Minister Decisions. Firstly, Decision 896 approved the Viet Nam National Strategy on Climate Change to 2050,[14] aimed at proactively adapting to and mitigating climate change impacts while striving for net-zero GHG emissions by 2050. This strategy underscores Viet Nam's commitment to international climate protection efforts and prioritizes the development of climate resilience techniques to bolster economic competitiveness.

Central to the strategy are two ambitious objectives: reducing GHG emissions and enhancing climate resilience. By 2030, Viet Nam aims to reduce total GHG emissions by 43.5% compared to business-as-usual projections. Specifically, it envisages reductions of 43% in agricultural emissions and 70% in forestry and land use emissions.

Simultaneously, Decision 942 of the Prime Minister endorsed Viet Nam's Action Plan on Methane Emissions Reduction by 2030.[15] This plan outlines measures to curtail methane emissions by 30% from various sources such as crop production, animal husbandry, waste management, and industrial activities like petroleum exploitation and coal mining.

These decisive actions signify Viet Nam's commitment to combating climate change and mitigating its adverse effects domestically. By setting clear targets and enacting concrete plans, the Vietnamese government demonstrates a proactive approach towards minimizing climate impacts and fostering sustainability.

Viet Nam also recognizes the importance of green growth policy and has incorporated it into the National Green Growth Strategy for the 2021–2030 period, with a vision for 2050. This policy is seen as a crucial approach to achieving sustainable development and reducing GHG emissions, working in the long run towards a carbon-neutral economy.[16] Acknowledging the relationship between these concepts, Viet Nam actively participates in international environmental treaties on climate change and continues to

14. Decision No. 896/QĐ-TTg dated 26 July 2022 of the Prime Minister approving the National Strategy on Climate Change by 2050.
15. Decision No. 942/QĐ-TTg dated 5 August 2022 of the Prime Minister approving the Action Plan on Methane Emissions Reduction by 2030.
16. Decision No. 1658/QD-TTg dated 1 October 2021 of the Prime Minister approving the National Green Growth Strategy for 2021–2030 period, vision to 2050 (Decision No. 1658/QD-TTg).

negotiate comprehensive commitments on sustainable development, including addressing climate change, in agreements such as the EVFTA and other new-generation free trade agreements.

In fact, Viet Nam has long recognized the importance of green growth policy and responding to climate change. These priorities are reflected in legal documents and essential policies of the Communist Party of Viet Nam (CPV). Since the reunification of Viet Nam in 1976, CPV documents have emphasized environmental protection and the need to maintain ecological balance for the benefit of present and future generations.[17] The 11th CPV Central Committee's Political report at the 12th National Congress highlighted the efficient use and management of natural resources, environmental protection, and proactive measures against natural disasters and climate change as fundamental missions for the period from 2016 to 2020.[18] Significantly, the Socio-economic Development Strategy for 2021–2030, approved at the 13th National Congress of the CPV, recognizes sustainable development as a global trend and emphasizes the adoption of green growth as a development system that many countries have embraced.[19] Notably, the strategy emphasizes the harmonious development of the economy, culture, and society, and environment protection, including climate adaptation.[20]

---

17. "Political Program for National Construction in the Period of Transition to Socialism Approved at the 7th National Congress of the Communist Party of Viet Nam (Cương Lĩnh Xây Dựng Đất Nước Trong Thời Kỳ Quá độ Lên Chủ Nghĩa Xã Hội)," *Communist Party of Viet Nam Online Newspaper*, 22 February 2017, https://tulieuvankien.dangcongsan.vn/ban-chap-hanh-trung-uong-dang/dai-hoi-dang/lan-thu-vii/cuong-linh-xay-dung-dat-nuoc-trong-thoi-ky-qua-do-len-chu-nghia-xa-hoi-1558.

18. "Political Report of the 11th Communist Party of Viet Nam Central Committee at the 12th National Congress of the Communist Party of Viet Nam (Báo Cáo Chính Trị Của Ban Chấp Hành Trung Ương Đảng Khóa XI Tại Đại Hội Đại Biểu Toàn Quốc Lần Thứ XII Của Đảng)," Communist Party of Viet Nam Online Newspaper, 31 March 2016, https://tulieuvankien.dangcongsan.vn/ban-chap-hanh-trung-uong-dang/dai-hoi-dang/lan-thu-xii/bao-cao-chinh-tri-cua-ban-chap-hanh-trung-uong-dang-khoa-xi-tai-dai-hoi-dai-bieu-toan-quoc-lan-thu-xii-cua-dang-1600.

19. "The Socio-Economic Development Strategy for 2021–2030 (Chiến Lược Phát Triển Kinh Tế – Xã Hội 10 Năm 2021-2030)," Communist Party of Viet Nam Online Newspaper, 22 March 2021, https://tulieuvankien.dangcongsan.vn/ban-chap-hanh-trung-uong-dang/dai-hoi-dang/lan-thu-xiii/chien-luoc-phat-trien-kinh-te-xa-hoi-10-nam-2021-2030-3735.

20. "The Socio-Economic Development Strategy for 2021–2030 (Chiến Lược Phát Triển Kinh Tế – Xã Hội 10 Năm 2021-2030)," Communist Party of Viet Nam Online Newspaper, 22 March 2021, https://tulieuvankien.dangcongsan.vn/ban-chap-hanh-trung-uong-dang/dai-hoi-dang/lan-thu-xiii/chien-luoc-phat-trien-kinh-te-xa-hoi-10-nam-2021-2030-3735.

In terms of legal documents, Viet Nam has taken significant steps towards sustainable development and green growth. In 2004, Decision No. 153/2004/QD-TTg was issued, outlining an oriented strategy for sustainable development in Viet Nam (Viet Nam's Agenda 21), which recognized sustainable development and the development of "green industry." Following the adoption of the Kyoto Protocol in 2005, Directive No. 35/2005/CT-TTg was issued to implement the protocol within the UNFCCC. In 2012, Decision No. 1393/2012/QD-TTg was issued, approving the National Green Growth Strategy. Recently, in October 2021, Decision No. 1658/QD-TTg was issued, approving the National Green Growth Strategy for the 2021–2030 period, with a vision for 2050.

Furthermore, the Viet Nam Law on Environmental Protection 2020[21] includes specific provisions to ensure the implementation of international commitments on climate change. Chapter VII of this law, consisting of the provisions from Article 90 to Article 96, is dedicated to climate change adaptation. The law also includes provisions for the National Report on climate change response (Article 95) and the establishment of a national database on climate change (Article 94). These provisions create a framework for a higher level of transparency, in line with the Paris Agreement, as compared to the UNFCCC.[22]

In addition to the policy and orientations documents, the system of state management agencies in this field has also been gradually improved. Specifically, the Ministry of Natural Resources and Environment (MONRE) performs the function of state management in assigned fields including climate change.[23] Other ministries and ministerial-level agencies are responsible for the state management of climate change within their respective sectors and fields as assigned. Besides, a number of inter-sectoral agencies have also been established to ensure synchronous

21. The Viet Nam Law on Environmental Protection 2020 adopted by the National Assembly of the Socialist Republic of Vietnam on 17 November 2020 took effect on 1 January 2022, replacing the Viet Nam Law on Environmental Protection 2014.
22. Vo T.T. & Nguyen L.T.A., "Implementation of New Generation of Free Trade Agreements," *International Conference Proceedings on the Implementation of New-Generation FTAs in Viet Nam: Challenges in the Fields of Labour, Environment and Intellectual Property*, 2021, p. 235.
23. Article 1 of the Decree No. 21/2013/ND-CP dated 4 March 2013 of the Government defining the functions, tasks, powers and organizational structure of the MONRE (Decree No. 21/2013/ND-CP)

coordination. These include the National Committee on Climate Change,[24] and the Committee on Climate Changes and the Ocean which was also established at local level.[25]

The EVFTA, along with other international climate change treaties, requires a transition to a low-emission and restorative economy, including the development of a carbon market. In 2012, Viet Nam became a member of the "Partnership for Market Readiness" and launched a project to prepare a carbon market in Viet Nam (VNPMR) in 2015.[26] After five years of operation, the VNPMR has made significant contributions through pilot studies in industries such as steel production and solid waste management. This prepares Viet Nam to establish and develop its own domestic carbon market as well as participate in the international market.[27]

In general, sustainable development, environmental protection, and climate change response are consistently prioritized in Viet Nam's socio-economic development strategies. However, due to the wide-ranging and interconnected impacts of climate change on various sectors, there have been challenges to managing and achieving climate change prevention goals in Viet Nam. Studies indicate that while regulations on climate change adaptation are acknowledged in many legal documents, they lack specificity and systematic implementation. The attribution of responsibilities for state management of climate change is fragmented and lacks inclusivity.[28] The following section of this study focuses on the promotion of renewable energy and offshore wind power in Viet Nam, aiming to elucidate the country's current policies in this area and highlight shortcomings that require adjustments.

---

24. Established under Decision No. 43/QD-TTg dated 9 January 2012 of the Prime Minister on establishing National Committee on Climate Change (Decision No. 43/QD-TTg).

25. Vo V.P., "Vietnam's Policies and Laws on Climate Change Adaptation," *Conference on Climate Change and Legal Issues*, Ho Chi Minh City University of Law, 2021, pp. 9–13.

26. Nguyen T., "Viet Nam Has Prepared to Participate in Carbon Market (Việt Nam Chuẩn Bị Sẵn Sàng Tham Gia Thị Trường Các-Bon)," *MONRE*, 8 January 2021, https://monre.gov.vn/Pages/viet-nam-chuan-bi-san-sang-tham-gia-thi-truong-cac-bon.aspx.

27. Thu P., "Establishing and Developing Carbon Market in Viet Nam (Xây Dựng và Phát Triển Thị Trường Carbon Ở Việt Nam)," *Dau Tu Online*, 23 October 2020, https://baodautu.vn/xay-dung-va-phat-trien-thi-truong-carbon-o-viet-nam-d131926.html.

28. Vo V.P., *op. cit.*, note 26, p. 13.

2.2 Promoting renewable energy in Viet Nam

2.2.1 Viet Nam's polices to promote renewable energy and offshore wind power

Developing renewable energy in order to replace traditional energy sources is one sustainable way of contributing to climate change mitigation.[29] Therefore, for approximately the last ten years, the Vietnamese government has applied a number of policies to encourage investment in these fields. With respect to renewable energy, Viet Nam is currently exploiting many renewable sources such as hydropower, biomass, wind, solar, geothermal power, and biogases. As Viet Nam has high solar photovoltaic potential[30] and possesses some of the best wind resources in Southeast Asia,[31] exploiting renewable energy offers significant advantages to the country. Vietnamese leaders are also increasingly aware of this significant potential resource, as reflected in Resolution No. 55-NQ/TW which was signed and promulgated on 11 February 2020 by the General Secretary of the Communist Party Nguyen Phu Trong on orientations of Viet Nam's national energy development strategy to 2030, with a vision to 2045. This resolution mentions the mission to "develop supporting policies and mechanisms for offshore wind power development in accordance with the implementation of the Viet Nam Maritime Strategy."[32]

On 15 May 2023, after thorough deliberation, the Vietnamese government took a decisive step in its energy policy by adopting the Power Development Plan VIII (PDP VIII). This plan marks a significant commitment

29. Moomaw W. et al., "Renewable Energy and Climate Change," in *Special Report on Renewable Energy Sources and Climate Change Mitigation*, 2011, https://www.ipcc.ch/site/assets/uploads/2018/03/Chapter-1-Renewable-Energy-and-Climate-Change-1.pdf.

30. By the end of 2019, Vietnam attained the largest installed capacity of solar panels in Southeast Asia. More information is available at: Nguyen J., "Vietnam's Solar Industry: Bright Prospects for Investors," *Vietnam Briefing*, 8 March 2021, https://www.vietnam-briefing.com/news/vietnams-solar-industry-bright-prospects-investors.html/#:~:text=By%20the%20end%20of%202019.

31. Tachev V., "Renewable Energy Investments in Vietnam – Asia's next Clean Energy Powerhouse," *Energy Tracker Asia*, 4 May 2021, https://energytracker.asia/renewable-energy-investments-in-vietnam-asias-next-clean-energy-powerhouse/.

32. Resolution on the Strategy for Sustainable Development of Vietnam Maritime Economy to 2030, with a vision to 2045 (Resolution 36-NQ/TW dated 22 October 2018) was issued by the 12th Central Committee of the Party. This Resolution emphasizes "Renewable energy and new marine economic sectors."

to decarbonization, aligning with the earlier announcement of ambitious net-zero emissions targets at the COP26.[33]

Unlike the previous Power Development Plan VII (PDP VII),[34] which leaned heavily towards coal and thermal nuclear power, PDP VIII charts a new course focused on enhancing self-sufficiency and fostering renewable energy development within Viet Nam. A notable departure from PDP VII is PDP VIII's heightened emphasis on renewable energy sources. The plan prioritizes the expansion of renewable power generation capacity, aiming for up to 48% of the total capacity by 2030 and a substantial increase to 65.8–71% by 2050. This shift signifies a strategic move towards reducing Viet Nam's reliance on imported energy while promoting sustainability. Conversely, the share of coal power in the electricity distribution plan is slated for significant reduction under PDP VIII, decreasing from 20% of total capacity to zero by 2050. This bold move reflects a clear commitment to phasing out coal in favor of cleaner energy alternatives.

Overall, Viet Nam's adoption of PDP VIII underscores its unwavering commitment to decarbonization and renewable energy development. By embracing a more sustainable energy trajectory, Viet Nam aims to enhance energy security, reduce carbon emissions, and foster long-term environmental resilience.

In terms of policies promoting solar and wind power energy, various policy documents of the Viet Nam Government have outlined key objectives to promote solar and wind energy,[35] including Resolution 55-NQ/TW issued on 11 February 2020 by the Viet Nam Politburo, which describes the Strategic Orientation for National Energy Development of Viet Nam to 2030, Vision to 2045, and the Development Strategy of Renewable Energy of Viet Nam to 2030, Vision to 2050.[36]

---

33. Wekezer M., "Roadmap of power development in Vietnam through PDP 8," 14 July 2023, https://www.roedl.com/insights/vietnam-development-renewable-energies-pdp8.
34. The PDP VII approved by the Decision No. 428/QD-TTg dated 18 August 2016 of the Prime Minister approving the Revised National Power Development Master Plan for the 2011–2020 Period, Vision to 2030.
35. Institute of Energy and MIT, *National Power Development Master Plan Scheme for the 2021-2030 Period with a Vision to 2045 – 1st Volume: General Presentation (Đề Án Quy Hoạch Phát Triển Điện Lực Quốc Gia Thời Kỳ 2021-2030 Tầm Nhìn Đến Năm 2045 – Tập 1: Thuyết Minh Chung)*, 2021, p. 302, https://climatelearning.undp.org.vn/wp-content/uploads/2021/09/THUYET-MINH-QHD8_22-2.pdf.
36. This development strategy is approved by the Decision No. 2068/QD-TTg dated 25 November 2015 of the Prime Minister approving the Development Strategy of Renewable Energy of Viet Nam to 2030, Vision to 2050.

Along with these documents, the PDP VIII also introduces several noteworthy policies geared towards advancing renewable energy compared to its predecessor, PDP VII. One notable policy shift in PDP VIII is the emphasis on promoting solar energy for self-consumption to alleviate strain on the national electricity grid. As a result, grid-connected solar power projects will no longer be prioritized, a departure from the approach outlined in PDP VII. This strategic shift underscores the government's commitment to optimizing use of solar energy while mitigating concerns about grid overload.

Additionally, the government has adopted many mechanisms to encourage the development of different potential types of renewable energy such as wind and solar power, including corporate income tax incentives, import tax incentives, supports for financial access, and feed-in-tariffs (FiTs) and an electricity pricing mechanism.[37] Specifically, in order to encourage all economic sectors, especially private ones, to invest and participate in the development of renewable energy, the Viet Nam Government adopted the FiT mechanism to encourage solar and wind power development, as prescribed in the following documents: Decision No. 11/2017/QD-TTg dated 11 April 2017 of the Prime Minister, and Decision No. 13/2020/QD-TTg dated 6 April 2020 of the Prime Minister on a mechanism to encourage solar power development projects in Viet Nam.

With regards to offshore wind power (OWP), Decision No. 37/2011/QD-TTg dated 21 June 2011 of the Prime Minister on a mechanism supporting the development of wind power projects in Viet Nam (Decision No. 37/2011/QD-TTg), and Decision No. 39/2018/QD-TTg dated 10 September 2018 of the Prime Minister on amending a number of provisions of Decision No. 37/2011/QD-TTg (Decision No. 39/2018/QD-TTg) are the most important documents. Along with these two decisions, a series of Circulars supporting OWP projects have also been adopted by the MOIT. Among these, the most important documents are:[38]

- Circular 32/2012/TT-BCT on the implementation of wind power project development and the standardized power purchase agreement for wind power projects;
- Circular 96/2012/TT-BTC on guidelines for the financial mechanism to support the electric price for wind power projects;

37. In broad terms, FiT is a pricing policy that encourages investment in renewable energy by guaranteeing an above-market price for producers who finalize their project prior to a specified time.
38. See other relevant documents in the field of OWP in Do N.T. et al., "Policy Options for Offshore Wind Power in Vietnam," *Marine Policy*, 2022, vol. 141, 1005080.

- Circular 06/2013/TT-BCT on the content, process and procedures for the preparation, validation, and approval of wind power development planning;
- Circular 02/2019/TT-BCT on wind power project development and power purchase agreements (to replace Circular 32/2012/TT-BCT and Circular 06/ 2013/TT-BCT);
- Circular 07/VBHN-BCT on wind power project development and power purchase agreements (to replace Circular 02/2019/TT-BCT);
- Circular 18/TT-BTNMT on fees for using marine areas under the jurisdictions of Prime Minister and MONRE.

The existing policies and adopted documents indicate that the necessary legal framework for the development of renewable energy, including OWP, has been established in Viet Nam. However, actual progress in creating OWP capacity has not been proportional to the country's potential. As of 31 October 2021, only 18 out of 84 recognized and commercially operated wind power projects in Viet Nam are OWP projects.[39] This number is considered modest compared to the country's potential.

Fortunately, under the latest energy development policy of Viet Nam, the PDP VIII, the government places a greater emphasis on harnessing the potential of offshore wind energy compared to onshore wind projects. Contrasting with the offshore wind capacity targets set in PDP VII—1,000 MW by 2030 and 6,200 MW by 2050—the scale of offshore wind capacity under PDP VIII has expanded significantly. The plan now aims for a total capacity of 6,000 MW by 2030 and a substantial increase to 70,000–91,500 MW by 2050.

Despite these promising developments, numerous challenges persist in fully realizing the efficiency of OWP development in Viet Nam. The next section of this study will discuss these key barriers and analyze their implications. Furthermore, we will propose viable policy options designed to

39. See "Offshore Wind Power (Điện Gió Ngoài Khơi)," MB Wind Services, accessed 29 March 2023, https://mbwind.vn/dien-gio-ngoai-khoi. The number of registered projects far surpasses this figure. In 2022 alone, the northern region accounted for 22 registered offshore wind projects, while the southern region had 74. Together, these proposed initiatives boast an impressive combined capacity of 156 GW. This capacity significantly exceeds the targeted offshore wind capacity of 6 GW by 2030, by a factor of 26. For more information, see Xuan Dung Phan, "Can Vietnam Reach Its Offshore Wind Power Goals?", *Fulcrum*, 2 November 2023, https://fulcrum.sg/can-vietnam-reach-its-offshore-wind-power-goals/.

facilitate the growth of offshore wind energy in Viet Nam, thereby advancing the country's sustainable energy objectives.

2.2.2 Evaluating policy shortcomings

The Vietnamese government has been actively promoting renewable energy, including offshore wind power, for over a decade. The decision to shift towards renewable energy sources is driven by political and economic considerations. Firstly, Viet Nam's natural conditions are highly suitable for the development of renewable energy, particularly offshore wind power. Secondly, global companies have made commitments to reduce energy consumption and CO_2 emissions, making renewable energy an attractive option.[40] Thirdly, Viet Nam's electricity industry is facing challenges meeting the growing demand for economic growth, as primary energy sources are becoming depleted. Indeed, in recent years, electricity demand is rapidly growing while primary energy sources are gradually exhausted. Therefore, the government's decision to facilitate the transition to renewable energy is seen as timely and aligned with international best practices, aimed at attracting international investments to Viet Nam. However, there are several shortcomings in the renewable energy development policies which reflect a lack of sufficient attention from the Vietnamese government towards this promising sector. The specific limitations and inadequacies will be further discussed in the following section.

Firstly, there is a lack of a specific legal framework for planning, permitting, and operating procedures related to OWP projects. Currently, projects are approved on an ad hoc basis, leading to delays and uncertainty. The development process for OWP projects typically takes 3–5 years, compared to 2–3 years for onshore wind power projects.[41] Complicated procedures, coupled with challenges related to bankability, such as termination risks, arbitration, and curtailment, deter private sector investment in offshore projects.

Furthermore, OWP projects and their associated supply chains are more complex than onshore projects. Policymakers need to possess adequate

40. For instance, the company Adidas has stated that greenhouse gas emissions reduction targets are consistent with the goal of the Paris Agreement. Read further about this policy here: Adidas, "Adidas – Environmental Approach," *Adidas*, accessed 13 January 2022, https://www.adidas-group.com/en/sustainability/managing-sustainability/environmental-approach/#/mitigating-climate-change/.

41. GWEC, *Creating a Sustainable Offshore Wind Industry in Vietnam White Paper on Offshore Wind Industry Needs in Vietnam*, 2019, https://gwec.net/wp-content/uploads/2021/01/GWEC-Vietnam-Offshore-Wind-White-Paper-Jul-2019.pdf.

knowledge and understanding to effectively support the OWP industry. A survey conducted in 2021 revealed that all interviewees, including government agencies, academia, civil society, and industry representatives, agreed that weaknesses in institutional capacity, particularly limited foreseeable policies and incomplete administrative procedures, pose significant barriers to OWP development in Viet Nam.[42] Therefore, it is crucial to prioritize enhancing capacity and knowledge among policymakers and energy development management officials.

Secondly, the development plan for renewable energy in Viet Nam has lacked a stable and systematic approach. Before 2020, renewable energy projects were not prioritized or given precedence. It wasn't until the commitment to achieving net-zero emissions was declared at COP26 in 2021 that the government's stance favouring a transition to clean, renewable energy became evident.

Notably, approval of PDP VIII in May 2023 came after extensive deliberations. During the review process, a significant adjustment was made in September 2021, whereby the total installed power capacity was scaled down by approximately 7,700 MW compared to the earlier plan outlined in Report No. 1682/TTr-BCT dated 26 March 2021. This reduction primarily affected renewable energy sources and electricity imports from Laos, with a decrease of around 10,000 MW. Conversely, coal power capacity was increase by about 3,076 MW to offset the shortfall in power output. Consequently, the proportion of wind and solar power sources decreased from 26.5% to 23.4% of the total capacity by 2030, while the share of coal power sources rose from 27.2% to 31%.[43] This decision to invest more in coal power runs counter to the government's objectives for emissions reductions and the renewable energy transition, revealing inconsistency and policy instability. Fortunately, the approved PDP VIII has been amended to enhance the role of renewable energy, including OWP, signaling a positive shift towards sustainability.

While the role of OWP was revised in PDP VIII, the aforementioned practice underscores the lack of necessary stability in Viet Nam's energy development policy, which hinders rather than facilitates investment. This inconsistency shows a lack of full comprehension by the government

42. See Thang Nam Do et al., *op. cit.*, note 39.
43. Huong T., "After Updating the Draft National Power Development Master Plan VIII: Scaling down the Total Installed Capacity of the Power Source by Nearly 8,000 Megawatts (Dự Thảo Quy Hoạch Điện VIII Sau Rà Soát, Cập Nhật Lại: Nhắc Ra Gần 8.000 MW Nguồn Điện)," *Dau Tu Online*, 11 September 2021, https://baodautu.vn/du-thao-quy-hoach-dien-viii-sau-ra-soat-cap-nhat-lai-nhac-ra-gan-8000-mw-nguon-dien-d151165.html.

regarding the vital role and potential of OWP in addressing Viet Nam's energy demands. Consequently, this approach fails to create an environment conducive to investment in OWP projects, which are characterized by complexity and lengthy implementation and capital recovery periods.

In fact, Viet Nam currently grapples with challenges in coal power project development, marked by delays and inadequate investment capital. Approximately 17 coal-fired power projects with a total capacity of 20,700 MW, slated for operation post-2025, have encountered obstacles in securing essential funding and local support.[44] Meanwhile, the offshore wind market in Asia has experienced heightened activity in recent years. However, attracting private investment to Viet Nam necessitates a strong supportive signal from the government. Therefore, inclusion of the offshore sector in the approved PDP VIII along with the provision of sufficient support mechanisms is a welcome step toward ensuring its stable support. This action presents a long-term plan and signals the government's commitment to the offshore wind industry, crucial for fostering investor confidence and driving sustainable energy development in Viet Nam.

Thirdly, the current policy on renewable energy projects in Viet Nam does not provide sufficient incentives for private companies to invest in the sector for the long term. Although official documents encourage private investments in renewable energy, the annual feed-in tariff program, controlled by the state-owned wholesaler Viet Nam Electricity (EVN), presents challenges. EVN has significant decision-making power in accepting projects for the FiT, which is only applicable for a maximum of two years.[45] The FiT for offshore wind power projects expired on 30 October 2022,[46] meaning projects completed after this date are not eligible for the tariff. To address investment difficulties in wind power projects, the MOIT proposed extending the application period for the feed-in tariff until the end of 2023. The pandemic further slowed down the development of such projects due to disruptions in the supply chain, challenges in mobilizing personnel, and extended acceptance and operational procedures caused by social distancing policies. These challenges should be carefully considered in government decision-making processes. It is noteworthy that before the COVID-19 period, the previous FiT program expired in June 2019, resulting

44. *Ibid.*

45. Under the FiT program between 1 June 2017 and 30 June 2019, investors benefit from a FiT price of 9.35 US cents per kWh, applied for all kinds of solar technologies, for 20 years.

46. Under Decision No. 39/2018/QD-TTg dated 10 September 2018.

in a delay of approximately 10 months before the authorities announced new rates.[47]

It is clear that the lack of a long-term and transparent mechanism for providing incentives is impeding the sustainable development of renewable energy in Viet Nam. The current use of FiTs exemplifies this policy uncertainty. The transition from FiTs to an auction mechanism, which was anticipated to happen quickly, is taking longer than expected. To facilitate investment decisions and promote further development, it is crucial to establish a clear consenting framework as part of the policy mechanism.

The fourth challenge relates to the limitation in the electricity transmission capacity of Viet Nam. The country's transmission lines are operating at full capacity or overloaded, particularly in regions with renewable energy projects. Consequently, energy producers have to curtail generation from renewables due to grid limitations. Despite the ongoing demand for clean energy, Viet Nam is planning to reduce its renewable energy output by 1.3 billion kWh in 2021 because of insufficient transmission capacity.[48] Due to the weakness in transmission capacity, the energy from these areas cannot be directed toward the country's major economic and industrial centers where energy demand always results in severe scarcity. It has been five years since the adoption of Decision No. 11/2017/QĐ-TTg on a mechanism to encourage the development of solar power projects in Viet Nam, and the project to extend the transmission line is still underway.[49]

According to a study conducted by a lawyer specializing in the field, both the Central Highlands and Southern regions are experiencing a situation where the registered capacity of wind power exceeds the normal estimated capacity.[50] Meanwhile, there are proposals from the private sector urging the government to consider a policy that allows private investment in constructing the power grid, which would alleviate the burden on the state

47. Publicover B., "Vietnam Finally Unveils New FiTs for Large-Scale, Rooftop, Floating PV," *Pv Magazine*, 7 April 2020, https://www.pv-magazine.com/2020/04/07/vietnam-finally-unveils-new-fits-for-large-scale-rooftop-floating-pv/.

48. For further details: Johnson S., Chau K. & Aramayo L., "Vietnam's Latest Power Development Plan Focuses on Expanding Renewable Sources," *Today in Energy*, 1 June 2021, https://www.eia.gov/todayinenergy/detail.php?id=48176.

49. *Ibid.*

50. For further details, see Massmann O., "Vietnam – Power Development Planning VIII ('PDP8') – Vietnam Government's Plan to De-Carbonize the Country – What You Must Know," *Duane Morris Vietnam*, 6 September 2021, https://blogs.duanemorris.com/vietnam/2021/09/06/vietnam-power-development-planning-viii-pdp8-vietnam-governments-plan-to-de-carbonize-the-country-what-you-must-know/.

and enhance the capacity for renewable energy.[51] As mentioned earlier, upgrading the electricity transmission capacity is essential for the development of renewable energy in Viet Nam. Insufficient grid capacity has already resulted in reduced output from offshore wind power projects in countries like Germany and China.[52]

The PDP VIII has placed greater emphasis on bolstering the national power grid capacity, accompanied by specific plans for execution. Notably, alongside objectives for grid development, the plan has identified key priority power grid projects. Moreover, there are provisions for the development of a national transmission line aimed at connecting the offshore wind-rich areas in Central and Northern Viet Nam post-2030. Finally, there are plans for a feasibility study on establishing regional power grid connections with neighbouring countries in the Mekong sub-region and other ASEAN members. However, upgrading grid capacity remains a challenge for the Viet Nam Government. Issues such as capital constraints and intricate negotiations concerning land compensation for local communities pose significant hurdles to progress in this domain.

From the perspective of attracting foreign investment, it should be noted that Chapter 7 of the EVFTA restricts the use of non-tariff trade barriers in generating renewable energy, demonstrating the high priority that the parties of EVFTA place on this sector. Most notably, Article 7.1, Article 7.3.1 and Articles 7.4(a) and (b) emphasize that parties shall refrain from adopting measures providing for local content requirements, as well as measures requiring partnerships with local companies. These provisions prevent parties from applying policies that would encourage and develop domestic enterprises in renewable energy sector. In other words, fair treatment is required between foreign and domestic investors in this field. In fact, several investors from Europe have shown interest in renewable energy development,

---

51. See the Letter of Recommendation of the Vietnam Sustainable Energy Alliance (VSEA) sent to the Prime Minister on 1 June 2021, available at: VSEA, "Letter of Recommendation on PDP VIII," *Green Innovation and Development Centre*, 31 May 2021, http://en.greenidvietnam.org.vn/letter-of-recommendation-on-pdp-viii.html. See also: Chu K., "Recommendations on Phasing out Coal-Fired Power Creating a Mechanism for Renewable Energy (Kiến Nghị Dừng Nhiệt Điện Than, Tạo Cơ Chế Cho Năng Lượng Tái Tạo)," *VnEconomy*, 1 June 2021, https://vneconomy.vn/kien-nghi-dung-nhiet-dien-than-tao-co-che-cho-nang-luong-tai-tao.htm.

52. Nguyen P.H., Ngo T.T.N. & Nguyen T.H.A., *Study on Integrating Offshore Wind Power: Assessment of International Experience (Đánh Giá Kinh Nghiệm Quốc Tế về Tích Hợp Điện Gió Ngoài Khơi)*, 2020, https://vietse.vn/publication/danh-gia-kinh-nghiem-quoc-te-ve-tich-hop-dien-gio-ngoai-khoi/.

especially OWP.[53] It is likely that the only obstacle will be the need for a stable and transparent framework for long-term investment. Another notable regulation in this chapter is Article 7.7, regarding the exchange of information. However, while this regulation encourages cooperation between the two parties, it does not have a clear quantitative basis for assessment or enforcement. In practice, the application of such encouraging provisions under the WTO framework has not generally produced any significant obligation.

Chapter 7 of the EVFTA therefore reflects the EU's strong interest in expanding its investment in renewable energy in Viet Nam and creating a favourable legal environment for its companies. While Vietnamese companies are also expanding globally, the flow of investment from the EU to Viet Nam currently appears more feasible, given the EU's emphasis on promoting renewable energy and Viet Nam's potential as a partner in the Asian market.

Viet Nam currently faces challenges in implementing commitments related to climate change due to difficulties in adopting and implementing legal documents, as well as fragmented management across sectors and local authorities. Climate change impacts various sectors of society on a large scale, requiring cohesive and comprehensive management. Without proper attention from the government, it is unlikely that significant improvements will soon be achieved.

3. SUMMARY AND OUTLOOKS

From the policy perspective, the EVFTA does not impose specific obligations on Viet Nam regarding climate change. However, signing the agreement with the EU aligns with Viet Nam's long-standing strategy of leveraging international commitments to drive economic and political reforms, as part of the Doi Moi policy. The EVFTA and its legal framework are expected to facilitate Viet Nam's integration into global supply chains.

53. Groups such as Copenhagen Infrastructure Partners, Orsted, Enterprize Energy, and T&T have outlined huge ambitions and made preparations in Viet Nam. These groups have set up offices in the country and signed geological survey contracts with Vietnamese contractors. See further: Nguyen T., "Transparent Mechanisms Advised to Make Most of Offshore Wind Potential," *Vietnam Investment Review*, 22 December 2021, https://vir.com.vn/transparent-mechanisms-advised-to-make-most-of-offshore-wind-potential-90153.html#:~:text=Transparent%20mechanisms%20advised%20to%20make%20most%20of%20offshore%20wind%20potential.

As analyzed in this paper, the commitments in the EVFTA related to climate change were not intended to burden the Vietnamese government with additional implementation requirements. The inclusion of these statements in Viet Nam's Nationally Determined Contributions (NDC) and Prime Minister Pham Minh Chinh's announcement that Viet Nam aims to achieve net-zero emissions by 2050 at COP26 have been important to demonstrate the country's commitment to the FTA and its efforts to fulfill its obligations. Given Viet Nam's vulnerability to climate change, these commitments are beneficial both economically and in terms of sustainable development.

A positive aspect of an economy steered by a single-party government is the greater consistency in accomplishing predetermined objectives. Once a target is set, the entire system, encompassing resources, mechanisms, and people, strives towards it. The nation's accession to the World Trade Organization (WTO) more than 15 years ago is a testament to this phenomenon. In the years leading up to 2007, Viet Nam underwent significant legal reforms to meet transparency requirements and comply with the WTO's agreements. During this period, numerous new or revised laws and decrees were enacted, resulting in Viet Nam having a comprehensive legal system that meets WTO requirements. The country's accession to the WTO demonstrated its unwavering determination and diligent efforts, gaining recognition from the global community.[54] Given the similarity between the WTO accession and the negotiation of the FTA with the EU, we expect a comparable approach from the Viet Nam Government. Viet Nam has attained a more prominent standing within the international community over the past two decades, transcending its former emphasis primarily on commercial interests. However, to sustain and further enhance this favourable position, the Viet Nam Government must continue to fulfil its obligations proactively and constructively, as outlined in the recently ratified agreements.

Overall, the Viet Nam Government is demonstrating its dedication to combating climate change through domestic policy initiatives and efforts to attract foreign investment. However, in light of the observations discussed above, it is imperative to reevaluate and tailor specific approaches that target each objective and aspect of addressing the challenges posed by climate change. Additionally, enhancing the administrative framework is crucial to effectively fulfilling the commitments made in this regard.

54. Tran N.B., "Vietnam Preparations for WTO Membership," *Southeast Asian Affairs 2007*, 2007, pp. 398–412, https://doi.org/10.1355/9789812307194-022.

CHAPTER 14

Legal Issues on the Construction and Management of Solar Power Plants in Coastal Areas of Viet Nam

Phung Thi Yen and Ly Vuong Thao

ABSTRACT

The construction of solar power plants is part of the renewable energy development strategy of many countries, including Viet Nam, because of the benefits of solar power for humans. However, factors such as shade, obstructions, longevity, and available space mean that not every roof is suitable for solar installations, causing owners to look for other locations. Floating solar power is an advanced alternative that is making a big splash in the solar industry.

KEYWORDS: *Solar power plants, recycled energy, construction, management, legal issues.*

The sun is not only the largest source of energy available to humans, it is clean, powerful, abundant, reliable, does not pollute the environment, is near-limitless, and can be accessed everywhere. The construction of solar power plants is part of the renewable energy development strategy of many countries, including Viet Nam, because of the benefits of solar power for humans. However, not every roof is suitable for solar installation as there are factors such as shade, obstructions, longevity and available space which can cause owners to look for other locations to install. One advanced alternative that is making a big splash in the solar industry is floating solar power. The present paper analyzes the concepts and characteristics of solar power plants and floating solar power plants, as well as pointing out the characteristics, legal significance, and legal status of the construction and management of floating solar power plants in Viet Nam. Finally, the paper makes some recommendations to improve Viet Nam's legal regulations on the construction and management of floating solar power plants.

1. OVERVIEW OF SOLAR POWER PLANTS AND FLOATING SOLAR POWER PLANTS

1.1 Concept

"Solar energy is the energy of the flow of electromagnetic radiation from the Sun to the Earth, plus a fraction of the energy of other subatomic particles emitted from the Sun."[1] Solar power is electricity generated from the conversion of sunlight into electricity using solar panels, or from a solar power plant using the principle of light reflection to operate a furnace, generating steam to turn electricity-generating turbines. From the perspective of technology, these two types of solar power plants are referred to as solar power plants using photovoltaic technology (Solar Photovoltaic, SPV or PV) and solar power plants using centralized technology (Concentrated Solar Power, CSP).[2]

For solar power plants using SPV, solar energy is converted into electricity by the photovoltaic effect through photovoltaic cells, which act as a solar battery, a device that converts sunlight into electricity. When the electrical current is large enough, it can be connected to the grid.

A solar power plant based on CSP uses a system of multiple reflectors and control systems to optimally focus sunlight from all reflectors distributed in a large area into a small area. Pipes or tanks placed in this small area hold water or special liquids (such as pure molten salt). The pipes are heated up to several hundred degrees, forming strong steam currents that rotate

1. Bui P.L., "What is solar energy?", 2014, http://trungtamnangluong.vn/nang-luong-mat-troi-la-gi
2. Nguyen X.C., "Power generation through solar cells and concentrated solar power generation," *Vietnam Science and Technology Journal*, 2019.

turbines to produce electricity.[3] Currently, there are four popular methods of concentrated solar power generation, namely: Solar power tower (SPT), parabolic trough collectors (PTC), parabolic dish systems (PDS), and linear fresnel reflectors (LFRs).

Regardless of the technology used, a "solar power plant includes all power generation equipment, protective equipment, connection equipment, related ancillary equipment and land used for the construction."[4] However, not every roof is suitable for solar installation—factors such as shade, obstructions, longevity, and available space can cause owners to look for other locations to install. The advanced alternative that is making a big splash in the solar industry is floating solar power. Floating solar power, also known as floating photovoltaic (FPV) or floatovoltaics, is any type of solar energy system that floats on water. The panel system needs to be fitted into a floating structure to keep it above the surface. The installation of floating structures on large man-made lakes, such as reservoirs, is also common. Floating solar energy is a relatively new concept. The first patent for this type of technology was registered in 2008. Since then, floating solar energy has been installed mainly in countries such as China, Japan, and the United Kingdom. In 2017, the world's first combined floating solar and hydroelectric power plant was completed in Portugal. The essential reason for pairing the two power generation technologies is to improve the reliability of electricity generated by hydroelectric systems. Sometimes hydroelectric power plants can produce electricity quite predictably due to the constant flow of water year round. But in other situations, seasonal changes in water levels can lead to fluctuations in the energy production of dams. A floating array of solar panels is therefore installed on the reservoir, usually behind the hydroelectric dam, leading to the production of electricity that stabilizes the output of the hydroelectric plant when the water level changes. The extra electricity produced by floating panels during the day means that more water can be stored in hydroelectric dams; at night, when the panels are not generating energy, some of this additional reserve may be allowed to pass through the hydroelectric plant so that more power is generated to operate throughout the night. By pairing floating solar panels with hydroelectricity generation as done by EDP (the electric utilities company that installed the system in

3. Solarspaces, "How CSP Works: Tower, Trough, Fresnel or Dish," 2018, https://www.solarspaces.org/how-csp-works/

4. Article 1.10 Appendix 1 of Sample Power Purchase Agreement for Grid-Connected Solar Power Projects (Promulgated together with Circular No. 18/2020/TT-BCT dated 17 July 2020 of the Minister of Industry and Trade providing stipulations for project development and sample power purchase and sale contracts applicable to solar power projects.

Portugal), solar energy can provide necessary grid stability along with various benefits to the environment.

1.2 Characteristics

Solar electric energy is generated from solar energy, so solar power plants have the following characteristics:

- *Capable of creating an inexhaustible source of energy*, by exploiting the input source of sunlight, therefore there are no concerns about depletion as for fossil energy sources (such as coal, oil, gas).
- *Depend on solar energy, that is, on natural conditions that affect their ability to absorb sunlight.* Electricity is only generated in the presence of sunlight, and the power output also varies continuously with light levels. Therefore, countries and territories with long lighting time and high light radiation intensity will produce more power than countries that do not. Favourable locations for solar power plants are often far away from consumption areas, meaning that the power grid must allow electricity transmission, and have an appropriate source conditioning plan to ensure energy for the consumed loads. Moreover, solar power production depends on the time of day and the season. Sunlight is only available during the day, not at night, and is less available in the rainy season than in summer.
- *Need to store solar electric energy.* Since solar power generation systems only directly generate electricity in daylight conditions, it is extremely important that they store electricity to maintain solar power production for service at night. CSP plants commonly incorporate a system component that stores heat energy obtained while the sun is shining. The energy obtained from the CSP system is converted into heat energy, which can be stored in different forms such as high-temperature water, melted salt, oil, etc.
- *High investment costs to build a solar power plant.* The efficiency of solar power generation depends on the technology. However, solar energy technologies are constantly evolving and are relatively expensive; in addition, production of solar power requires a large area of space. Therefore, the initial cost to build a solar power plant is much higher than fossil fuel electricity or hydroelectricity.
- *Little impact on human health.* One of the benefits of solar energy is that it results in very few air pollutants. Analysis by the United States

> National Renewable Energy Laboratory (NREL) shows that widespread use of solar energy will significantly reduce gases such as nitrous oxide and sulfur dioxide and particulate matter emissions, all of which can cause health problems. Solar energy leads to fewer cases of chronic bronchitis, and other respiratory and cardiovascular problems.[5]

Solar power on floating surfaces is a new form of energy generation, so it has its own characteristics in addition to those of conventional solar power:

First, solar electricity generation on the water surface does not take up valuable land: One of the biggest advantages is that this type of installation does not require valuable land space. Many of these devices can occupy unused space on bodies of water, such as hydroelectric dam reservoirs, wastewater treatment ponds, or drinking water reservoirs. This allows landowners to utilize space that would otherwise be unused, instead of installing on sunny ground that could potentially serve a different purpose.

Second, it increases solar panel efficiency: Solar panel efficiency tends to decrease as temperatures rise, which can be a concern for property owners looking to install panels in hot climates. The waters supporting the floating array help cool the solar equipment, which means the panels produce electricity more efficiently even in hotter climates.

Third, floating arrays have environmental benefits: Arrays will shade the water and reduce evaporation from ponds, lakes, and reservoirs. This is a particularly useful benefit in drought-prone areas, where evaporation loss can increase over time and contribute to water shortages. The shade provided by these floating solar panels also helps to reduce the presence of algae in freshwater bodies. Algae growth can be hazardous to human health if it occurs in drinking water, and can also harm plants and animals living in the water body.

---

5. NREL, "The solar energy evolution and diffusion studies," 2021, https://www.nrel.gov/solar/seeds/index.html

2. CURRENT VIETNAMESE POLICIES AND REGULATIONS ON CONSTRUCTION AND MANAGEMENT OF FLOATING SOLAR POWER PLANTS

2.1 Policies and regulations on building floating solar power plants in Viet Nam

Viet Nam has issued many policies to promote the strong development of renewable energy sources, "prioritizing the use of wind and solar energy for power generation,"[6] with the goal that the "ratio of renewable energy sources in the total primary energy supply will reach about 15–20% by 2030; 25–30% by 2045."[7] Since these solar power development policies were issued, the number of solar power plants in Viet Nam has increased rapidly. The first project in Viet Nam built at Da Mi Lake (Binh Thuan) has been in operation since May 2019. With a capacity of 47.5 MW and a total investment of more than 1.5 trillion VND, the average production power is expected to be more than 69 million kWh/year in the first year.

Viet Nam has several policies to encourage the development of solar power such as a preferential policy on electricity purchase price, called a feed-in tariff (FiT),[8] a mechanism to ensure the purchase of electricity by the state through the power company Viet Nam Electricity (EVN), a mechanism for selling electricity through a sample contract for the sales and purchase of electricity, and priority in connecting to the national power system. Viet Nam has also applied other complementary policies, including: preferential policies on credit and investment support;[9] preferential import

6. III.1 Resolution No. 55-NQ-TW dated 11 February 2020 of the Politburo on the strategic orientation of Vietnam's national energy development to 2030, with a vision to 2045 (Resolution No. 55-NQ-TW).
7. II.2.b Resolution No. 55-NQ-TW.
8. A FiT is a charge or list of charges applied to electricity produced from renewable energy sources for sale to the grid or for on-site use in order to reduce the load on the grid.
9. Clause 6, Section I, Part A, Decree No. 118/2015/ND-CP dated 12 November 2015 of the Government detailing and guiding the implementation of a number of articles of the Investment Law regulating the industry "Production of renewable energy, clean energy, energy from waste destruction" deals with special investment incentive industries. Accordingly, the case of a rooftop solar power project producing electricity from solar energy in the industry "production of renewable energy, clean energy" belongs to a special investment incentive industry.

tax[10] and corporate income tax,[11] and incentives on land and resource use, including exemption and reduction of land use fees, land rents, and water surface rents for investment and development. For example, the current incentive policy for corporate income tax (CIT) includes tax rate incentives and tax exemption and reduction periods, in which the highest CIT incentive package for a project includes: 10% tax rate for fifteen years, tax exemption for four years, and a 50% reduction in CIT payable for the next nine years. Viet Nam's tax exemption and CIT reduction periods are generally longer and have a wider scope than those in other countries in the region. In addition, Viet Nam also offers quite high incentives for large-scale investment projects with high halo effects. According to current regulations, projects with an investment scale of 6 trillion VND or more enjoy the highest incentives: tax exemption and reduction for a period of thirteen years (four years reduction; and 50% exemption for the next nine years), and a CIT rate of 10% for fifteen years. This policy tends to benefit foreign and domestic companies with stable operations that rely heavily on capital, more than other types of enterprises such as small and medium companies.[12] Land incentives for solar power projects are specified in Article 11 of Decision no. 11/2017/QD-TTg of the Prime Minister on the incentive mechanism for developing solar power projects in Viet Nam. Accordingly, solar power projects, transmission lines and transformer stations to connect to the power grid are exempted from or pay reduced land use fees, land rent, and water surface rent according to the provisions of current regulations applicable to projects in the field of investment incentives.[13] Based on the planning approved by competent authorities, the Provincial People's Committee creates conditions to arrange land funds for investors to implement solar power projects. Compensation and site clearance support are carried out in accordance with current land laws.

---

10. Article 10.2, Decision No. 11/2017/QD-TTg on mechanisms to encourage development of solar power projects in Vietnam.
11. Article 15.1 and Article 15.2, Decree No. 218/2013/ND-CP dated 26 December 2013 of the Government detailing and guiding the implementation of the Law on Corporate Income Tax.
12. Pham D.M., Le T.M. & Shukla G.P., *Legal Framework for Tax Administration*, in Shukla G.P., Pham D.M., Engleschalk M. & Le T.M. (eds.), *Tax Reform in Vietnam: Toward a More Efficient and Equitable Tax System*, World Bank, Washington DC, 2011.
13. Land incentives for solar power projects are specified in Article 11 of Decision No. 11/2017/QD-TTg of the Prime Minister on the incentive mechanism for developing solar power projects in Viet Nam.

The procedure to build a solar power plant requires the following basic steps: (1) establish an investment project; (2) apply for a decision on investment policy for a solar energy project; (3) escrow the project implementation at the Department of Planning and Investment; (4) obtain site clearance to ensure the project investment area; (5) ask for opinions of the competent authorities to manage and supervise the projects.

Viet Nam has a long coastline, including many rivers and lakes that host a system of active hydroelectric reservoirs. These conditions are very favourable for the implementation of floating solar power projects. More importantly, the lower impact on the land fund means reduced cost of site clearance for installation, given that the Red River basin has 900 large and small lakes and 1,300 dams; Huong River basin has 100 reservoirs of all kinds; Dong Nai River basin has 406 reservoirs, etc. Floating solar power systems have great potential, and are a trend that many investors are interested in. However, to be effective, businesses need to carefully consider factors such as installation area, costs, biodiversity issues, impact of waves, wind, salinity, etc.

As of 2020, there were five floating solar power projects with a total capacity of 2,670 megawatts peak (MWp) including the KN Srepok 3 floating solar power project in Dak Lak province, with a capacity of 380 MWp; KN Ialy Gia Lai floating solar power project in Gia Lai province, with a capacity of 500 MWp; KN Ialy Kon Tum floating solar power project in Kon Tum, with a capacity of 300 MWp; KN Buon Tua Srah Floating Solar Power Project in Dak Nong Province, with a capacity of 390 MWp, and Tri An Floating Solar Power Project in Dong Nai, including three phases with a capacity of 1,160 MWp. The above projects were also quickly appraised by the Ministry of Industry and Trade (MOIT). Previously, the MOIT had asked EVN to prioritize evaluating and calculating the release capacity of 21 solar power projects, which their policy had identified to supplement the planning laid out in Notice No. 221/TB-VPCP (1 July 2020). These 21 projects, with a total capacity of 1,163 MWp (equivalent to 930 MW), have been appraised in preparation for the pilot implementation of the competitive pricing mechanism for solar power projects in the period after 31 December 2020. However, they are only some of a total of 124 solar power projects with a total capacity of up to 10,862 MW that have been appraised by the MOIT—a necessary step before submitting to the Government for consideration and being added to the current electricity planning. The MOIT also proposed that the Prime Minister consider supplementing the planning of solar power projects that have completed the appraisal step, which are expected to be implemented on hydropower reservoirs, and proposing auction plans to implement the pilot bidding mechanism or implement the direct purchase power agreement (DPPA) mechanism (allowing sustainable development by electricity customers with commitments or goals to use clean energy). Given that "in the context of a number of large power projects behind schedule, the reduction of water for hydroelectric power plants, and difficulties in coal and gas supplies, it will lead to the possibility that the power system may lack electricity after the years 2021–2023 and the following years; thus, it is necessary to consider adding solar power projects to the national grid."[14] However, in commenting on the five floating solar power projects listed above, the Ministry of Planning and Investment also noted that the addition of projects to the Master Plan needs to be carefully studied to determine the necessity, feasibility, and effectiveness of the projects and ensure their synchronization, linkage, and inheritance with development plans for the future of other sectors in the area such as land, urban and rural system development, functional areas, territorial organization, population distribution, etc. With the projects being built or installed on the water surface of hydroelectric reservoirs including Srepok 3, Ialy, Buon Tua Srah and Tri An, it is necessary to assess the environmental impact of projects on the lake during operation (e.g., washing panels), replacement and repair of solar power equipment, and processing panels and other equipment at the end of the project's life, effect on water sources, local aquaculture, irrigation, development of waterway transport, etc. At the same time, the investment in construction and operation of such projects needs to be coordinated with hydroelectric power plants, to ensure that it does not affect the production, operation, and protection of hydropower reservoirs. Currently in Viet Nam, only the Da Mi Floating Solar Power Plant, built on Da Mi hydroelectric lake, has been put into operation, with a capacity of 47.5 MWp, and an investment value of over 1.4 trillion VND.[15] This project has also received a loan from the Asian Development Bank (ADB) requiring it to meet strict environmental requirements according to international standards, such as monitoring the water quality and aquatic life at Da Mi Lake, measuring the chemical, physical, and biological indicators every three months, and installing protective devices for wild birds along the transmission line of the project. In addition to the requirements of the MOIT, provinces and cities with irrigation lakes, which are only implemented in semi-flooded areas of Viet Nam, must follow the requirements of the Ministry of Agriculture and Rural

14. Investment Online Journal, "Investors prefer marine solar power", 6 June 2020, https://baodautu.vn/nha-dau-tu-thich-dien-mat-troi-noi-d133591.html

15. Agency of the Vietnam Energy Association, "Da Mi solar power plant after one year of operation," 6 June 2020, https://nangluongvietnam.vn/nha-may-dien-mat-troi-da-mi-sau-mot-nam-van-hanh-24555.html.

Development when deciding on investment policies for floating solar power projects.[16] The use of technology on reservoirs must not affect water quality or worker safety.[17]

The construction of solar power projects on the sea is regulated by the Law of the Sea of Viet Nam and the guiding documents of the Ministry of Natural Resources and Environment (MONRE).[18] However, the implementation of these regulations still faces many obstacles. A number of legal and bureaucratic issues must be resolved when building a solar power plant on the sea, including land and marine resource use rights, construction permits, and safety regulations to ensure the safety of activities at sea as well as coastal operations. In addition, issues related to the environment need to be addressed, especially in terms of the protection and restoration of land and water resources and the protection of the rights of local communities. Traffic safety regulations to consider include transportation of construction equipment, production equipment and materials from land to sea for solar plant construction, and their impacts on maritime traffic. Regulations regarding the prevention and control of natural disasters must ensure the safe construction of solar power plants on the sea in the event of natural disasters such as storms, tsunamis, tornadoes, etc. to protect the life and property of people and organizations at sea. Due to all the numerous difficulties listed above, the first marine solar power pilot (mini-test) model in Viet Nam is expected to be built and tested within seven days, before making any decision to deploy the project at a large scale. This model is part of the wave reduction embankment project combining renewable energy, aquaculture, and mangrove restoration with investment by Saigon Construction and Investment Real Estate Joint Stock Company, which covers nearly 767 hectares in two districts of Tran Van Thoi and Phu Tan, Ca Mau province. If the pilot model is successful, the project will be deployed and divided into two implementation phases: (i) the period 2021–2025 includes two solar power plants with a capacity of 200 MWp; and (ii) the period 2026–2030 also has two solar power plants, with a capacity of 500 MWp. Total estimated investment capital is 10.597 trillion VND. In parallel with exploiting energy resources, the

16. Document No. 8502/BNN-TCTL dated 13 November 2019, Ministry of Agriculture and Rural Development.

17. *Ibid.*

18. Article 5, Vietnam's Law of the Sea 2012. Solar power plant investment projects must also comply with regulations on environmental impact assessment or environmental protection plans according to Decree No. 40/2019/ND-CP dated 13 May 2019 of the Government amending and supplementing a number of articles of decrees detailing and guiding the implementation of the Law on Environmental Protection.

investor will build from 18 to 20 km of embankment to reduce waves and create a beach, contributing to the protection of the West Ca Mau sea dike and reducing heavy erosion of a protected forest, while creating a stable environment to develop aquaculture. The People's Committee of Ca Mau province has currently submitted a proposal to the MOIT for appraisal, asking that the Tay Ca Mau Solar Power Plant project and the connection plan be added to the National Power Development Plan for the period 2011–2020, with a view to 2030.

2.2 Some policies for the management of floating solar power plants in Viet Nam

In recent times, the number of investment projects to develop solar power plants has been exploding vigorously. Besides the positive results, contributing to the socio-economic development of the country in general and of each locality in particular, the rapid development of solar power plant projects has had many consequences, especially affecting the planning of electricity, land management, construction, etc., causing frustration in the community. These urgent problems in the management of investment projects to build solar power plants must be addressed, both to create favourable conditions for investors and ensure compliance with the law.

The management of floating solar power plants should pay attention to both construction investment project management and construction quality management, in order to ensure that construction work and solar power systems fully comply with the provisions of the laws on construction and environmental protection.

The supervising responsibility for the development and management of floating solar power projects resides with the Electricity and Renewable Energy Department, the Provincial People's Committee. However, the lack of flexibility and coordination between the authorities and the localities creates loopholes that make management difficult.[19]

Management has not fully anticipated the development of solar power plant projects. Power planning has not fully anticipated the development of renewable energy, with the result that there has not been a synchronous development of power transmission infrastructure and substations in some

19. Electronic magazine of the Vietnam Clean Energy Association, "Dak Lak: There are still many problems in managing solar power projects in Krong Buk," 29 October 2020. https://nangluongsachvietnam.vn/d6/vi-VN/news/Dak-Lak-Con-nhieu-vuong-mac-trong-quan-ly-cac-du-an-dien-nang-luong-mat-troi-tai-Krong-Buk-6-163-8361.

areas, forcing solar power projects to operate at 30–40% of full capacity. These difficulties and obstacles relate to the provisions of law, as the state has a monopoly in electricity transmission and there are no conditions to ensure that society's resources will be invested in the power transmission system. Therefore, it is necessary to issue new mechanisms and policies promoting synchronization and automation to ensure the sustainable development of energy in general and solar energy in Viet Nam in particular. The scale of additional planned solar power capacity is very large compared to what was foreseen in the revised Power Plan VII, but the details of calculating and updating the power structure of the national power system has not been implemented in a full and timely fashion by the MOIT. The implementation of the national solar power development planning is slow, indecisive, and has not met the general operating requirements for solar power. The management of solar plants on the sea in Viet Nam faces a number of legal problems. First, solar plants in Viet Nam must meet regulations with respect to land and sea water use rights, according to the Land Law 2013 and the Water Law on Water Resources 2012. These use rights need to be registered, licensed, and managed to ensure the sustainability of projects. Second, with respect to environmental management, solar plants at sea need to comply with regulations on environmental protection, especially on waste treatment and protection of marine animals and plants, while taking necessary measures to prevent and minimize adverse impacts. Third, with respect to management of occupational safety and hygiene, solar plants at sea need to ensure occupational safety for workers, including food safety, drinking water, and daily life for the community. Fourth, with respect to financial and tax management, owners, investors, and businesses related to marine solar plants need to comply with financial and tax regulations, including accounting management, complete and accurate tax payment, and periodical financial reporting. Finally, with respect to management of security risks, solar plants at sea need to be protected and secured in case there are risks to national security or other security-related issues. To summarize, the management of solar power plants in Viet Nam requires investors to fully comply with legal regulations related to land management, environment, occupational safety, and security, in order to ensure the safety and sustainability of the project.

3. LIMITATIONS OF VIETNAMESE LAW ON CONSTRUCTION AND MANAGEMENT OF FLOATING SOLAR POWER PLANTS

3.1 Limitations of regulations on building floating solar power plants

The regulations analyzed in section 2.1 above show some limitations.

The first is regarding solar development policy. Solar development goals and solutions are not specifically defined, but are identified together with the goals and solutions of renewable energy development. Therefore, the competent state agencies have not yet issued suitable policies specific to the characteristics of solar energy production and use in Viet Nam. Particularly, the State does not have many policies on preferential credit, land, tax, electricity purchase, etc. This has prevented it from being able to attract domestic and foreign investors to invest in production, distribution, and solar power comsumption.

The second limitation relates to implementing policies and regulations, owing to several factors:

- Solar power development planning is still slow due to the time-consuming process of survey, appraisal, and approval. As most of the legal documents do not give specific planning orientations for the development of solar energy sources, the implementation of detailed planning for such development faces many difficulties.
- Regulations on procedures for licensing investment in solar power production are cumbersome and complicated. Decision No. 11/2017/QD-TTg of the Prime Minister stipulates: "For solar power projects not included in the list of approved Solar Development Master Plan and Power Development Master Plan, the Ministry of Industry and Trade considers and approves additional solar projects with a capacity of less than or equal to 50 MW; submit to the Prime Minister for approval additional planning of solar projects with a capacity of more than 50 MW."[20] Subsequently, the construction and operation of solar power plants must meet current regulations on investment, construction, fire prevention and fighting, environmental protection

20. Article 13.1.i Decision No. 11/2017/QD-TTg dated 11 April 2017 of the Prime Minister on the incentive mechanism for solar power projects in Vietnam.

and other relevant stipulations.[21] Investors have to go back and forth many times to complete the process, and appraisal and approval takes a lot of time due to surveying requirements.

- Regulations related to permits and planning for solar power plant projects are still troublesome. Licensing involves many procedures and takes a lot of time. Competent authorities must review, survey, and appraise proposed solar projects before making an official decision. These procedures and lengthy wait times for investors affect the mobilization of capital and the implementation of long-term solar power plant projects. Regulations require that for solar projects with a capacity of over 1 MWp, the investor needs to carry out additional procedures for the solar development planning and obtain an electricity operation license.[22] The requirement of an operation license is exempted in the case of generating electricity with an installed capacity of less than 1 MW (1 MWp for a solar power plant installed at one location and one connection point) to sell electricity to other organizations or individuals.[23] The above regulations do not clarify whether solar power systems under 1 MW installed at a connection point are legal, and if so, whether the owners of these systems must carry out the additional planning procedures and apply for an electricity operation license. In the guiding Document No. 7088/BCT-DL, the MOIT has expressed the view that such projects are not prohibited, and that each solar power system is entitled to sign a separate power purchase contract and is exempt from needing an electricity operation license. However, this approach creates inequality in the investment environment and has a negative impact on the national transmission grid system. The paperwork to be licensed to build and operate solar power plants at sea is particularly complicated and time-consuming. This is especially difficult for foreign investors, as they need certain local legal documents to be able to invest in the project. In addition, legal provisions determining the right to use land

21. Decision No. 11/2017/QD-TTg dated 11 April 2017 of the Prime Minister on the mechanism to encourage the development of solar power projects in Vietnam. Decree No. 40/2019/ND-CP dated 13 May 2019 of the Government amending and supplementing a number of articles of decrees detailing and guiding the implementation of the Law on Environmental Protection.
22. Article 11.2 Circular 16/2017/TT-BCT issued 12 September 2017 by the Ministry of Industry and Trade Regulations on project development and model power purchase agreement applicable to solar power projects.
23. Article 3.2 Consolidation document No. 10/VBHN-BCT issued 10 September 2019 by the Ministry of Industry and Trade consolidating Circulars stipulating the order and procedures for granting and revoking electricity activity licenses.

and marine resources carry many difficulties, especially in valuing land and marine resources to calculate investment cost and return on investment.

- Planning and construction of solar power plants are not synchronous or rational, causing the power grid in some localities to become overloaded. As of 31 December 2020, the total installed capacity of solar electricity nationwide reached about 19,400 MWp, of which nearly 9,300 MWp was rooftop solar electricity, accounting for about 25% of the total installed capacity of the national electricity system.[24] Thus, the current total solar capacity has exceeded many times the target set by the Government at the end of 2015 of 850 MW in 2020 and 4,000 MW in 2025.[25] This situation causes grid overload due to system limitations. A massive number of solar projects have been added to the plan in a short time, while the capacity of existing power transmission stations cannot carry half of their capacity. In some localities, the preferential price of solar power has resulted in a situation where the installed capacity of large projects has been subdivided to less than 1 MW, in order to enjoy a higher electricity purchase price than the price of terrestrial solar projects. This is because, according to Decision No. 13/2020/QD-TTg on the mechanism to encourage solar development in Viet Nam, the electricity purchase tariff at the intersection point is applied for grid-connected solar projects that received a decision on investment policy before 23 November 2019 and were commercially operated from 1 July 2019 to 31 December 2020. Specifically, a price of 7.69 cents/kWh, equivalent to 1,783 VND/kWh, applies for floating solar power projects; 7.09 cents/kWh, equivalent to 1,644 VND/kWh, for ground solar power; and 8.38 cents/kWh, equivalent to 1,943 VND/kWh, for rooftop solar power. This has added confusion to management in many localities.
- Localities and organizations (local management agencies, businesses, etc.) have not carefully studied the instructions in documents from the MOIT, and have introduced some administrative procedures that are inconsistent with the regulations on investment and construction of solar power plants.

---

24. Statistics of Vietnam Electricity Group (EVN), 8 February 2021, https://tietkiemnangluong.evn.com.vn/d6/news/115-ty-kWh-115-108-14337.aspx
25. Decision No. 428/QD-TTg dated 18 March 2016 of the Prime Minister approving the adjustment of the national electricity development planning for the period 2011–2020 with a vision to 2030.

The third limitation in the regulations for building floating solar power plants is that the funding for solar power plant projects is still mainly dependent on credit sources, without the support of other capital sources such as corporate bonds and investment funds. Banks do not have a specific orientation for financing the development of solar energy, except through green credit orientation with a relatively low proportion of outstanding loans. Moreover, commercial banks have to comply with regulations to gradually reduce the rate of using short-term mobilized capital for medium and long-term loans, so funding for solar power plant projects from commercial banks cannot be abundant as banks mainly mobilize short-term capital from the population, while energy projects have to invest in the long term.

3.2 Limitations of regulations on management of floating solar power plants

From a management perspective, the first limitation of regulations is the open issue of environmental treatment. The rapid development of solar power raises concerns about the problem of environmental treatment of waste from solar panels. Responsibility for disposal of solar panels after the project's lifespan is complete has not been made clear. According to Decree No. 40/2019/ND-CP of the Government, all investment projects to build wind power and photovoltaic plants with an area of 200 hectares or more must prepare an environmental impact assessment report.[26] Projects with an area from 50 to 200 hectares must register an environmental protection plan. Thus, small-scale projects under 50 hectares do not need to carry out the procedures for environmental impact assessment or environmental protection plan, and there is no council or agency to inspect and manage these projects.

In addition, there are currently no specific regulations related to the handling of solar panels. While the solar power plant is in operation, solvents used to clean the surface of the panels can be released into the environment, flowing directly into the ground or lake, especially when the design of the washing system is unsuitable or does not recover wash water. The surface of solar panels also needs cleaning with a hydrofluoric (HF) acid solution to better absorb light. However, HF acid is a poison which, when it comes into contact with people without protective equipment, can destroy tissues and reduce calcium in bones. It is especially difficult to handle HF acid

26. Article 12, Decree No. 40/2019/ND-CP of the Government amending and supplementing some articles of decrees detailing and guiding the implementation of environmental protection law.

wastes, which risk acidification of soil and water resources. Moreover, the original material for making solar cells is quartz, which must be refined into pure silicon, a step which emits some CO_2 and SO_2. In addition, damaged materials and panels from a solar power plant are also a source of toxic substances for the environment. If we only focus on building a legal framework to encourage the development of solar energy, without implementing appropriate management measures that are currently lacking, there will be future environmental consequences. Circular No. 18/2020/TT-BCT stipulates that solar investors are responsible for handling all materials, equipment, and waste generated by solar works from construction to the end of the project.[27] However, the authorities also need to make more specific regulations so that investors have the support and tools to evaluate how to properly handle waste according to requirements.

The second limitation of the regulations is a lack of attention to the quality management of construction works, leading to the appearance of disguised solar power plant projects. According to the regulations of the MOIT, rooftop solar electricity is an electrical work with panels installed on the roof of an existing building, with a capacity of not more than 1 MWp, connected directly or indirectly to the power grid with a voltage level of 35 kV or less.[28] For a solar power plant project with a capacity of over 1 MWp, the investor needs to carry out additional procedures for the solar development planning, and obtain an electricity operation license according to the State's regulations. On such a basis, the operators may disguise their large solar power plant (capacity of over 1 MWp) projects as small rooftop projects in order to avoid having to get an operating license and completing other complicated procedures only applied to large projects.

The third limitation is loose management in implementing the connection agreement for customers. The electricity industry only uses two criteria in making connection agreements for customers: the rooftop of the construction work and the load capacity. The construction work itself, its suitability for the land, proper implementation of the construction process, safety against fire and explosion, and environmental protection, should be the sole responsibility of the investor, under the management of relevant local authorities and departments.

---

27. Article 10(9) Appendix 1 Model power purchase agreement applicable to grid-connected solar power projects (issued together with Circular No. 18/2020/TT-BCT dated 17 July 2020 of the Minister of Industry and Trade regulating project development and sample power purchase contracts applicable to solar power projects).
28. Circular No. 18/2020/TT-BCT dated 17 July 2020 of the Ministry of Trade and Industry regulating project development and sample power purchase contracts applicable to solar power projects, as amended by Circular No. 01/2023/TT-BCT dated 19 January 2023.

The fourth limitation is a management process that is unsuitable to the construction itself, which hinders the efficient implementation of solar power plant projects. As currently practiced, the management of solar development planning is unsuitable, and forecasting is still weak. There have been no effective and timely control measures to avoid the wave of massive investment following the movement in solar electricty development, particularly excessive investment in some areas that cause difficulties in electricity transmission and the capacity release of power plants, affecting the operation of the national power system and the interests of investors.

Finally, there are difficulties in managing safety at sea. Weather conditions and safety while carrying out activities at sea and along coasts is a matter of concern. Solar power projects on the sea and along the coast can affect the lives of local communities and the surrounding environment. Policies, regulations, and technical solutions must be developed to ensure the safety of personnel and equipment, while avoiding impacts on the environment and livelihoods of local communities.

4. RECOMMENDATIONS AND CONCLUSIONS

4.1 Recommendations to improve Vietnamese legal regulations on the construction of floating solar power plants

First, in order to facilitate and encourage investors to implement solar power plant projects, the State should have such policies as: (i) both Government and ministries need to quickly complete the legal framework for solar power plant projects; and (ii) The State should promulgate and announce reasonable electricity purchase and sale prices as well as the national grid connection mechanism for companies producing and using solar power.

Second, in terms of policy implementation, Viet Nam needs to implement the following solutions: (i) reforming and completing administrative procedures directly related to licensing for solar power plant projects, in order to promote the development of solar power plant projects; (ii) improving regulations by state agencies on the procedures to formulate, appraise, approve, and license investment projects for solar electricity production, including rooftop solar projects; (iii) speeding up the research and development of an appropriate and public bidding process and a roadmap to issue a bidding mechanism for solar power project development, which will benefit investors and contribute to the economic and social efficiency of grid-connected solar projects; (iv) solving the lack of capital for solar power plant projects, which will require studying a policy of prioritizing a part of the State budget capital, as well as attracting other sources of capital for the development of solar energy in a number of fields, including investment in facilities electricity transmission, technical training, support for site clearance, and resettlement of people in the project areas; (v) building a plan that uses the surface area of lakes, hydroelectricity and irrigation reservoirs, etc. to develop solar energy, in order to save land funds, as well as avoid difficulties in compensation and site clearance, with the condition that these lakes do not have large fluctuations in water level and are not affected by winds, storms, and floods.

4.2 Recommendations to improve Viet Nam's legal regulations on the management of floating solar power plants

First, electricity management agencies need to coordinate with localities to review and properly assess the potential of solar power, developing specific plans to use floating surfaces based on local socio-economic development plans, as well as projects to attract investment. They also need to strengthen monitoring of electricity supply and demand and monitoring the progress of power source and grid projects in the approved plan, in order to ensure solar power plant projects can be put into early operation and provide electricity for socio-economic development.

The Government agencies in charge, such as the MONRE, or businesses building power plants must themselves propose, research, and promulgate regulations on the management, collection, treatment, and recycling of the main equipment of solar electricity when it is no longer in use. This is a big issue in the near future, which requires clear legal and policy regulations, as well as specific infrastructure mechanisms.

It is necessary to improve the appraisal, inspection, examination, and strict sanctions for solar projects that do not comply with the law. Management agencies and localities need to strictly manage the activities and purposes of the projects, and to ban investors operating or using the land for wrong purposes, or for failing to meet the requirements of technical, construction, fire prevention, or environmental standards.

Local authorities need to have reasonable communication and exchanges with the people in their area about issues such as the State's policy on renewable energy development, the importance of solar projects, and general knowledge about solar electricity. This will help to prevent situations in which projects cannot be implemented because people have misunderstandings about the project.

The government needs to develop specific regulations to handle the problem of waste related to solar panels.

Departments, branches and localities need to agree that the responsibility for managing solar power plant projects belongs to the district People's Committee, which is also responsible for verifying and licensing activities. Although the State has a policy of encouraging the development of solar power with an open mechanism, it cannot be lax in management. Therefore, localities need to strictly manage the activities and purposes of solar plants to prevent investors from operating or using land for improper purposes.

The Government needs to build a mechanism to link the central state management agency and the provincial People's Committee to ensure the harmonization of the interests of the parties in the process of developing solar power.

It must also improve capacity to build, manage and operate solar power plant projects at all levels through the development of Viet Nam's human resources in the field of solar electricity. Human resources for solar energy development include managers who are qualified to formulate and organize the implementation of policies and laws on solar energy development; qualified researchers to research and manufacture technologies and equipment for the exploitation, production, and use of solar energy; and qualified workers to install, operate, and repair equipment for solar power plant projects. Current cooperation contracts to develop solar power plants mainly use foreign workers, high-quality human resources, and blue-collar workers. Therefore, training domestic human resources is a solution worthy of attention, contributing to reducing costs of constructing and operating solar power plants in Viet Nam.

For offshore solar power projects, investors and authorities should learn carefully about the paperwork, licensing process, and legal regulations related to building and managing solar power plants on the sea and along the coast to be able to prepare and handle related issues. Other relevant recommendations include:

- Strengthen cooperation between stakeholders: Investors and authorities can enhance cooperation and information exchange to jointly find solutions to problems arising in the construction and operation process of solar power plants on the sea and along the coast.
- Apply advanced technology: Use advanced technologies and new technical solutions to solve safety, environmental, and management issues at sea, such as positioning sensors, surveillance cameras,

systems remote monitoring and control, and energy-saving technologies in the local community.

- Create consensus and positive interaction with local community to increase consent and minimize negative impacts on community life, and seek supportive policies from the government, especially policies on investment, management, and environmental protection, to help accelerate progress and minimize difficulties in the process of building and operating solar power plants.

CONCLUSION

It is clear that Viet Nam is going in the right direction and following world trends in promoting the development of solar power, especially floating solar power. However, the massive development of solar power has led to undesirable consequences. All levels, sectors, and localities need to closely coordinate and work with the Government, including ministries, departments, and industry, in order to develop a consistent, transparent and appropriate policy mechanism so that solar power plants, floating solar power, and solar power projects on the sea can ensure economic and environmental efficiency.

CHAPITRE 15
Vers une gouvernance internationale sur la lutte contre la pollution marine par les plastiques

Le rôle et les limites entre les mesures commerciales et environnementales

Adriana Isabelle Barbosa Sá Leitão Di Pasquale
et Tarin Cristino Frota Mont'Alverne

RÉSUMÉ

La pollution marine par les plastiques est un enjeu transfrontalier, dans la mesure où, si elle traverse les frontières par l'air ou par l'eau, elle cause plusieurs dommages à l'environnement d'autres régions. Dans une perspective nationale, les États n'ont pas été en mesure d'exercer correctement leur contrôle ni à l'intérieur de leurs frontières ni au-delà. En raison du problème croissant, depuis 2014, des débats internationaux sur l'émergence de cette pollution ont eu lieu jusqu'au 2 mars 2022, date à laquelle l'ONU a adopté la Résolution 5/14, « Mettre fin à la pollution plastique ». Avec cette résolution, les États membres expriment leur intérêt à conclure un traité sur les plastiques au plus tard en 2024. La présente étude vise à analyser des mesures commerciales et environnementales qui pourraient être envisagées dans l'accord et à établir les limites de ces deux aspects du futur traité. Dès lors, il faut réfléchir sur le type de gouvernance internationale sur la lutte contre la pollution marine par le plastique qui est en cours.

MOTS CLÉS : *Gouvernance internationale, pollution marine par plastique, Accord global sur la pollution plastique, commerce international, développement durable.*

Les conséquences de la production et de la pollution par les plastiques sur la triple crise planétaire (du dérèglement climatique, de la perte de biodiversité et de la pollution) constituent un défi urgent : les plastiques, lorsqu'ils sont jetés, deviennent partie d'un flux écosystémique entre l'air et l'océan, voyageant partout sur la planète. Dans un scénario de maintien du *statu quo*[1] et en l'absence d'interventions nécessaires, la quantité de déchets plastiques entrant dans les écosystèmes aquatiques pourrait presque tripler, passant d'environ 9 à 14 millions de tonnes par an, en 2016, à 23 à 37 millions de tonnes par an d'ici 2040[2].

Ces déchets ne se limitent pas aux frontières nationales, mais migrent par les courants d'eau et d'air. La pollution par les plastiques, et plus spécifiquement la pollution marine par le plastique, est un phénomène transfrontalier, qui contraint inévitablement le droit international à porter son attention à ce problème. Ce sont les caractéristiques les plus courantes des plastiques – comme leur persistance et leur résistance[3] – qui ont amené la communauté internationale, informée et appuyée par les connaissances scientifiques, à se mobiliser pour enfin faire face à cette crise[4].

Le présent article – écrit après que la Résolution 5/14, « Mettre fin à la pollution plastique : vers un instrument international juridiquement

---

1. Dans un scénario où les affaires et le commerce sont effectués comme d'habitude, sans changement de méthode.
2. Programme des Nations Unies pour l'environnement (PNUE), *From Pollution to Solution – A Global Assessment of Marine Litter and Plastic Pollution*, 2021, p. 14, https://www.unep.org/pt-br/resources/da-poluicao-solucao-uma-analise-global-sobre-lixo-marinho-e-poluicao-plastica.
3. Les plastiques peuvent se fragmenter dans l'environnement naturel mais ne se biodégradent pas et peuvent persister pendant des centaines à des milliers d'années. Voir : F. Gallo et *al.*, « Marine litter plastics and microplastics and their toxic chemicals components : The need for urgent preventive measures », *Environmental Sciences Europe*, 2018, vol. 30, n° 13, p. 10, https://enveurope.springeropen.com/articles/10.1186/s12302-018-0139-z#citeas.
4. Par exemple, en 2022, des rapports sur les particules de plastique trouvées dans les poumons humains et dans le sang humain ont été publiés ; et un rapport de 2021 a trouvé des microplastiques dans le placenta humain. Voir : Earth Negotiations Bulletin, *Summary of the First Meeting of the Intergovernmental Negotiating Committee to Develop an International Legally Binding Instrument on Plastic Pollution*, 28 November – 2 December 2022, vol. 36, n° 7, https://enb.iisd.org/sites/default/files/2022-12/enb3607e.pdf.

contraignant», du Programme des Nations unies pour l'environnement (PNUE)[5] eut été adoptée et après la deuxième session de négociations sur le traité international pour mettre fin à la pollution plastique (y compris dans l'océan)[6] – est basé tant sur la recherche et des études faites avant ces événements[7] que sur les documents pertinents déjà publiés après les deux sessions de négociations. L'objectif est donc, après la vérification de la structure juridique existant jusqu'au 2 mars 2022, de réfléchir aux perspectives d'harmonisation entre mesures environnementales et commerciales – et ainsi de comprendre les limites et les possibilités de cette relation – pour, finalement, repérer les principaux éléments qui doivent être inclus dans le projet de traité.

Cet article met en évidence les textes récents de droit international, s'appuyant également sur la production scientifique d'autres sciences, ainsi que sur des données officielles du système des Nations unies, telles que des rapports, des résolutions et des conventions internationales.

1. LA NÉCESSITÉ D'UNE NÉGOCIATION MULTILATÉRALE DE LUTTE CONTRE LA POLLUTION MARINE PAR LE PLASTIQUE : VERS UNE VRAIE GOUVERNANCE INTERNATIONALE ?

Le chemin des négociations sur le traité mondial sur les plastiques a été – et sera encore – long, mais il faut tenir compte du fait que l'évolution des connaissances scientifiques est essentielle pour soutenir des mesures juridiques internationales et pour fournir des communications suffisantes

5. Résolution UNEP/EA.5/Res.14, adoptée par l'Assemblée des Nations Unies pour l'environnement le 2 mars 2022. Voir : Assemblée des Nations Unies pour l'environnement du Programme des Nations Unies pour l'environnement, Résolution adoptée par l'Assemblée des Nations Unies pour l'environnement le 2 mars 2022 « 5/14 Mettre fin à la pollution plastique : vers un instrument international juridiquement contraignant », https://wedocs.unep.org/bitstream/handle/20.500.11822/40597/Plastic_pollution_UNEP_EA.5_Res.14_EPP_FR.pdf.

6. La deuxième session du Comité de négociation intergouvernemental (CIN-2) chargé d'élaborer un instrument international juridiquement contraignant sur la pollution plastique, y compris dans le milieu marin, s'est tenue à Paris, en France, du 29 mai au 2 juin 2023. Voir : PNUE, *Conférence*, 2023, https://www.unep.org/fr/events/conference/deuxieme-session-du-comite-de-negociation-intergouvernemental-charge-delaborer-un.

7. Voir, à cet égard, la thèse rédigée par les auteurs : A.I.B.L. Sá Leitão et T.C.F. Mont'Alverne, *Mitigando os efeitos da poluição marinha por plásticos : uma governança global para superar o problema ?*, Thèse (Master 2) 2021, https://repositorio.ufc.br/bitstream/riufc/63476/1/2021_dis_aiblsleit%c3%a3o.pdf.

aux décideurs, afin de lutter spécifiquement contre la pollution marine par les plastiques[8].

Cela s'explique surtout par le fait que, jusqu'à récemment, les plastiques étaient considérés comme des produits liés à des avantages tels que la commodité, la sécurité et l'hygiène, ignorant le fait qu'ils n'existent pas dans le vide ou isolément, mais dans une chaîne commerciale mondiale qui a des répercussions sur les êtres humains, les ressources naturelles et les écosystèmes dont ils dépendent pour survivre[9].

Dans ce scénario, l'Organisation des Nations unies (ONU) joue un rôle important dans les relations multilatérales entreprises par les États, fournissant des efforts pour faire face aux défis environnementaux qui se présentaient déjà depuis de nombreuses décennies. Depuis la Commission mondiale sur l'environnement et le développement de 1983[10] jusqu'à l'aboutissement de l'adoption de l'Agenda 2030 en 2015 et l'Objectif de développement durable 14 (ODD)[11], sans oublier la récente proclamation de la Décennie des Nations unies pour les sciences océaniques au service du développement durable (2021-2030), plusieurs initiatives en faveur de l'environnement ont pu être observées.

Concernant spécifiquement les plastiques, l'ONU, par l'entremise de l'Assemblée des Nations unies pour l'environnement (ANUE), avait déjà adopté en 2014 la première résolution dans laquelle elle a signalé que la santé de l'océan et de la biodiversité marine est compromise par la pollution marine, notamment en raison de la présence de déchets plastiques[12]. Ensuite, on a assisté à l'avènement des résolutions qui ont approfondi le thème, à mesure que de nouvelles données scientifiques sont apparues, telles que les résolutions « 2/11 Déchets plastiques et microplastiques dans le milieu

8. À cet égard, il est important de souligner que la recherche océanique reste mal financée : elle ne reçoit qu'une infime partie – moins de 2 % en moyenne – des budgets nationaux de recherche. UNESCO-IOC, *The United Nations Decade of Ocean Science for Sustainable Development (2021-2030) Implementation Plan – Summary*, Paris, 2021, https://unesdoc.unesco.org/ark:/48223/pf0000376780.

9. PNUE, *Neglected*, Nairobi, 2021, p. 10, https://wedocs.unep.org/xmlui/bitstream/handle/20.500.11822/35417/EJIPP.pdf.

10. M. E. Jarvie, *Brundtland Report*, Encyclopedia Britannica, 2016, https://www.britannica.com/topic/Brundtland-Report.

11. Objectif 14 : Conserver et exploiter de manière durable les océans, les mers et les ressources marines aux fins du développement durable. Nations Unies, *Objectifs de Développement Durable – 14. Vie Aquatique*, https://www.un.org/sustainabledevelopment/fr/oceans/.

12. La Résolution UNEP/EA.1/Res.6 : 1/6. *Déchets plastiques et microplastiques dans le milieu marin*, de 2014, a discuté sur les déchets marins et a reconnu les risques découlant de la gestion et de l'élimination inadéquates des déchets plastiques et des microplastiques.

marin[13] », « 3/7 Déchets et microplastiques dans le milieu marin[14] », « 4/6 Déchets plastiques et microplastiques dans le milieu marin[15] » et « 4/9 Lutte contre la pollution par les produits en plastique à usage unique[16] ».

Ces résolutions et engagements expriment bien sûr l'importance de la question du plastique et l'inquiétude croissante face aux conséquences de la pollution plastique, que ce soit dans l'océan ou dans d'autres écosystèmes. Avant cela, les conventions de Montego Bay, Rotterdam, Stockholm et Bâle (et d'autres pertinentes[17]) étaient déjà en place, mais, indépendamment du contexte fragmenté du droit international qui existait déjà, rien n'a été aussi emblématique pour la formation d'une vraie gouvernance internationale contre la pollution plastique dans l'environnement que l'adoption de la Résolution 5/14.

Surtout parce que les engagements mis en œuvre jusqu'en 2022 manquaient de la rapidité nécessaire en raison de l'ampleur et de l'urgence du problème[18]. De nombreuses lacunes juridiques doivent encore être comblées, comme l'implémentation des mécanismes d'atténuation des effets de la pollution après l'insertion de plastiques dans le milieu marin, les ressources et la coopération technique et l'absence de coordination entre les cadres, instruments et plateformes qui traitent de la pollution plastique, entre autres[19].

Il convient de préciser que, bien que l'accent de cette étude soit mis sur les instruments internationaux, l'avènement d'instruments nationaux et régionaux – tels que ceux qu'a adoptés l'Union européenne (UE) – a

---

13. UNEP/EA.2/Res.11 : 2/11. *Déchets plastiques et microplastiques dans le milieu marin*, 2016.
14. UNEP/EA.3/Res.7 : 3/7. *Déchets et microplastiques dans le milieu marin*, 2018.
15. UNEP/EA.4/Res.6 : 4/6. *Déchets plastiques et microplastiques dans le milieu marin*, 2019.
16. UNEP/EA.4/Res.9 : 4/9. *Lutte contre la pollution par les produits en plastique à usage unique*, 2019.
17. D'autres normes interagissent avec la CNUDM lorsqu'elles traitent de la pollution du milieu marin, présentant des dispositions spécifiques concernant la pollution de différentes sources, avec des instruments orientés ou liés à la pollution, tels que la Convention de Londres et la Convention internationale pour la prévention de la pollution par les navires (MARPOL) ; des mécanismes visant la biodiversité ou les espèces, comme la Convention sur la Diversité Biologique ; et des accords axés sur les produits et résidus chimiques, tels que les Conventions de Bâle, de Rotterdam et de Stockholm.
18. A. I. B. L. Sá Leitão et T. C. F. Mont'Alverne, *op. cit.*, p. 64.
19. K. McGlade et *al.*, « No more plastics in the ocean : Gaps in global plastic governance and options for a legally binding agreement to eliminate marine plastic pollution », *Discussion Paper for WWF to Support Debates at the Ad Hoc Open-Ended Expert Group on Marine Litter and Microplastics*, 2018, https://www.ecologic.eu/sites/default/files/publication/2018/simon_knoblauch_et_al_2018_no_more_plastics_in_the_oceans_global_treaty.pdf.

largement contribué à l'évolution de la gestion des déchets plastiques, que ce soit dans l'océan ou dans le milieu terrestre. Par exemple, depuis 2015, l'UE a amorcé un virage vers l'économie circulaire, ayant désigné les plastiques comme une priorité majeure de gestion[20]. En 2017, la Commission européenne a expressément manifesté son intérêt à investir dans une industrie intelligente, innovante et durable, en adoptant des pratiques industrielles renouvelées au sein de l'UE, ainsi qu'une stratégie pour évoluer vers une économie circulaire dans le domaine des plastiques[21]. Plus récemment, la Commission a adopté une nouvelle approche pour une économie bleue durable, s'engageant à agir non seulement au sein de l'Union, mais aussi à l'étranger, pour faire les efforts nécessaires pour parvenir à l'accord sur les plastiques et promouvoir l'adoption de l'approche de l'économie circulaire sur les plastiques[22].

Ces stratégies régionales et nationales sont fondamentales et, lors des prochaines sessions du Comité intergouvernemental de négociation (CIN), il sera important d'établir des mécanismes de coordination entre ces mesures et celles qui seront mises en œuvre au niveau international à partir du futur traité.

2. POSSIBILITÉS APRÈS LA RÉSOLUTION 5/14 : UN DIALOGUE ENTRE MESURES COMMERCIALES ET ENVIRONNEMENTALES ?

Malgré l'existence de tous ces mécanismes juridiques internationaux – et bien d'autres, en plus des stratégies et des engagements volontaires[23] –, qu'ils soient de droit dur ou non contraignant, l'existence de lacunes est devenue

20. Commission européenne, *Boucler la boucle – Un plan d'action de l'Union européenne en faveur de l'économie circulaire*, Bruxelles, COM(2015)614 final, https://eur-lex.europa.eu/resource.html?uri=cellar:8a8ef5e8-99a0-11e5-b3b7-01aa75ed71a1.0003.02/DOC_1&format=PDF.

21. European Commission, *A European Strategy for Plastics in a Circular Economy*, Bruxelles, COM(2018)28 final, https://ec.europa.eu/environment/circular-economy/pdf/plastics-strategy.pdf.

22. Commission européenne, *Communication de la Commission au Parlement européen, au Conseil, au Comité Économique et Social européen et au Comité des régions relative à une nouvelle approche pour une économie bleue durable dans l'Union européenne – Transformer l'économie bleue de l'Union européenne pour assurer un avenir durable*, Bruxelles, COM(2021)240 final, https://eur-lex.europa.eu/legal-content/FR/TXT/PDF/?uri=CELEX:52021DC0240&from=EN.

23. Par exemple, l'ONU, en plus des ODD contenus dans l'Agenda 2030, a mis en place des actions et des mobilisations pour réduire la pollution plastique, comme la *Clean Seas Campaign*, une initiative qui vise à aider à retirer le plastique de l'océan.

préoccupante, au point que la communauté internationale a adopté, en mars 2022, la Résolution 5/14, en exprimant l'engagement des États membres pour conclure un traité sur les plastiques au plus tard en 2024[24].

Le contenu de la résolution porte sur l'ensemble du cycle de vie des plastiques, y compris leur production, leur développement et leur élimination, et traite de plusieurs aspects de la pollution plastique – y compris la marine; parmi ceux-ci, on reconnaît: i) que les microplastiques font partie du problème; ii) que la pollution plastique, dans les environnements marins et autres, peut être de nature transfrontalière et doit être combattue, ainsi que ses impacts, par une approche du cycle de vie complet de ces matériaux; et iii) qu'un engagement international plus important est nécessaire grâce à l'élaboration d'un instrument international juridiquement contraignant sur la pollution par les plastiques, y compris dans le milieu marin[25].

La Résolution 5/14 innove certainement en la matière[26] – et, en fait, énonce de sédimenter une véritable gouvernance internationale pour lutter contre la pollution par les plastiques –, non seulement parce qu'elle propose de combler les lacunes déjà évoquées, mais parce qu'elle salue la possibilité d'insérer une approche intégrée entre les agendas environnementaux, habituellement traités séparément. C'est-à-dire que le futur traité pourra aider au dialogue[27] entre l'agenda climatique et l'agenda océanique, par exemple, car il ne faut pas oublier que plus de 99 % des plastiques sont

24. United Nations Environment Assembly of the United Nations Environment Programme (Firth session), *End Plastic Pollution : Towards an International Legally Binding Instrument* (Draft resolution), UNEP/EA.5/L.23/Rev.1, 2 March 2022, https://wedocs.unep.org/bitstream/handle/20.500.11822/38522/k2200647_-_unep-ea-5-l-23-rev-1_-_advance.pdf?sequence=1&isAllowed=y.

25. *Ibid.*

26. Surtout quand sous-tend l'approche du cycle de vie complet dans le mandat de la pollution plastique en raison de la nature transfrontalière de la production, de la distribution et de l'élimination des plastiques qui peuvent avoir des impacts significatifs sur les écosystèmes et les activités humaines qui en dépendent. S. Wang, « International law-making process of combating plastic pollution: Status quo, debates and prospects », *Marine Policy*, 2023, vol. 147, p. 4, https://linkinghub.elsevier.com/retrieve/pii/S0308597X22004237.

27. Combiner les plastiques et les politiques d'atténuation du changement climatique exploite pleinement la complémentarité des deux domaines de la politique environnementale. Voir: Organisation de coopération et de développement économiques, *Les Perspectives mondiales des plastiques : scénarios d'action à l'horizon 2060* (l'essentiel), 2022, p. 23, https://www.oecd.org/fr/environnement/plastiques/.

produits à partir de produits chimiques dérivés d'énergies fossiles[28] et qu'ils sont responsables de 3,4 % des émissions mondiales de gaz à effet de serre[29].

Mettre fin à la pollution plastique – que ce soit en milieu terrestre ou en mer – n'est pas mettre fin au plastique lui-même, mais vise surtout à changer le rapport avec les plastiques, c'est-à-dire changer une mentalité et convertir une industrie orientée vers le gaspillage en une industrie intéressée par la circularité[30].

À cet égard, en considérant que les plastiques sont la dernière étape de la vaste industrie pétrochimique, puisque plus de la moitié de ces déchets finissent dans des produits de consommation, principalement sous la forme d'emballages jetables[31], il est évident que les entreprises et le commerce en général participent activement à l'augmentation de la pollution plastique, mais aussi à la possibilité de résoudre le problème[32].

Sur cette base, il faut analyser le comportement des parties intéressées depuis l'adoption de la Résolution 5/14 et le début des négociations, en essayant de réfléchir aux meilleures stratégies pour promouvoir un dialogue entre les biais économiques et environnementaux.

L'insertion et l'application d'un principe tel que la responsabilité élargie des producteurs (REP), par exemple, sont essentielles pour renforcer les responsabilités du fabricant du produit à diverses parties du cycle de vie complet des plastiques, et en particulier à sa reprise, son recyclage et son

28. Center for International Environmental Law, *Fueling Plastics – Fossils, Plastics, & Petrochemical Feedstocks (The Production of Plastic and Petrochemical Feedstocks)*, 2017, p. 1-2, https://www.ciel.org/wp-content/uploads/2017/09/Fueling-Plastics-Fossils-Plastics-Petrochemical-Feedstocks.pdf.

29. Organisation de coopération et de développement économiques, *La pollution plastique ne cesse de croître tandis que la gestion et le recyclage des déchets sont à la traîne, selon l'OCDE*, 2022, https://www.oecd.org/fr/environnement/la-pollution-plastique-ne-cesse-de-croitre-tandis-que-la-gestion-et-le-recyclage-des-dechets-sont-a-la-traine.htm.

30. Environ 50 % des objets en plastique fabriqués sont destinés à un usage unique et seulement 20 % à 25 % à un usage à long terme. Voir : M. Kedzierski *et al.*, « Why is there plastic packaging in the natural environment? Understanding the roots of our individual plastic waste management behaviours », *Science of the Total Environment*, 2020, vol. 740, p. 2, https://www.sciencedirect.com/science/article/pii/S0048969720335051.

31. H. B. Stiftung, *Atlas do plástico : fatos e números sobre o mundo dos polímeros sintéticos*, Rio de Janeiro, 1st ed., 2020, p. 34, https://br.boell.org/pt-br/2020/11/29/atlas-do-plastico.

32. Par exemple, depuis l'adoption de la Résolution 5/14, certaines entreprises de biens de consommation ont adopté des positions très ambitieuses, recherchant un traité plus prescriptif et même l'élimination progressive des plastiques vierges. Voir : Back to Blue, *First UN Plastics Treaty Meeting Sets the Agenda*, 2022, https://backtoblueinitiative.com/first-un-plastics-treaty-meeting-sets-the-agenda/.

élimination[33]. Les lois sur la REP, en principe, transfèrent la responsabilité et les coûts des externalités environnementales négatives des produits, des contribuables aux producteurs, conformément au principe du pollueur-payeur[34]. Ce dernier, à son tour, devrait être appliqué de telle manière que les coûts des mesures visant à prévenir, combattre et réduire la pollution doivent être supportés par le pollueur, c'est-à-dire qu'en cas de pollution les autorités nationales devraient s'efforcer de promouvoir l'internalisation des coûts de protection de l'environnement pour le pollueur[35].

Sur ce point, la question centrale est de comprendre comment le commerce international peut être un allié des enjeux environnementaux, puisque, en dépit de tant d'engagement et d'influence positive observés dans la position de plusieurs États et régions pour l'adoption de la Résolution 5/14, le commerce international des plastiques continue à se produire, alors que de nombreux pays exportent encore leurs déchets plastiques vers les pays en développement[36]. L'Europe a amélioré les pratiques de collecte des déchets domestiques au fil des ans, mais exporte toujours des déchets vers les pays en développement – une pratique écologiquement néfaste[37].

Il est donc entendu qu'en conjecturant sur les éléments potentiels du traité il faut tenir compte de la possibilité d'un écoblanchiment[38] de la part des entreprises, mais, également, de l'« (ir)responsabilité » des États d'agir,

---

33. Organisation de coopération et de développement économiques, « Deposit-refund systems and the interplay with additional mandatory extended producer responsibility policies », *OECD Environment Working Papers*, n° 208, 2022, https://www.oecd.org/environment/deposit-refund-systems-and-the-interplay-with-additional-mandatory-extended-producer-responsibility-policies-a80f4b26-en.htm.

34. E. Watkins et *al.*, *EPR in the EU Plastics Strategy and the Circular Economy : A Focus on Plastic Packaging*, 2017, https://zerowasteeurope.eu/wp-content/uploads/2019/11/zero_waste_europe_IEEP_EEB_report_epr_and_plastics.pdf.

35. À cet égard, voir la Convention de Stockholm dans son préambule, le paragraphe 17.

36. Environmental investigation agency, *The Truth Behind Trash : The Scale and Impact of The International Trade in Plastic Waste*, 2021, p. 4, https://eia-international.org/wp-content/uploads/EIA-The-Truth-Behind-Trash-FINAL.pdf.

37. L'Eurostat en 2020 révèle que les exportations de déchets de l'Union européenne des 27 États membres vers les pays tiers ont augmenté des deux tiers (+ 66 %) depuis 2004. En 2019, les exportations de déchets de l'UE ont atteint 31,0 millions de tonnes, d'une valeur de 13,4 milliards d'euros. Après la décision de la Chine d'interdire la plupart des importations de déchets, la Turquie est devenue la principale destination des déchets exportés de l'UE. Voir : Eurostat, *Türkiye : Main Destination for EU's Waste*, 2020, https://ec.europa.eu/eurostat/web/products-eurostat-news/-/DDN-20200416-1.

38. La pratique caractérisée lorsqu'une entreprise retient la divulgation d'informations négatives liées à sa performance environnementale et expose des informations positives concernant ses pratiques.

en fait, pour résoudre le problème et pas simplement le transférer dans d'autres pays.

Le commerce international est donc un point clé, parce qu'il faut contrôler ce qu'il advient des déchets après l'exportation et s'assurer que les déchets ne sont pas mal gérés. Une surveillance et un contrôle adéquats sont difficiles à assurer dans la pratique et les risques de mauvaise gestion sont exacerbés. Des restrictions à l'importation en provenance des pays asiatiques, par exemple, ont été observées, mais de nouveaux marchés d'exportation continuent d'émerger[39], parallèlement à une augmentation du commerce illégal de déchets plastiques[40].

Dans ce contexte, l'Organisation mondiale du commerce (OMC) est essentielle pour soutenir le nouveau traité, en veillant à ce que les mesures envisagées par les parties soient, à terme, réellement mises en œuvre. L'OMC, par ses membres, a lancé en novembre 2020 une initiative visant à étudier comment l'organisation pourrait contribuer aux efforts visant à réduire la pollution plastique et à promouvoir la transition vers un commerce des plastiques plus durable sur le plan environnemental[41].

L'OMC promeut les réunions du « Dialogue informel sur les plastiques » pour réfléchir à la manière dont la coopération liée au commerce pourrait contribuer à soutenir les efforts visant à réduire les plastiques et les produits en plastique inutiles ou nocifs, y compris les plastiques à usage unique et les emballages en plastique associés au commerce international ainsi que le partage d'expériences et d'approches efficaces pour évoluer vers un commerce des plastiques plus circulaire, économe en ressources et durable sur le plan environnemental[42]. En outre, l'OMC a adopté l'*Accord sur les subventions à la pêche*, lors de la douzième Conférence ministérielle (CM12) de 2022, ce qui marque un grand pas en avant pour la durabilité de l'océan et constitue le premier accord de l'OMC axé sur l'environnement[43].

---

39. E. R. van der Marel, « Trading plastic waste in a global economy : Soundly regulated by the basel convention ? », *Journal of Environmental Law*, 2022, vol. 34, n° 3, p. 484.
40. Environmental Investigation Agency, *The Truth Behind Trash*, *op. cit.*, p. 4.
41. OMC, « Plastics pollution and environmentally sustainable plastics trade », *Informal Discussions*, 2022, https://www.wto.org/english/tratop_e/ppesp_e/ppesp_e.htm.
42. OMC, *Informal Dialogue on Plastics Pollution and Environmentally Sustainable Plastics Trade (IDP)* – INF/TE/IDP/W/5, 2022, https://docs.wto.org/dol2fe/Pages/SS/directdoc.aspx?filename=q:/INF/TEIDP/W5.pdf&Open=True.
43. L'Accord encore attend des ratifications de ses Membres pour pouvoir entrer en vigueur. Pour que l'Accord soit mis en œuvre, les deux tiers des Membres de l'OMC doivent déposer leurs « instruments d'acceptation » auprès de l'OMC. À la CM12, les Membres sont également convenus de poursuivre les négociations sur les questions en suspens, en vue de faire des recommandations d'ici à la CM13 (qui se tiendra à Abou Dhabi en février 2024) sur

Le plus grand défi reste donc d'harmoniser non seulement la position des parties intéressées et des États, mais les normes du droit national, régional, international et les normes du régime juridique de l'OMC. Cependant, pour ce qui a été observé, les négociations sur le nouveau traité ont montré un grand potentiel pour réellement promouvoir un dialogue entre les mesures environnementales et commerciales. Les discussions doivent être guidées surtout à la lumière de deux approches : d'une part, la REP afin d'avoir un meilleur contrôle sur les actions des industries et, d'autre part, la mise en œuvre de l'économie circulaire par les industries, mais principalement par des États, qui doivent gérer leurs propres déchets plastiques (dans la mesure de leurs capacités) et non se contenter d'utiliser le commerce international pour transférer le problème.

3. CONSIDÉRATIONS FINALES

La crise des déchets plastiques ne peut être résolue que par une stratégie holistique qui met l'accent sur des solutions innovantes pour éviter la production et la consommation inutiles de plastique tout en collectant et en traitant ce qui est utilisé.

Le futur traité démontre donc d'emblée son niveau d'ambition : une gouvernance internationale se constituera non seulement contre la pollution marine par le plastique, mais contre tous les types de pollution plastique. Cette gouvernance internationale, qui est en formation, devrait être capable non seulement de dialoguer avec différents instruments internationaux, mais d'engager véritablement toutes les parties intéressées afin qu'elles reconnaissent la complémentarité entre les agendas environnementaux et le lien entre les aspects sociaux, environnementaux, économiques et commerciaux.

À cet égard, le commerce des déchets plastiques n'est qu'un symptôme d'un problème plus vaste : le modèle linéaire non durable du « prendre, fabriquer, jeter », qui domine toujours l'économie mondiale de consommation. Il faut aller plus loin, donc réussir un vrai changement de mentalité (et d'action), transformant cette linéarité en circularité et, enfin, responsabilisant efficacement les producteurs de plastiques tout au long du cycle.

Les changements dans la production industrielle et l'élimination en fin de vie peuvent être les meilleures formes d'atténuation des impacts des plastiques et des micros et nanoplastiques sur l'environnement, et l'approche

---

des dispositions additionnelles qui amélioreraient encore les disciplines de l'Accord. Voir : OMC, *Accord sur les subventions à la pêche*, 2022, https://docs.wto.org/dol2fe/Pages/SS/directdoc.aspx?filename=r:/WT/MIN22/33.pdf&Open=True.

de l'économie circulaire peut empêcher le plastique d'avoir un impact négatif sur l'environnement en réutilisant et en recyclant les matériaux. Le nouvel instrument sur les plastiques sera conçu pour mettre fin à la pollution plastique et devrait inclure des exigences pertinentes à cette fin, en particulier en combinant les axes commerciaux et environnementaux.

CHAPITRE 16

L'accord Liban-Israël sur la délimitation de leur frontière maritime en vue de l'exploitation des hydrocarbures en Méditerranée

Gérard Blanc

RÉSUMÉ

L'Accord Liban-Israël, entre ces deux États qui sont toujours officiellement en guerre, a un caractère historique. Il est le résultat d'une très longue négociation conclue sous les auspices des États-Unis et, à un moindre degré, de la France. Dans cette communication, on n'insistera pas sur les aspects géopolitiques et économiques de cet accord, pourtant déterminants. Dans cet accord, il s'agit pour les deux protagonistes, Israël et le Liban, qui, dépassant leurs antagonismes, ont cherché à trouver un terrain d'entente pour délimiter leur frontière maritime. Les recherches sous-marines qui ont eu lieu montrent en effet dans cette zone de la Méditerranée que celle-ci comporterait d'importantes ressources gazières. Depuis que ce fait a été porté à la connaissance des deux États, ces derniers entretiennent un contentieux sur leur frontière maritime. Toute la négociation a donc eu pour finalité de parvenir à un accord sur cette délimitation, accord conclu en octobre 2022. Cet accord pose néanmoins de multiples questions, car il s'agit d'un compromis. Quel en est le contenu ? Cet accord avantage-t-il particulièrement l'une ou l'autre des parties ? Le texte de l'accord montre que les deux États sont parvenus à des arrangements qui, à l'avenir, pourraient être source de nouveaux contentieux. Des zones d'ombre qui subsistent en effet devront faire l'objet de négociations ultérieures. Quelle est la qualification juridique de cet accord ? S'agit-il d'un acte concerté non conventionnel ou d'un véritable traité international ? Le choix de telle ou telle qualification peut avoir une incidence sur sa validité au regard de la procédure de ratification mise en œuvre par les deux États. À terme, cet accord va déboucher sur d'importants investissements d'exploitation gazière en milieu maritime. L'accord a-t-il ou non stipulé une sorte de cahier des charges sur le respect du milieu marin et sur les exigences de développement durable ? Le droit de la mer est-il concerné par cet accord ? Autant de questions que se propose de traiter cette communication.

Mots clés : *Accord Israël-Liban, frontière maritime, exploitation, hydrocarbures*

Tous les commentateurs, à tort ou à raison, s'accordent pour dire que l'accord conclu entre le Liban et Israël est un accord historique. En effet, alors que les deux pays sont toujours officiellement en guerre, ils sont parvenus à fixer de manière permanente leur frontière maritime, au moins pour délimiter leurs zones respectives d'exploitation des hydrocarbures. Il aura fallu une décennie de négociations sous l'égide d'un négociateur américain et avec l'appui de la France pour parvenir à cet accord. Jusqu'au dernier moment, en raison du contentieux qui oppose encore les deux pays, le projet d'accord pouvait être remis en cause. C'est donc historique en ce sens que, pour la première fois depuis longtemps, il existe au Proche-Orient un accord que les parties ont tout intérêt à faire prospérer, ne serait-ce que pour des raisons économiques. Plus qu'un cessez-le-feu, un désengagement militaire ou un simple statu quo, c'est un véritable accord qui donne aux deux parties en conflit le droit d'exploiter leurs ressources naturelles en faisant appel, pour la zone en discussion, à des sociétés étrangères[1]. Il se trouvera sans doute des mécontents qui critiqueront, peut-être à juste titre, le contenu de cet accord, mais, pour le Liban en particulier, vu sa situation actuelle, c'est une bonne nouvelle. Il demeure néanmoins des incertitudes, car, par exemple, les ressources en hydrocarbures du champ de Cana alloué par l'accord au Liban demandent à être confirmées[2]. En outre, ce n'est pas cet accord qui permettra au Liban de sortir de ses difficultés financières.

1. N. Mallat, « Pourquoi l'Accord entre Israël et le Liban sur la délimitation de leur frontière maritime va dans le bon sens », *Figaro Vox*, 21 octobre 2022.
2. I. Gil, « Entre le Liban et Israël, un accord "historique" aux répercussions encore incertaines », *Les Clés du Moyen-Orient*, 21 octobre 2022.

Tout au plus, l'accord représente pour lui une bouffée d'oxygène. En revanche, l'accord devrait profiter à Israël, car il lui permet de poursuivre dans sa zone l'extraction de son gaz naturel, sans être menacé au moins à court terme par le risque sécuritaire.

1. CONTENU DE L'ACCORD

L'accord se subdivise en quatre sections. La section 1 a pour objet de définir les notions. La section 2 se fonde sur la perspective actuelle et future de présence d'hydrocarbures dans les zones maritimes qui font l'objet de l'accord et sur les conditions dans lesquelles ces hydrocarbures devront être exploités. La section 3 pose l'hypothèse de découvertes ultérieures de gisements d'hydrocarbures et les conditions de leur exploitation. La section 4 organise enfin le mode de règlement des différends entre les parties.

1.1 Section 1 - Définition des notions

L'objet de cet accord a été d'établir une ligne de démarcation entre les zones économiques des deux pays qui demeurent juridiquement en guerre. Cette ligne de démarcation se nomme la ligne de frontière maritime (LFM), à ne pas confondre avec la frontière terrestre.

En effet la ligne de frontière terrestre fait l'objet de positions juridiques divergentes qui constituent l'un des contentieux opposant les deux pays. Le texte de l'accord conclu en 2022 a le mérite de stipuler que cette ligne de frontière terrestre fera l'objet d'une négociation ultérieure, qui aura lieu en temps opportun, dit le texte. Cela évidemment ne préjuge pas de la possibilité d'un accord toujours problématique entre deux États toujours officiellement en conflit.

La LFM est définie comme suit : il s'agit de tous les points situés au large du point le plus à l'est de la LFM. En d'autres termes, la LFM n'est pas le prolongement de la frontière terrestre, puisque cette LFM ne préjuge pas du statut de la frontière terrestre, dit le texte. En effet, la frontière maritime située au large du point le plus à l'est de la LFM devra être déterminée par les parties lors de la « démarcation de la frontière terrestre » ou au moment opportun après celle-ci.

En d'autres termes, le texte distingue trois notions : d'une part, la LFM définie par des coordonnées GPS ; d'autre part, la frontière maritime à déterminer ultérieurement ou « au moment opportun », après que la frontière terrestre eut été elle-même déterminée, stipule l'accord. Enfin, en attendant que cette frontière terrestre soit déterminée, les parties conviennent du *statu quo* de la frontière près du rivage, y compris le long de la ligne de bouées actuelle, en raison des divergences juridiques qui persistent dans cette zone non délimitée. Cette ligne des bouées, en attendant un accord sur la frontière terrestre, est un enjeu sécuritaire pour Israël. Elle est maintenue et le Liban ne pourra commencer les travaux dans le champ de Cana avant un accord entre l'opérateur et Israël. Cette ligne des bouées trace la frontière entre les deux pays sur six kilomètres avant de rejoindre la ligne 23, objet de l'Accord sur la délimitation de la frontière maritime qui sépare les zones d'exploitation des hydrocarbures par les deux pays. Mais, en aucune manière, les deux États ne considèrent que cette ligne 23 constitue leur frontière maritime. L'accord sur la ligne 23 n'a donc qu'une fonction économique; il permet aux deux États, chacun dans leur zone délimitée par cette ligne, de procéder à l'exploitation d'éventuelles sources d'hydrocarbures[3].

La définition de ces notions telle qu'elle résulte de l'accord démontre que subsiste néanmoins une zone d'imprécision qui peut être source de contentieux à l'avenir.

Chaque partie s'engage en outre à communiquer aux Nations unies la liste des coordonnées géographiques pour la délimitation de la LFM. À l'avenir, toute communication ultérieure de cet ordre doit être compatible avec l'accord conclu, à moins d'un accord mutuel. Le présent accord atteste enfin d'une résolution permanente et équitable du différend.

Au total, la ligne 23 délimite deux champs d'exploitation d'hydrocarbures. Le champ de Karish est situé dans la zone économique exclusive (ZEE) d'Israël. Le pays a d'ailleurs déjà commencé l'exploitation par de premiers forages. Le second champ est celui de Cana qui est situé à cheval sur la ligne 23. Le Liban, par l'accord conclu, a obtenu le droit exclusif d'exploitation, mais, en raison de la situation géographique de ce champ empiétant sur la zone israélienne, il a été convenu qu'Israël aurait droit à des compensations financières.

1.2 Section 2 - Le régime d'exploitation des hydrocarbures

Il s'agit pour les parties de constater d'un commun accord de l'existence potentielle d'hydrocarbures dans les zones visées par le document contractuel. Il s'agit, d'une part, du bloc nº 9 du Liban et, d'autre part, du bloc nº 72 d'Israël. Les parties reconnaissent en outre que la viabilité commerciale de

3. C. Hayek, « Frontière maritime : ces deux points litigieux que le Liban a avalisés », *L'Orient-Le Jour*, 13 octobre 2022.

ces ressources n'est pas assurée. Elles s'engagent à explorer et à exploiter les zones visées selon les bonnes pratiques commerciales afin de maximiser l'efficacité de la récupération, de la sécurité opérationnelle et de la protection de l'environnement.

Elles s'engagent en outre à respecter les lois et règlements de la région. Cette dernière phrase peut être source de contentieux. Est-ce à dire en effet que chacune des parties devra respecter les lois et règlements des deux pays ou seulement le droit du pays où se trouve la zone exploitée ? L'opérateur devra-t-il respecter les lois et règlements israéliens lorsqu'il exploitera les hydrocarbures dans le champ de Cana dans la partie israélienne alors que ce champ a été affecté au Liban ?

Les parties conviennent par ailleurs que la prospection et l'exploitation du bloc n° 9 seront confiées à une personne morale compétente pour détenir les droits libanais. L'opérateur à qui sont délégués ces droits de prospection et d'exploitation doit être une société internationale ou un consortium composé de plusieurs personnes morales de bonne réputation et qui ne sont soumises à aucune sanction internationale. Ces sociétés ne doivent être ni libanaises ni israéliennes, une disposition qui a pour objet d'éviter les conflits d'intérêts. Au passage se pose donc le problème juridique de la nationalité d'une société. Une société a-t-elle la nationalité de la loi de son siège social ou la nationalité des capitaux majoritaires qui la contrôlent ?

Ces exigences de nationalité s'appliquent également à la sélection de tout successeur ou remplaçant. La société russe Novatek s'étant retirée du consortium d'origine, le Liban, en janvier 2023, a conclu un accord avec un consortium composé de trois sociétés : la société française TotalEnergies, la société italienne ENI et la société d'État qatarie QatarEnergy. TotalEnergies et l'ENI disposent respectivement de 35 % des parts dans ce consortium et Qatar Energy 30 %[4]. Cet accord fait suite à la décision du Liban de diviser sa zone d'exploitation exclusive en 10 blocs. Le bloc n° 9 où se trouve le champ de Cana faisait partie de la zone contestée par Israël jusqu'à l'accord d'octobre 2022 entre les deux pays. En revanche, le bloc n° 4 qui se trouve dans la ZEE du Liban a fait l'objet de prospections qui se sont révélées décevantes. Les efforts du consortium vont donc dans un avenir proche se concentrer sur le bloc n° 9 dont l'exploration était jusque-là bloquée par le conflit sur les frontières maritimes opposant Beyrouth à Tel-Aviv.

Les parties ont convenu que l'exploration du bloc n° 9 devrait commencer immédiatement après l'entrée en vigueur de l'accord. La date de l'entrée

---

4. P. Hage-Boutros, « Eni, TotalEnergies et QatarEnergy mettent le cap sur le bloc n° 9 de la ZEE libanaise », *L'Orient-Le Jour*, 29 janvier 2023.

en vigueur est conditionnée par l'approbation de l'accord par les autorités de chaque État, partie à l'accord, ce qui pose la question de sa nature juridique[5].

En raison de la configuration géographique du bloc n° 9, l'exploration et l'exploitation par l'opérateur désigné peuvent nécessiter que ce dernier traverse la LFM au sud de celle-ci. Cette zone au sud de la LFM étant sous souveraineté israélienne, l'opérateur devra notifier préalablement à Israël les manœuvres de navigation envisagées. Israël s'engage à ne pas s'opposer à ces manœuvres pourvu qu'elles soient raisonnables et nécessaires.

Parallèlement à l'accord, Israël et l'opérateur s'engagent dans des discussions directes pour déterminer l'étendue des droits économiques d'Israël relatifs au bloc n° 9, sur la zone se trouvant au sud de la LFM. La rémunération d'Israël résultant de ses droits économiques sur tout gisement potentiel dans cette zone devra donner lieu à un accord financier avant la décision finale d'investissement de l'opérateur du bloc n° 9. Israël s'engage à travailler de bonne foi avec l'opérateur pour parvenir à la conclusion de cet accord financier en temps utile. Ces notions de « bonne foi » et de « temps utile » pourraient être évidemment source de discussions en fonction de l'état des relations entre les deux pays. Cette stipulation est qualifiée par certains de dangereuse pour le Liban ; Israël peut en effet arrêter tout développement de la zone de Cana, tant qu'un accord financier avec TotalEnergies n'est pas conclu. En d'autres termes, Israël pourrait bloquer à sa guise l'extraction de gaz par le Liban[6]. Mais on peut espérer que le gain économique de cette exploitation va faciliter une bonne entente sur l'application non seulement de l'accord financier, mais également du présent accord.

L'accord précise à ce sujet que l'accord financier conclu entre l'opérateur et Israël n'implique en aucune manière le Liban ni ne concerne l'accord conclu entre les deux États[7]. Jusqu'à la mise en œuvre de l'accord financier, l'opérateur exploite au profit exclusif du Liban le bloc n° 9. Cette stipulation comporte évidemment le risque que l'opérateur fasse traîner en longueur la négociation sur l'accord financier.

5. Cf. *infra*, p. 8 et s.

6. « Que sait-on de l'accord historique sur la frontière maritime entre le Liban et Israël ? », *Revue GEO*, 14 octobre 2022.

7. Certains commentateurs doutent néanmoins que le Liban ne participe pas à la négociation de cet accord laissé, selon l'Accord, à la seule discrétion de l'État hébreu et de l'opérateur. Cf. F. Gemayel et P. Hage-Boutros qui reprennent les propos de l'experte D. Kaissy, dans « Gaz off-shore au Liban : le consortium mené par Total devrait bien intégrer le Qatar », *L'Orient-Le Jour*, 27 octobre 2022.

La stipulation suivante sous-entend ce risque. En effet, sous réserve de cet accord financier, Israël s'interdit d'exercer ses droits de mise en valeur des gisements d'hydrocarbures dans la zone visée et ne s'opposera pas à des activités raisonnables d'exploration et d'exploitation ni ne prendra aucune mesure visant à retarder indûment ces activités dans la même zone. La conclusion d'un accord financier constitue donc une condition impérative de ces obligations de ne pas faire incombant à Israël.

Total Énergies vient de faire état d'un accord-cadre avec Israël pour mettre en œuvre l'Accord sur la frontière maritime. Certes, à ce jour ne sont pas connues les données financières de cet accord. Mais cela augure positivement pour les relations entre l'opérateur et Israël. D'ailleurs, Total Énergies a fait part en même temps de sa volonté de commencer l'exploration de la zone de Cana au nord et au sud de la LFM, ce qui présume de la volonté d'Israël de ne pas entraver le début des opérations d'exploration[8].

Israël s'interdit en outre de se livrer à une quelconque activité d'exploitation de ressources naturelles au nord de la LFM.

L'accord prévoit enfin l'hypothèse où l'opérateur serait contraint de faire des forages au sud de la LFM. L'opérateur devra demander avant le forage le consentement aux deux parties. Israël s'interdit de refuser de manière déraisonnable ce consentement à condition que le forage soit effectué conformément aux conditions de cet accord.

1.3 Section 3 – Le régime de l'imprévu

Cette section réglemente en quelque sorte l'imprévu. Est ainsi visée l'hypothèse de l'existence d'un autre gisement de ressources naturelles situé de part et d'autre de la LFM. Il se peut que ce gisement ne puisse être exploité qu'en réduisant, retirant ou épuisant la part du gisement qui se trouve de l'autre côté de la LFM. Avant son exploitation, les parties s'engagent à s'en remettre à une sorte de médiation des États-Unis qui doit faciliter les échanges entre les parties. Cette entremise des États-Unis doit permettre de parvenir à un accord sur la répartition des droits ou sur la manière dont ce nouveau gisement pourrait être exploité le plus efficacement possible.

Le devenir de toutes les données relatives à ces ressources naturelles situées de part et d'autre de la LFM est également prévu, qu'elles soient connues actuellement ou identifiées ultérieurement. Les exploitants de ces données de part et d'autre de la LFM doivent les partager avec les États-Unis

8. P.H.B., « TotalEnergies s'apprête à lancer les activités d'exploration du bloc 9 », *L'Orient-Le Jour*, 15 novembre 2022.

qui ont l'intention de les communiquer aux parties au moment opportun après leur réception. De même, les parties prennent acte de l'intention des États-Unis de faire tout leur possible pour faciliter les activités pétrolières immédiates, rapides et continues du Liban. On peut s'étonner de cette formulation ambiguë qui ne fait pas peser une véritable obligation sur les États-Unis.

Les parties s'interdisent enfin de revendiquer un gisement qui se trouverait de l'autre côté de la LFM.

1.4 Section 4 - Le règlement des différends

À la lumière des dispositions de fond de l'accord et des obligations qui en découlent pour chacune des parties, les occasions de différends, comme on a pu le souligner, ne manquent pas. Les formules diplomatico-juridiques auxquelles a recours le texte créent des incertitudes sur l'interprétation de certaines obligations (cf. le recours à *la notion de bonnes pratiques commerciales, à la notion de raisonnable, à la notion d'intention de faire tout son possible*, etc.). Certes, ces notions sont assez courantes dans les relations commerciales internationales, notamment dans le droit d'origine anglo-américaine. Mais, de là à en faire des clauses de style dont la portée juridique serait indiscutable, il y a une marge d'interprétation.

La section 4 a donc opportunément prévu un mode de règlement des différends qui est néanmoins décevant au regard des mécanismes qu'il met en œuvre. En cas de différends portant sur l'interprétation et la mise en œuvre de l'accord, ce dernier prévoit seulement des discussions facilitées par les États-Unis[9]. Concrètement, il est stipulé que les États-Unis ont l'intention de faire tout leur possible, en collaboration avec les parties, pour contribuer au maintien et à l'établissement d'une atmosphère positive et constructive permettant de mener des discussions et de résoudre les différends le plus rapidement possible[10]. Cette obligation de moyens de la part des autorités américaines laisse la porte ouverte à des discussions interminables.

On peut regretter que l'accord ne manifeste pas davantage d'ambition au sujet du mode de règlement des différends. On aurait pu prévoir une véritable médiation sous l'autorité d'un médiateur indépendant accepté par les deux parties. N'est-ce pas d'ailleurs cette démarche qui a été mise en

9. On notera que la France qui a œuvré activement pour la conclusion de cet accord n'y est néanmoins pas mentionnée, cf. J. Jalkh et E. Masboungi, « La France, l'autre médiateur… », *L'Orient-Le Jour*, 14 octobre 2022.
10. Pour une approche critique de cet accord, voir S. Ryzk, « Le gaz ne sauvera pas le Liban », *L'Orient-Le Jour*, 15 octobre 2022.

œuvre tout au long de la négociation grâce aux allées et venues sans relâche d'un diplomate américain qui ont abouti à la conclusion de l'accord ? Une procédure d'arbitrage, en cas de désaccord persistant, ne pourrait-elle pas être envisagée ?

La section 4 prévoit enfin le processus d'entrée en vigueur de l'accord. Le gouvernement des États-Unis enverra un avis à toutes les parties, leur notifiant l'acceptation par chaque partie de l'accord signé. La date de notification sera considérée comme la date d'entrée en vigueur de l'accord.

L'analyse du contenu de cet accord a ainsi permis de souligner un certain nombre d'interrogations juridiques. Au-delà de ces risques de discussions juridiques déjà évoquées dont on a esquissé les réponses, d'autres problèmes juridiques plus fondamentaux soulevés par cet accord doivent être approfondis.

2. LES PROBLÈMES JURIDIQUES

Trois séries de problèmes juridiques méritent d'être soulevées.

2.1 La délimitation de la ligne de frontière maritime

L'accord définit la LFM dans la section 1. À la lecture de l'accord, cette définition paraît simple. En réalité, celle-ci a fait l'objet d'une négociation difficile, car, à l'origine, les positions des deux États étaient relativement éloignées. Un accord, certes, a été finalement trouvé. Mais il est loin de faire l'unanimité parmi les commentateurs. Les critiques sont sévères. On parle d'un accord qui n'aurait « aucun fondement technique ou juridique ». « Nous sommes dans l'arbitraire », affirme un député libanais[11].

La discussion a porté au cours de la négociation sur l'adoption comme LFM de la ligne 29 plus au sud que la ligne 23, dans la zone maritime à l'ouest de la ville de Naqoura. À l'origine, Israël revendiquait une ligne 1 plus au nord, présumée assurer sa sécurité. Le Liban pour sa part revendiquait une ligne 29 plus au sud, reconnue par l'armée libanaise en 2011 et censée être la zone de délimitation adéquate qui lui garantissait ses pleins droits en matière d'hydrocarbures. Les États-Unis avaient proposé un compromis sur une ligne dite Hof, située entre la ligne 29 et la ligne 1. C'est finalement une ligne 23 qui a été retenue dans le compromis et qui se trouve entre la ligne Hof et la ligne 29. Par rapport à la ligne 29, le compromis accepté par le Liban

11. J. Kalkh, « Des députés de la contestation dénoncent un acte de traîtrise », *L'Orient-Le Jour*, 4 octobre 2022.

représente à l'évidence une concession. Mais le Liban a obtenu en contrepartie la totalité du champ de Cana qui déborde vers le sud, au-delà de la ligne 23. L'accord a néanmoins prévu qu'une compensation financière serait versée par l'opérateur à Israël, sans que le Liban soit partie prenante à ce versement.

Loin des commentaires critiques qui ont eu pour objet l'accord conclu, chacun des deux États a manifesté sa satisfaction. Le Liban a renoncé certes à ses prétentions sur la ligne 29 qui pouvait lui permettre de revendiquer 1430 km² supplémentaires et une partie du champ de Karish réputé riche en hydrocarbures. Mais il a obtenu l'ensemble de la zone qu'il revendiquait officiellement délimitée par la ligne 23, à savoir le champ de Cana. Il demeure que ce champ reste pour le moment largement inexploré et qu'une partie des gains de ses ressources potentielles devra être reversée par Total Énergies à Israël. Ce compromis, considéré par certains comme défavorable au Liban, risque d'alimenter un contentieux qui naîtrait entre les deux pays. Israël est d'autant plus satisfait qu'en attendant un accord sur la frontière terrestre toujours problématique, c'est la ligne des bouées considérée comme un enjeu sécuritaire qui trace la frontière entre les deux pays sur six kilomètres en mer avant de rejoindre la ligne 23.

Cette ligne 23 ne correspond à aucun tracé technique reconnu internationalement. En renonçant, d'une part, à la ligne 29, le Liban s'est privé d'un argument valable et efficace parce qu'il est fondé sur le droit international. D'autre part, l'absence de délimitation de la frontière terrestre constitue une concession supplémentaire, alors que le droit international dispose, sauf exception, que la frontière maritime démarre à partir de la frontière terrestre.

2.2 Nature juridique de l'accord

Le problème de la nature juridique de l'accord se résume à l'interrogation suivante : l'accord conclu entre le Liban et Israël constitue-t-il un traité international ou s'agit-il d'un acte concerté non conventionnel (ACNC) ? Telle est la question posée par un auteur[12]. Il n'entre pas dans ce bref propos de reprendre en détail toute l'argumentation juridique pertinente développée par cet auteur. Il demeure que cette interrogation est essentielle parce qu'elle détermine la validité de l'accord. En effet, si l'accord constitue un traité, il doit être soumis à la procédure parlementaire de ratification prévue par la Constitution libanaise[13]. Si l'accord constitue un ACNC, la ratification

12. S. Sinno, « Frontière maritime : l'Accord de Naqoura pourrait-il être entaché de nullité ? », *L'Orient-Le Jour*, 29 octobre 2022.

13. Art. 52 de la Constitution libanaise.

parlementaire ne serait pas nécessaire, car ce type d'accord n'est pas soumis aux règles constitutionnelles relatives aux engagements internationaux de l'État. Or seul le président de la République libanaise a approuvé l'accord. Il s'agirait donc d'une ratification imparfaite qui mettrait en cause la validité formelle du consentement du Liban, partie à l'accord, donc la validité internationale du texte. Du côté israélien, la question semble être, en revanche, une hypothèse d'école en raison de l'intérêt économique de cet accord qui lui est globalement favorable.

Selon la nature juridique de l'accord – traité ou ACNC –, sa force obligatoire est différente. Dans le premier cas, le traité crée des engagements ayant une force obligatoire ; dans le second au contraire, l'accord crée une sorte d'engagement d'honneur négocié par une personne habilitée à engager l'État et à encadrer les relations entre les parties, sans pour autant avoir une force obligatoire[14]. Dans un ACNC, rien n'interdit néanmoins à un État de s'engager par un acte unilatéral à lui conférer une force obligatoire.

La difficulté réside dans le caractère inopérant des critères dégagés aussi bien par les textes internationaux que par la jurisprudence de la Cour internationale de justice (CIJ)[15]. La Convention de Vienne de 1969 sur le droit des traités en donne certes une définition[16], mais cette convention n'a été ratifiée ni par le Liban ni par Israël. La CIJ observe, pour sa part, qu'un accord international peut faire l'objet de formes variées et se présenter sous des dénominations diverses[17]. Tout dépend des termes employés et des circonstances dans lesquelles l'accord a été conclu. En outre, l'existence de sanctions détermine les conditions de l'efficacité du caractère contraignant d'un traité, sans pour autant déterminer sa force obligatoire ; enfin, toujours selon la CIJ, un accord international peut comporter des obligations sans que l'exécution de celles-ci puisse faire l'objet d'une procédure judiciaire.

En définitive, la qualification de traité ou d'ACNC va dépendre de l'intention des parties quant à son caractère contraignant. La jurisprudence de la CIJ se montre assez souple en la matière pour qualifier ou non de contraignant un instrument international. Ainsi un procès-verbal signé par des ministres des Affaires étrangères énumérant des engagements souscrits par deux parties, une déclaration approuvée et incorporée dans un échange de

---

14. P. Dailler, M. Forteau et A. Pellet, *Droit international public*, LGDJ, 2009.
15. S. Sinno, *op. cit.*
16. Art. 2, §1a.
17. CIJ, *Délimitation maritime et des questions territoriales entre Qatar et Bahreïn*, 01/07/1994.

notes ou encore le compte-rendu d'une commission mixte ont été considérés comme autant d'accords internationaux[18].

L'accord libano-israélien énumère pour sa part des engagements des deux parties et leur confère des droits et des obligations en droit international[19]. Dès lors, cet accord constitue un véritable accord international pouvant être qualifié de traité et non pas de simple accord concerté non conventionnel (ACNC). Il devrait en résulter la nécessité d'une ratification parlementaire prévue par l'article 52 de la Constitution libanaise. Or celle-ci n'a pas eu lieu jusqu'à ce jour, ce qui pourrait entacher de nullité cet accord. Néanmoins la Convention de Vienne sur le droit des traités considère que, si un traité a été conclu en violation d'une disposition de droit interne, sa validité n'est pas en cause ; encore faut-il que cette violation ne soit pas manifeste et ne concerne pas une règle de droit d'importance fondamentale[20].

En l'espèce, il paraît peu discutable que la non-ratification par le Parlement libanais constitue une violation manifeste d'une disposition constitutionnelle d'importance fondamentale au sens de la Convention de Vienne. Mais cette dernière dispose dans son article 45 qu'en cas d'acquiescement résultant par exemple de la conduite d'un État, celui-ci ne peut plus invoquer une cause de nullité d'un traité. Or, au regard de la situation politique, sociale et économique actuelle au Liban, ce dernier aurait évidemment tout intérêt à mettre en œuvre cet accord qui représente une occasion inespérée. Dans les mois qui viennent, un acquiescement tacite pourrait par exemple résulter d'un premier forage exploratoire. Malgré quelques voix discordantes, il semble donc peu probable que la validité de cet accord soit remise en cause.

2.3 Le problème de la sous-traitance

Il est mentionné que l'exploration et l'exploitation des hydrocarbures dans la zone de Cana, objet de l'accord, doivent être confiées à des sociétés qui doivent être ni libanaises ni israéliennes afin d'éviter les conflits d'intérêts. Or le ministre libanais sortant des Travaux publics et des Transports a publié, en novembre 2022, une décision en vertu de laquelle la partie logistique des opérations peut bénéficier à l'économie libanaise[21]. L'opérateur, selon cette décision, devrait donc pouvoir se fournir à des sociétés sous-traitantes situées sur le territoire libanais. L'exclusion de

18. S. Sinno, *op. cit.*
19. Cf. supra 1re partie, sections 2 et 3 de l'Accord.
20. Article 46 de la Convention de Vienne de 1969.
21. P.H.B., « Ali Hamiyé veut s'assurer que l'exploitation de la ZEE profite aux ports libanais », *L'Orient-Le Jour*, 28 novembre 2022.

sociétés libanaises ou israéliennes ne vise en effet dans l'accord que les sociétés membres du consortium, leur successeur ou remplaçant. L'objet de cette décision ministérielle est problématique parce que la notion de sous-traitance est en cause en l'espèce. N'y a-t-il pas le risque qu'un partenaire libanais invoque à tort sa situation de sous-traitant pour ne pas être affecté par l'accord qui interdit que les opérateurs ne soient des sociétés ni libanaises ni, *a fortiori*, israéliennes ?

En définitive, cet accord qui est un compromis comporte diverses sources de disputes juridiques. Dans un tel type d'accord, c'était sans doute inévitable. Mais on peut regretter qu'une procédure de règlement des différends plus élaborée n'ait pas été prévue, ce qui permettrait à l'avenir de trouver des solutions à ces difficultés juridiques.

CHAPITRE 17

Protection du milieu marin et commerce en Arctique

Stratégies juridiques européennes

Émilie Delcher

RÉSUMÉ

L'Arctique subit de manière intensifiée les effets du réchauffement climatique. La fonte des glaces qui en découle en a fait un espace où les convoitises sont exacerbées. En devenant une zone marine accessible, de nouvelles routes commerciales se développent et l'extraction d'hydrocarbures est facilitée. Riche en ressources halieutiques, l'Arctique présente aussi un enjeu de taille en matière de protection des espèces contre l'exploitation abusive. Ces ressources sont la source de tensions croissantes entre puissances économiques, notamment la Russie, la Chine, le Canada et les États-Unis. S'agissant de l'Europe, il faut d'abord remarquer que deux États septentrionaux ne sont pas membres de l'Union européenne. La Norvège et l'Islande sont ainsi des acteurs de l'Arctique et sont membres du Conseil de l'Arctique : l'Islande tire une part importante de son revenu national de la pêche, tandis que les réserves gazières de la Norvège se situent majoritairement dans la mer de Barents. Alors même que ces États sont associés à l'UE par des accords d'intégration particulièrement approfondis (Espace économique européen, Espace Schengen), ils développent des stratégies divergentes de celles de l'UE à l'égard de cet espace. Ainsi, l'Islande a un modèle original de protection des ressources halieutiques. La Norvège quant à elle s'était opposée à la réglementation communautaire relative au commerce du phoque, ainsi qu'à la volonté de l'UE d'appliquer à l'Arctique un statut protecteur de sanctuaire environnemental comparable à celui de l'Antarctique (adopté en 1959). L'UE, dont trois États sont membres du Conseil de l'Arctique (Danemark, Finlande, Suède), a adopté une stratégie renouvelée en octobre 2021 pour cette région. La Commission européenne entend ainsi notamment soutenir un « développement global, inclusif et durable » des régions arctiques et lutter contre le changement climatique et la dégradation de l'environnement. Il est proposé de s'intéresser à l'imbrication de ces stratégies juridiques européennes en Arctique, qui illustrent les tensions entre intérêts économiques parfois divergents, les enjeux liés à la sécurité de l'approvisionnement énergétique renforcés par la situation géopolitique internationale, ainsi que la protection de l'environnement marin. La zone arctique conjugue en effet une multitude d'enjeux soulevés par le thème du colloque. Or, l'Europe, l'Union et les États européens semblent être les acteurs les plus soucieux de la protection du milieu marin de cette région.

Mots clés : *Arctique, Union européenne, environnement marin, Pacte Vert européen*

Les conséquences de l'invasion de l'Ukraine par la Russie retentissent jusque dans l'Arctique, zone hautement stratégique qui ne semble plus constituer la zone de « basse tension » qu'elle était depuis la fin de la guerre froide. Les cartes de sa gouvernance multilatérale au sein du Conseil de l'Arctique sont rebattues. Historiquement marquées par la coopération et l'évitement des questions militaires hérités de la déclaration de Mourmansk de Gorbatchev[1], les relations entre ces acteurs sont aujourd'hui suspendues[2]. Parmi les huit membres du Conseil de l'Arctique, la Suède souhaite intégrer l'OTAN tandis que la Finlande y a récemment adhéré, rejoignant le Canada, les États-Unis, le Danemark, la Norvège et l'Islande. La Russie devient ainsi « l'ennemi commun fédérateur » isolé au sein du Conseil. L'Arctique apparaît donc divisé en deux « pôles » sécuritaires : la Russie – qui représente plus de

1. Prononcée le 1er octobre 1987. Elle a appelé à la démilitarisation de l'Arctique, invitant à « laisser le pôle Nord devenir un pôle de paix ».
2. Voir la déclaration commune « Joint Statement on Arctic Council Cooperation Following Russia's Invasion of Ukraine » du Canada, du Danemark, de la Finlande, de l'Islande, de la Norvège, de la Suède et des États-Unis du 3 mars 2022, [En ligne], https://www.state.gov/joint-statement-on-arctic-council-cooperation-following-russias-invasion-of-ukraine/, et celle du 8 juin 2022, « Joint Statement on Limited Resumption of Arctic Council Cooperation », [En ligne], https://www.state.gov/joint-statement-on-limited-resumption-of-arctic-council-cooperation/. Seuls les projets n'invitant pas à la participation de la Russie ont été repris.

la moitié du littoral de la région – et les sept États de l'Ouest, tous membres de l'alliance de l'Atlantique Nord ou sur le point de le devenir[3].

Au-delà des risques sécuritaires, la militarisation de l'Arctique pourrait contribuer à la détérioration de son environnement marin. Plus généralement, l'intérêt stratégique de l'Arctique ne peut être dissocié des convoitises commerciales qu'elle suscite. La fonte des glaces due au changement climatique, qui se concrétise dans l'Arctique deux à quatre fois plus vite que dans le reste du monde[4], permet d'envisager l'ouverture de nouvelles routes commerciales ainsi que l'accès à de nouvelles ressources minières et à des gisements d'hydrocarbures. Ce phénomène aux effets paradoxaux, qui à la fois ouvre des perspectives de développement commercial et suscite l'inquiétude quant à la préservation de la région, montre que commerce et détérioration de l'environnement sont liés dans l'Arctique plus encore que partout ailleurs. L'Arctique – ses espaces, ses populations – subit des effets dévastateurs en raison des activités humaines du monde entier. La fonte des glaces qu'elles induisent permet de faciliter les activités économiques de l'Arctique et, partant, l'amélioration des conditions de vie de ses populations, notamment autochtones, tout en mettant davantage en péril son environnement marin.

La protection de l'environnement et le développement durable ont constitué, depuis les débuts de la coopération arctique post-guerre froide, un socle de la coopération multilatérale, notamment au sein du Conseil de l'Arctique. Celui-ci constitue la principale organisation intergouvernementale consacrée à cette région et ambitionne tout particulièrement de promouvoir le développement durable et la protection de l'environnement[5]. La prise de conscience du potentiel économique et stratégique de l'Arctique peut être illustrée par la multiplication des demandes d'accès au statut d'observateur au sein du Conseil de l'Arctique par des États pourtant non riverains de cette zone. Cela concerne ainsi plusieurs membres de l'UE, comme l'Allemagne (depuis 1998) et la France (2000), ainsi que le Royaume-Uni (1998), la Chine, la Corée du Sud, l'Inde, le Japon et Singapour (2013) et, enfin, la Suisse (2017).

---

3. D. Shvets et K. Hossain, « The Future of Arctic Governance: Broken hopes for Arctic exceptionalism ? », *Current Developments in Arctic Law*, 2022, vol. 10, p. 49-64, spéc. p. 49-50.
4. Une étude récente a montré que l'Arctique serait dépourvue de glace d'ici 25 ans. Y.-H. Kim et collab., « Observationally-constrained projections of an ice-free Arctic even under a low emission scenario », *Nature communications*, 6 juin 2023, [En ligne], https://www.nature.com/articles/s41467-023-38511-8.pdf.
5. Article 1er de la déclaration d'établissement du Conseil de l'Arctique signée à Ottawa le 19 septembre 1996.

L'UE, quant à elle, a connu des difficultés pour définir son positionnement à l'égard de l'Arctique, en raison d'abord de sa situation géographique. Seule une petite partie des territoires arctiques se trouvent en Europe. Parmi ceux-ci, seule une fraction appartient à l'UE, depuis que la Suède et la Finlande ont adhéré à celle-ci en 1995. Aucun de ces deux États ne dispose toutefois de littoral bordant l'océan Arctique. Le Danemark, État membre de l'UE depuis 1973, est aussi un État arctique par l'entremise du Groenland, territoire autonome du royaume qui a quitté l'UE en 1985. Si le droit de l'Union ne s'y applique plus, le Groenland demeure cependant associé à l'Union en tant que territoire d'outre-mer[6]. Enfin, l'Islande et la Norvège, deux États arctiques disposant d'un vaste littoral, ne sont pas membres de l'Union. Ils y sont toutefois étroitement associés, en participant notamment au marché intérieur par l'intermédiaire de l'Espace économique européen (EEE)[7].

De manière consubstantielle à cette dimension géographique, l'Union présente également des difficultés à proposer un narratif cohérent sur son positionnement en Arctique[8]. La politique arctique de l'Union a débuté avec une première communication présentée en 2008, renouvelée en 2012 et 2016[9]. Elle a d'abord été marquée par une quête de légitimité auprès des « Arctic 8[10] » et à une promotion – par des poncifs parfois creux – du développement durable sans réelle stratégie claire tenant compte des demandes de la région[11]. La communication conjointe présentée par la Commission et

6. Voir la décision (UE) 2021/1764 du Conseil du 5 octobre 2021 relative à l'association des pays et territoires d'outre-mer à l'Union européenne, y compris les relations entre l'Union européenne, d'une part, et le Groenland et le Royaume de Danemark, d'autre part, *JO* L 355 du 7 octobre 2021, p. 6.

7. Accord sur l'Espace économique européen, JOCE 1993 L. 1, p. 3.

8. Voir par exemple P. Pic, « L'UE et l'Arctique : perspectives sur relation complexe », dans Olivier Bischel et collab., *L'Union européenne, puissance globale dans les relations internationales et transatlantiques*, Bruylant, 2023, p. 689-702.

9. Communication de la Commission européenne au Conseil et au Parlement européen, « L'Union européenne et la région arctique », 20 novembre 2008, COM (2008) 763; communications conjointes de la Commission européenne et de la haute représentante pour les affaires étrangères et la politique de sécurité, « Élaboration d'un politique de l'UE pour la région de l'Arctique: progrès réalisés depuis 2008 et prochaines étapes », 26 juin 2012, JOIN (2012) 19, et « Une politique arctique intégrée de l'Union européenne », 27 avril 2016, JOIN (2016) 21 final.

10. L. Mayet, « Nouveau cap de l'Union européenne sur l'Arctique », *Question d'Europe*, Fondation Robert Schuman, 2021, n° 614, p. 1, [En ligne], https://www.robert-schuman.eu/fr/doc/questions-d-europe/qe-614-fr.pdf.

11. A. Amelot et collab., « La nouvelle politique arctique de l'UE: vers une approche de plus en plus géopolitique ? », *Groupe d'études géopolitiques*, note de travail, novembre 2021, p. 5, [En ligne], https://geopolitique.eu/2021/11/08/la-nouvelle-politique-arctique-de-lue-vers-une-approche-de-plus-geopolitique/.

le haut représentant de l'Union pour les affaires étrangères de l'Union le 13 octobre 2021 constitue à ce titre un tournant. Son engagement en faveur « d'une région arctique pacifique, durable et prospère » est marqué par l'affirmation ferme de la nécessité d'une politique de l'Union en Arctique, de son « arcticité » assumée, liée au fait qu'elle se situe – même partiellement – en Arctique et y joue un rôle[12]. Celui-ci est bien sûr commercial : l'UE importe une large partie de ses ressources de cette zone. Elle indiquait, avant la guerre en Ukraine, importer 87 % du gaz liquéfié produit dans l'Arctique russe[13], et s'appuie désormais largement sur les ressources norvégiennes puisées dans la mer de Barents. Elle constitue également un débouché majeur pour les produits de la pêche issus de l'Arctique. Ces activités induisent nécessairement des externalités négatives qui accroissent la pollution de l'Arctique et celle-ci est également affectée par l'empreinte carbone de l'Union européenne qui s'élève à 10 % de l'empreinte mondiale[14]. En ce sens, l'Union, qui s'affiche comme leader mondial de la lutte contre le changement climatique[15], ne saurait se dispenser d'une politique arctique ambitieuse.

Sur le plan juridique, les compétences de l'Union doivent d'ailleurs la conduire à jouer un rôle. Elle possède par exemple des compétences exclusives (elle seule, et non les États membres, peut agir), dans les domaines de la politique commerciale ainsi qu'en matière de conservation des ressources biologiques de la mer. Elle dispose par ailleurs des compétences partagées (que les États membres n'exercent que tant que l'Union n'a pas décidé d'agir) dans différents domaines essentiels pour la région, comme les transports, l'environnement, l'énergie, la pêche, la recherche, etc.[16] Or, l'UE exerce ses compétences tant sur le plan interne à l'Union que sur le plan externe[17].

---

12. Communication conjointe de la Commission et du haut représentant, « Un engagement renforcé de l'UE en faveur d'une région arctique pacifique, durable et prospère », 13 octobre 2021, JOIN (2021) 27.
13. *Ibid.*, p. 12.
14. R. Lafrogne-Jossier et collab., « Un tiers de l'empreinte carbone de l'Union est dû à ses importations », *INSEE Analyses*, 2022, n° 74, [En ligne], https://www.insee.fr/fr/statistiques/6474294.
15. Commission européenne, « Le pacte vert pour l'Europe », présentation sur son site Web, [En ligne], https://ec.europa.eu/info/strategy/priorities-2019-2024/european-green-deal_fr, consulté le 9 juin 2023.
16. Respectivement articles 3 et 4 du traité sur le fonctionnement de l'Union européenne (TFUE).
17. Cour de justice des communautés européennes (CJCE), 31 mars 1971, Accord européen relatif au transport des équipages (*AETR*), aff. 22-70, *Rec.* 263. Voir l'article 3 du TFUE concernant les compétences exclusives. Dans les domaines où l'Union a une compétence exclusive, elle est la seule à pouvoir négocier et conclure l'accord. S'il s'agit d'une compétence partagée (article 4 du TFUE), alors l'accord est conclu à la fois par l'Union et ses États membres ; il s'agit alors d'un accord mixte.

Ainsi, même si elle ne possède aucun littoral sur l'océan Arctique, elle peut conclure des accords internationaux afin d'en protéger les ressources vivantes, en vertu de sa compétence exclusive en ce domaine. Elle peut aussi conclure des accords dans des domaines où elle exerce sa compétence partagée, comme en matière de sécurité maritime ou de protection de l'environnement[18].

Il est ici proposé de fournir un aperçu des stratégies juridiques de l'UE, dont il semble qu'elles doivent être mises en regard de celles de ses partenaires européens les plus proches (Islande, Norvège, mais aussi Danemark, de par la situation du Groenland). Si le recul manque encore depuis le Brexit pour fournir une analyse plus globale, la place du Royaume-Uni[19], désormais partenaire commercial de l'UE aux intérêts parfois divergents, sera ponctuellement évoquée. S'il n'est pas un État arctique, il estime être « le plus proche voisin[20] » de la région où il est susceptible d'exercer une influence importante. Il découle de cette approche une meilleure compréhension des enjeux fondamentaux de la région qui s'articulent autour d'une tension entre protection de l'environnement et développement économique. Ainsi, l'UE, parfois aidée de ses partenaires, s'affirme progressivement comme une actrice de l'Arctique (1). Le bilan de son influence, qui parfois va à l'encontre des intérêts des mêmes partenaires, apparaît cependant en demi-teinte (2).

1. L'AFFIRMATION DE L'UE COMME ACTRICE DE L'ARCTIQUE

« L'Union européenne (UE) est présente dans l'Arctique » : ainsi débute la communication conjointe du 13 octobre 2021 pour un « engagement renforcé en faveur d'une région arctique pacifique, durable et prospère ». L'Union expose d'emblée la légitimité de son action dans la région. Elle s'affirme comme une actrice incontournable de l'Arctique européen (1.1), tout en ambitionnant d'exercer une influence plus globale dans l'Arctique circumpolaire (1.2).

---

18. H. Ringbom, « The European Union and Arctic Shipping », dans N. Liu et collab., *The European Union and the Arctic*, Brill Nijhoff, 2017, p. 239-273, spéc. p. 243.
19. Le gouvernement du Royaume-Uni a publié ses priorités pour la région le 9 février 2023 dans un document intitulé « Looking North: The UK and the Arctic. The United Kingdom's Arctic Policy Framework », [En ligne], https://www.gov.uk/government/publications/looking-north-the-uk-and-the-arctic/looking-north-the-uk-and-the-arctic-the-united-kingdoms-arctic-policy-framework. Ce document ne contient pas une seule mention de l'Union européenne (à l'exception de la liste des abréviations). Sont toutefois mentionnés les États arctiques européens, membres ou non de l'UE.
20. *Ibid.*

1.1 L'Arctique européen

L'UE entend mettre en cohérence sa politique arctique avec sa législation sur le climat qui comprend, par exemple, des mesures relatives à l'utilisation des énergies renouvelables et au développement des transports à faibles émissions. Elle s'inscrit ainsi dans le Pacte vert européen, adopté en 2020, par lequel elle se positionne en leader mondial en matière de lutte contre le changement climatique. Elle veut ainsi atteindre la neutralité climatique d'ici 2050. L'UE promeut des solutions durables et responsables dans l'Arctique européen pour l'extraction de minerais nécessaires à la transition énergétique[21] et souhaite constituer un exemple en matière de développement durable dans la région. Sa compétence partagée en matière d'environnement constitue un levier à l'égard de la Finlande et de la Suède, qui sont soumises au droit dérivé de l'UE en matière environnementale. D'ailleurs, ces deux États ont récemment adopté une stratégie pour l'Arctique mettant en avant la nécessité de limiter le changement climatique et de s'y adapter[22].

Dans le cas spécifique du Groenland, l'Union européenne a annoncé l'ouverture d'un bureau de la Commission, afin notamment de renforcer la coopération en matière de pêche durable[23]. Le Groenland revêt de plus une importance stratégique considérable[24], notamment en raison de ses ressources naturelles qui suscitent la convoitise de puissances économiques (Donald Trump avait même proposé au Danemark de lui acheter ce territoire[25] !). Le Groenland bénéficie d'une dotation de 225 millions d'euros pour la période 2021-2027, dans le cadre de la décision d'association outre-mer, qui doit notamment permettre de réaliser les priorités du pacte vert pour

21. Communication du 13 octobre 2021, p. 13.
22. Gouvernement finlandais, « Finland's Strategy for Arctic Policy », Publications of the Finnish Government 2021: 55, p. 26 et s. Gouvernement suédois, « Sweden's strategy for the Arctic region », 2020, p. 29 et s.
23. Communication du 13 octobre 2021, p. 5.
24. L'Union reconnaît d'ailleurs la « position géostratégique du Groenland dans l'Arctique » dans l'article 3 §4 de la décision (UE) 2021/1764 du Conseil du 5 octobre 2021 relative à l'association des pays et territoires d'outre-mer à l'Union européenne, y compris les relations entre l'Union européenne, d'une part, et le Groenland et le Royaume de Danemark, d'autre part (décision d'association outre-mer, y compris le Groenland), *JO* L 355, 7 octobre 2021, p. 6.
25. Voir par exemple *Le Monde*, « Donald Trump confirme qu'il aimerait acheter le Groenland », 19 août 2019, [En ligne], https://www.lemonde.fr/international/article/2019/08/19/donald-trump-confirme-qu-il-aimerait-acheter-le-groenland_5500637_3210.html.

l'Europe[26]. L'Islande et la Norvège, quant à elles, par leur participation à l'EEE, appliquent de nombreux actes de la politique environnementale de l'UE. Par exemple, la directive établissant un système d'échanges de quotas d'émission de gaz à effet de serre a été incorporée dans l'accord EEE[27]. En revanche, la « Loi européenne sur le climat[28] » de 2021, qui établit le cadre visant à atteindre la neutralité climatique, ne relève pas du champ d'application de l'accord[29]. De même, en matière de transport, certains actes ont une incidence spécifique sur la région arctique, comme la directive n° 2009/17[30] incorporée dans l'accord en 2012[31], qui crée un système de suivi du trafic des navires et qui prévoit certaines mesures en cas de risques liés à l'état des glaces[32]. Le Royaume-Uni, pour sa part, s'est engagé, dans l'accord de commerce et de coopération conclu avec l'Union, à maintenir son niveau de protection de l'environnement et du climat tel qu'il existait avant la fin de la période de transition conduisant à l'effectivité de son retrait de l'UE[33]. Il a ainsi dû établir un système de tarification du carbone et il reconnaît, notamment, le principe du pollueur-payeur[34].

---

26. Commission européenne, communiqué de presse, « Pays et territoires d'outre-mer : renforcement de la coopération en faveur de la prospérité verte et de l'amélioration de l'apprentissage et des compétences », 17 décembre 2021, [En ligne], https://ec.europa.eu/commission/presscorner/detail/fr/IP_21_6921.
27. Directive 2003/87/CE du Parlement européen et du Conseil établissant un système d'échange de quotas d'émissions de gaz à effet de serre dans la Communauté et modifiant la directive 96/61/CE du Conseil, *JO* L 275 du 25 octobre 2003, p. 32. Incorporée par décision du Comité mixte n° 146/2007 du 26 octobre 2007, *JO* L 100 du 10 avril 2008, p. 92.
28. Règlement (UE) 2021/1119 du Parlement européen et du Conseil du 30 juin 2021 établissant le cadre requis pour parvenir à la neutralité climatique et modifiant les règlements (CE) n° 401/2009 et (UE) 2018/1999 (« Loi européenne sur le climat »), *JO* L 243, 9 juillet 2021, p. 1.
29. Ni l'Union ni les États associés n'ont estimé que cet acte relevait de son champ d'application. L'acte a été adopté en vertu de l'article 191 du TFUE, que l'article 73 de l'accord EEE ne reflète que partiellement.
30. Directive (CE) n°2009/17 du Parlement européen et du Conseil modifiant la directive (CE) n° 2002/59 relative à la mise en place d'un système communautaire de suivi du trafic des navires et d'information du 23 avril 2009, *JO* L 131 du 28 mai 2009, p. 101. Voir M. Jacquot, *L'action multidimensionnelle de l'Union européenne en Arctique: une contribution à l'action extérieure de l'Union européenne*, thèse, Université de Bretagne occidentale, Brest, 2019, p. 77.
31. Comité mixte de l'EEE n° 59/2012 du 30 mars 2012, *JO* L 207 du 2 août 2012, p. 39.
32. Article 18 *bis* de la directive.
33. Accord de commerce et de coopération entre l'Union européenne et la Communauté européenne de l'énergie atomique, d'une part, et le Royaume-Uni de Grande-Bretagne et d'Irlande du Nord, d'autre part, *JO* L 149 du 30 avril 2021, p. 10, article 391.
34. *Ibid.*, article 392 et article 393, 1. e).

Sur le plan de la diplomatie internationale, l'Islande et la Norvège soutiennent la participation de l'UE en Arctique. Ces deux États appuient par exemple sa demande d'obtention du statut d'observateur au sein du Conseil de l'Arctique. L'unité entre ces trois partenaires s'est récemment manifestée à l'occasion de la suspension de leurs activités menées dans le cadre de la politique de dimension septentrionale (Northern Dimension Policy) avec la Russie et le Bélarus[35]. Cette politique, qui réunit depuis 1999 l'Union, la Norvège, l'Islande, et jusqu'en 2022 la Russie, permet une coopération sur de nombreux sujets, dont les questions environnementales. Les liens avec la Russie ont également été rompus dans le cadre du Conseil euro-arctique de la mer de Barents[36] et du Conseil des États de la mer Baltique, dont, outre l'Union et certains de ses États membres, sont également parties prenantes l'Islande et la Norvège[37]. Ces forums visant la coopération, notamment en matière environnementale, ont d'ailleurs constitué un terrain d'influence de l'Union européenne qui lui permet de devenir une actrice identifiée, visible, de la région arctique[38]. L'Union est également en mesure d'exercer une influence plus globale sur la scène de l'Arctique circumpolaire.

1.2 L'Arctique circumpolaire

La compétence exclusive de l'UE pour adopter des mesures de conservation des ressources biologiques de la mer lui permet de conclure des accords internationaux à cette fin. Outre la Convention des Nations unies sur le droit de la mer du 10 décembre 1982, elle est aussi partie à l'accord visant à prévenir la pêche non réglementée en haute mer dans l'océan Arctique central. Cet accord a été signé par les cinq États de l'océan Arctique (« Arctic 5[39] »), ainsi que par la Chine, l'Islande, le Japon, la Corée du Sud et

35. « Northern Dimension Policy: Joint Statement by the European Union, Iceland and Norway on suspending activities with Russia and Belarus », 8 mars 2022, [En ligne], https://www.eeas.europa.eu/eeas/northern-dimension-policy-joint-statement-european-union-iceland-and-norway-suspending_en.

36. « Barents Euro-Arctic cooperation: Joint Statement of the European Union, Finland, Denmark, Iceland, Norway and Sweden on suspending activities with Russia », 9 mars 2023, [En ligne], https://www.eeas.europa.eu/node/112462_fr.

37. « Russia/Belarus: Members suspend Russia and Belarus from Council of the Baltic Sea States », 5 mars 2022, [En ligne], https://www.eeas.europa.eu/eeas/russiabelarus-members-suspend-russia-and-belarus-council-baltic-sea-states_en.

38. M. Jacquot, *op. cit.*, p. 264.

39. Canada, Norvège, Russie, États-Unis et Danemark. Celui-ci agissant pour ses territoires d'outre-mer (Groenland et îles Féroé), il n'est pas tenu de suivre la position de l'Union européenne lorsqu'elle exerce sa compétence exclusive.

l'UE[40] le 3 octobre 2018. Le Royaume-Uni affirme souhaiter joindre cet accord rapidement et s'engage à contribuer à la coopération internationale en matière de recherche scientifique[41]. Cet accord prévoit – pour la première fois dans la région – des mesures afin d'assurer une gestion durable des stocks de poisson. La pêche commerciale est ainsi interdite pour une durée de seize ans (à prorogation automatique tous les cinq ans, tant qu'une partie ne s'y oppose pas)[42], jusqu'à ce que les connaissances scientifiques soient suffisantes pour assurer une gestion durable des ressources. Il n'est donc pas question d'établir une interdiction définitive de la pêche commerciale, mais plutôt de favoriser la mise en place d'un programme de recherches afin de collecter les données scientifiques permettant d'établir, à terme, les mesures de conservation et de gestion adéquates[43]. Il demeure que cette convention semble tout à fait cohérente avec l'orientation de la politique commune de la pêche dans l'Union qui « applique l'approche de précaution » et « écosystémique de la gestion des pêches » pour réduire au minimum les incidences négatives de ces activités, et qui contribue ainsi « à la collecte de données scientifiques[44] ».

L'invitation de l'Union par les « Arctic 5 » à ces négociations tient sans doute au fait que l'UE constitue le premier débouché des ressources halieutiques de la région[45]. Si l'Union demeure ici largement tributaire de la disposition des États arctiques à l'associer, elle exerce néanmoins une influence dans le domaine de la sécurité marine. Bien qu'elle ne soit pas membre de l'Organisation maritime internationale (OMI), la Commission y bénéficie du statut d'observateur, en vertu de la compétence partagée de l'UE en matière de transport[46]. L'UE a exercé une influence dans l'adoption du « Code polaire[47] » entré en vigueur le 1er janvier 2017, en permettant

40. Décision (UE) 2019/407 du Conseil du 4 mars 2019 relative à la conclusion, au nom de l'Union européenne, de l'accord visant à prévenir la pêche non réglementée en haute mer dans l'océan Arctique central, *JO* L 73, 15 mars 2019, p. 1.

41. Gouvernement du Royaume-Uni, « Looking North: The UK and the Arctic. The United Kingdom's Arctic Policy Framework », *op. cit.*

42. Voir l'article 13 de l'accord.

43. M. Jacquot, *op. cit.*, p. 258.

44. Article 2 § 2, §3 et §4 du Règlement (UE) n° 1380/2013 du Parlement européen et du Conseil du 11 décembre 2013 relatif à la politique commune de la pêche, *JOUE*, L. 354 du 28 décembre 2013, p. 22.

45. M. Jacquot, *op. cit.*, p. 256.

46. Article 4, §2, g) du TFUE.

47. OMI, *Recueil international de règles applicables aux navires exploités dans les eaux polaires*, Résolution MEPC 264 (68).

notamment une coordination des positions des États membres[48] et en appuyant la proposition danoise visant à rendre cette réglementation juridiquement contraignante[49]. Ce code vise à assurer la durabilité de la navigation dans les zones polaires, en lien avec l'accroissement de la densité du trafic maritime. Il comprend des mesures visant à prévenir la pollution en mer, en énonçant notamment le principe d'interdiction de tout rejet d'hydrocarbures en mer. Une insuffisance majeure réside néanmoins dans l'absence d'interdiction du transport du fioul lourd, source de risques graves en cas de déversement accidentel, même en petites quantités[50]. Finalement adoptée par l'OMI et entrée en vigueur le 1er novembre 2022[51], une telle interdiction est soutenue par l'Union, « qui militera en faveur de sa mise en œuvre rapide et intégrale[52] ». Le rôle international de l'Union dans l'Arctique, s'il paraît croissant, doit néanmoins être relativisé. Sa voix – notamment en faveur de la protection de l'environnement – doit composer avec des stratégies parfois divergentes.

2. L'INFLUENCE EN DEMI-TEINTE DE L'UNION EUROPÉENNE

L'existence d'un droit commun européen dans l'Arctique découle de l'exportation, par l'Union, d'un certain nombre de ses normes. Mais une diversité demeure dans des domaines cruciaux pour la région arctique (2.1). La voix de l'UE semble par ailleurs diluée à l'échelle mondiale circumpolaire, d'autant plus depuis l'invasion de l'Ukraine par la Russie (2.2).

2.1 Les divergences européennes

Le cadre juridique commun principal entre l'Union, d'une part, et l'Islande et la Norvège, l'EEE, permet l'établissement d'un socle commun en matière environnementale. Il exclut toutefois de son champ d'application d'importants sujets pourtant essentiels en matière de protection du milieu

48. Voir T. Koivurova et collab., « Overview of EU actions in the Arctic and their impact », EPRD, juin 2021, spéc. p. 97, [En ligne], https://eprd.pl/wp-content/uploads/2021/06/EU-Policy-Arctic-Impact-Overview-Final-Report.pdf.
49. M. Jacquot, *op. cit.*, p. 220.
50. L. Fedi et O. Faury, « Les principaux enjeux et impacts du Code polaire OMI », *Le droit maritime français*, n° 779, 14 avril 2016.
51. La mise en œuvre de cette obligation ne sera progressivement effective qu'à partir de 2024. Amendement à l'annexe I de la Convention internationale pour la prévention de la pollution marine par les navires (convention MARPOL), nouvelle règle 43 A. Résolution du Comité de la protection du milieu marin de l'OMI du 17 juin 2021 MEPC.329(76).
52. Communication du 13 octobre 2021, p. 11.

marin. Si l'Union possède bien une compétence exclusive en matière de politique commerciale et de conservation des ressources biologiques de la mer, ces domaines ne sont pas repris dans l'accord EEE. Ainsi, la Norvège et l'Islande ont une gestion autonome de leurs ressources marines. La volonté de garder sa souveraineté en ce domaine n'a d'ailleurs pas été étrangère au retrait de la candidature islandaise à l'adhésion à l'Union en 2015[53]. L'absence de participation de ces États à la politique commune de la pêche conduit à la conclusion d'« accords nordiques » permettant la gestion commune des ressources de mer du Nord et du Nord-Est atlantique. Les négociations – difficiles – entre l'UE et le Royaume-Uni sur le retrait de celui-ci ont d'ailleurs eu des répercussions en ce domaine. En décembre 2020, la Norvège a menacé de fermer l'accès à ses eaux si un accord tripartite n'était pas trouvé rapidement sur les poissons se déplaçant dans la mer du Nord entre les eaux norvégiennes, britanniques et de l'Union[54]. Un tel accord a finalement été atteint en mars 2021, après deux mois de discussions[55]. Pour les autres stocks, des accords bilatéraux UE (à 27)–Royaume-Uni, UE (à 27)-Norvège et Norvège–Royaume-Uni ont dû être négociés en lieu et place des conventions Norvège-UE (à 28). Les négociations entre l'UE et la Norvège n'ont pas soulevé de difficultés à cet égard. Des conflits sont intervenus entre l'Union et le Royaume-Uni, d'une part (concernant tout particulièrement les pêcheurs français), et entre la Norvège et le Royaume-Uni, d'autre part (qui ont conduit à une cessation réciproque des accès aux pêcheries entraînant un manque à gagner considérable pour l'économie britannique[56]). Ils n'ont néanmoins guère de raison de gagner les relations entre la Norvège et l'UE, qui négocient depuis 1972 des accords en matière de pêche[57]. S'il n'est pas question d'envisager une nouvelle « guerre du cabillaud », qui a empoisonné les relations entre l'Islande et le Royaume-Uni de 1958 à 1976, l'importance de la pêche dans la décision britannique de

53. *Le Monde*, « L'Islande annonce le retrait de sa candidature à l'Union européenne », 12 mars 2015, [En ligne], https://www.lemonde.fr/europe/article/2015/03/12/l-islande-annonce-le-retrait-de-sa-candidature-a-l-union-europeenne_4592749_3214.html.

54. *Reuters*, « Norway says it could block EU, British fishing vessels form Jan 1 », 11 décembre 2020, [En ligne], https://www.reuters.com/article/britain-eu-norway-fisheries-idAFKBN28L1KV.

55. Agreed Record of Fisheries Consultations Between the EU, Norway and the UK for 2021, 16 mars 2021. Cet accord, les accords tripartites ultérieurs et l'ensemble des accords nordiques sont disponibles sur le site de la Commission: https://oceans-and-fisheries.ec.europa.eu/fisheries/international-agreements/northern-agreements_en. Voir J.E. Fernández et collab., « Reflections on the Trilateral and Bilateral Fishing Negotiations Between the EU, UK and Norway », dans J.E. Fernández et collab., *Fisheries and the Law in Europe, Regulation after Brexit*, Routledge, 2022, p. 55-67, spéc. p. 56-60.

56. *Ibid.*, p. 61 et 67.

57. *Ibid.*, p. 62.

quitter l'Union peut laisser présager des négociations difficiles avec ses partenaires européens dans les années à venir. Il est toutefois significatif que le Brexit ait conduit l'Islande et le Royaume-Uni à conclure pour la première fois un accord bilatéral en matière de pêche.

Au-delà de la question du champ d'application matériel de l'accord EEE, certains actes de droit dérivés de l'UE susceptibles d'avoir une incidence dans l'Arctique n'y ont pas été incorporés en raison de l'opposition de la Norvège, qui estime qu'ils n'entrent pas dans le champ d'application géographique de l'accord. Un désaccord persiste en effet avec l'Union concernant les directives relatives à l'élaboration d'un cadre d'action communautaire dans le domaine de la politique pour le milieu marin[58] et à la sécurité des opérations pétrolières et gazières en mer[59]. Des oppositions ont surgi lors des discussions relatives à la seconde de ces directives: certains députés européens avaient suggéré d'y inclure un moratoire sur l'exploitation du gaz et du pétrole en Arctique. Bien que l'Union n'ait pu l'accepter en raison de son absence de compétence sur les eaux norvégiennes, la Norvège a vu cela comme une menace dans ses intérêts économiques[60].

La diversité stratégique se mue en effet parfois en une certaine rivalité. Les premiers pas de l'Union en matière de politique arctique avaient tout d'abord irrité ses partenaires. La position du Parlement européen en 2008 en faveur d'une sanctuarisation de l'Arctique, assimilable à celle de l'Antarctique, avait été fort peu appréciée par la Norvège[61]. De même, le litige relatif à l'interdiction par l'Union des produits dérivés du phoque[62] avait conduit la Norvège à saisir l'Organe de règlement des différends (ORD) de l'Organisation

58. Sur la directive stratégie marine, voir l'article du ministère norvégien des Affaires étrangères, « Environment and climate change » du 25 mars 2015, [En ligne], https://www.regjeringen.no/en/topics/european-policy/areas-cooperation/environment-climate/id686218/.

59. B. Alterskjær et A.T. Andersen, « Offshore safety directive – EEA relevance and geographical applicability », ALT Law firm, à l'intention de la fondation Bellona Europa, 13 mars 2013, [En ligne], https://bellona.no/assets/sites/2/2015/06/fil_Offshore_EEA_relevance1.pdf.

60. A. Østhagen et A. Raspotnik, « Partners or Rivals? Norway and the European Union in the High North », dans N. Liu et collab., *The European Union and the Arctic*, Brill Nijhoff, 2017, p. 97-118, spéc. p. 111.

61. Résolution du Parlement européen du 9 octobre 2008 sur la gouvernance arctique, 9 octobre 2008, P6TA(2008)0474, spéc. pt. 15.

62. Règlement (CE) n° 1007/2009 du Parlement européen et du Conseil du 16 septembre 2009 sur le commerce des produits dérivés du phoque, *JO* L 286 du 31 octobre 2009, p. 36. Règlement (UE) n° 737/2010 de la Commission du 10 août 2010 portant modalités d'application du règlement (CE) n° 1007/2009 du Parlement européen et du Conseil sur le commerce des produits dérivés du phoque, *JO* L 216 du 17 août 2010, p. 1.

mondiale du commerce (OMC). Elle estimait que les dérogations posées par l'Union étaient discriminatoires. L'UE n'a ainsi pu maintenir que l'exception permettant aux communautés autochtones de chasser les phoques[63]. Les mammifères marins sont plus largement susceptibles de constituer une source de dissensions avec la Norvège, mais aussi l'Islande et le Groenland. Un litige a en effet opposé l'Union et le Danemark lors de l'établissement des quotas de chasse de subsistance accordés au Groenland dans le cadre de la Convention baleinière internationale[64]. Si le Danemark soutenait l'augmentation des quotas, l'Union quant à elle défendait une position conservationniste. À l'acmé du conflit, le Danemark a menacé de se retirer de la Convention. Un compromis, favorable à la position danoise, a été trouvé en 2014[65]. Si l'Islande a annoncé envisager de mettre fin à la chasse à la baleine d'ici à 2024[66], la Norvège, qui ne reconnaît pas le moratoire international établi dans le cadre de la Commission baleinière internationale[67], entend poursuivre cette activité. Le Parlement européen l'avait d'ailleurs vainement exhortée à mettre fin à cette activité en 2017[68]. Un autre sujet de discorde réside dans l'interprétation du traité du 9 février 1920 concernant le Spitzberg, qui octroie à la Norvège la souveraineté sur les îles du Svalbard, mais accorde aux parties (43 aujourd'hui) le droit d'en exploiter les ressources terrestres et marines. L'Union estime que la zone économique exclusive autour de l'archipel est soumise au traité de 1920, tandis que la Norvège lui applique un régime de protection des pêches. Selon son interprétation, confirmée par sa Cour suprême en 2019 dans un litige impliquant un chalutier letton[69], seules les

63. Règlement (UE) 2015/1775 du Parlement européen et du Conseil du 6 octobre 2015 modifiant le règlement (CE) n° 1007/2009 sur le commerce des produits dérivés du phoque et abrogeant le règlement (UE) n° 737/2010 de la Commission, *JO* L 262, 7 octobre 2015, p. 1. Ce texte, marqué comme présentant de l'intérêt pour l'EEE par l'UE, n'est pas considéré comme relevant du champ d'application de l'accord.

64. Convention internationale pour la réglementation de la chasse à la baleine signée le 2 décembre 1946 et entrée en vigueur à partir du 10 novembre 1948.

65. M.C. Eritja, « Strengthening the European Union – Greenland's Relationship for Enhanced Governance of the Arctic », dans N. Liu et collab., *The European Union and the Arctic*, 2017, p. 65-96, spéc. p. 94-95.

66. *The Guardian*, « Iceland to end whaling in 2024 as demand dwindles », 4 février 2022, [En ligne], https://www.theguardian.com/environment/2022/feb/04/iceland-to-end-whaling-in-2024-demand-dwindles.

67. La Norvège a émis une objection au moratoire international. Accord de la Commission baleinière internationale (CBI) fixant un quota zéro de captures pour la chasse à la baleine à des fins commerciales, entré en vigueur en 1986.

68. Résolution du Parlement européen du 12 septembre 2017 sur la chasse à la baleine en Norvège (2017/2712[RSP]).

69. Cour suprême de Norvège, 14 février 2019, *SIA North Star Ltd v. the public prosecution authority*, HR-2019-282-S. Voir F. Vidal, « Guerre du crabe: Oslo remporte une manche importante face à Bruxelles », *Le Grand Continent*, 24 février 2019, [En ligne], https://

eaux territoriales (dépourvues de pétrole et de crabe des neiges) sont sujettes au traité de 1920.

S'agissant de la politique commerciale, l'Islande est devenue le 15 avril 2013 le premier pays européen à conclure un accord bilatéral de libre-échange avec la Chine, qui, contrairement aux objectifs de l'île, a simplement conduit à un accroissement des importations, mais pas des exportations[70]. L'Union n'a pour l'heure pas conclu semblable accord avec la Chine[71]. Un ancrage commercial de la Chine auprès de cet État arctique semble n'avoir que des incidences limitées en matière environnementale dans la région en raison de la faible dimension du marché islandais (372 000 habitants). Il illustre toutefois un rapprochement sino-islandais qui pourrait conduire à la concrétisation de projets de prospection gazière et pétrolière sur les côtes islandaises[72], voire à l'inclusion de l'Islande dans les projets des nouvelles routes de la soie[73].

Or, un des apports les plus audacieux de la communication de l'UE du 13 octobre 2021 réside dans son appel à ce que « le charbon, le pétrole et le gaz » restent dans le sol et sa détermination à faire « pression » en ce sens[74]. La Norvège n'a cependant mis en place aucun moratoire à ce sujet. Au contraire, elle autorise de nouveaux forages[75] afin de satisfaire la demande – d'ailleurs largement européenne – dans le but de favoriser l'autonomie énergétique à l'égard de la Russie. Ainsi, l'Union apparaît de plus en plus isolée à cet égard. Cela est d'autant plus vrai à l'échelle globale de l'Arctique circumpolaire.

---

legrandcontinent.eu/fr/2019/02/24/guerre-du-crabe-oslo-remporte-une-manche-importante-face-a-bruxelles/.

70. H. Kristjánsdóttir et collab., « Free Trade agreement (FTA) with China and interaction between exports and imports », *Baltic Journal of Economic Studies*, vol. 8, n° 1, 2022.

71. Seul un accord de principe relatif aux négociations d'un accord global sur les investissements a été conclu le 30 décembre 2020. Sa ratification est pour l'heure suspendue.

72. L'exploration du site Dreki a été annulée en raison de son caractère trop coûteux. Celle de Gammur pourrait être poursuivie. Voir A. Guschin, « China, Iceland and the Artic », *The Diplomat*, 20 mai 2015, [En ligne], https://thediplomat.com/2015/05/china-iceland-and-the-arctic/; T. Dams et collab., « Presence before power. China's Arctic strategy in Iceland and Greenland », *Clingendael Report*, juin 2020, spéc. p. 24, [En ligne], https://www.clingendael.org/sites/default/files/2020-06/presence-before-power.pdf.

73. T. Dams T. et collab., *op. cit.*, p. 27.

74. P. 2, 12 et 13 de la communication.

75. N. Adomaitis et G. Fouche, « Norway plans to offer record number of Arctic oil, gas exploration blocks », *Reuters*, 24 janvier 2023, [En ligne], https://www.reuters.com/business/energy/norway-offers-up-92-new-oil-gas-exploration-blocks-2023-01-24/.

2.2 Les divergences circumpolaires

L'appel de l'UE à mettre un terme à l'exploitation des hydrocarbures et du charbon dans l'Arctique, « en se fondant sur des moratoires partiels sur l'exploration d'hydrocarbures[76] », semble devoir rester lettre morte. Alors même qu'il avait promis de mettre fin aux forages pétroliers sur les terres fédérales, Joe Biden a effectué un revirement total en autorisant, le 13 mars 2023, un projet pétrolier situé en Alaska, au nord du cercle polaire. Il devrait conduire à l'exploitation de 180 000 barils de pétrole par jour[77], soit un total de 600 millions de barils sur 30 ans[78]. Ce projet pourrait équivaloir à 40 % de la production actuelle de l'Alaska[79] et représenter 239 millions de tonnes de CO^2. La Russie, de la même manière, entend exploiter et exporter au maximum les ressources en hydrocarbures de la région[80]. Cette volonté n'est d'ailleurs pas étrangère à la militarisation de l'Arctique, tant l'augmentation du budget militaire de la Russie (il a triplé en dix ans), nécessite l'accroissement des revenus tirés de ses ressources[81].

De plus, l'unanimité européenne – UE, Norvège, Islande et Royaume-Uni – concernant l'interdiction du transport du fioul lourd contraste avec l'opposition de certains États arctiques. Si l'affirmation du Canada de ne pas se conformer à cette règle se veut transitoire dans l'attente de l'adoption interne de cet engagement[82], la Russie a quant à elle clairement affirmé que cette interdiction n'entrerait pas en vigueur sur son territoire[83]. C'était d'ailleurs

76. Voir p. 13 de la communication du 13 octobre 2021.

77. A. Leparmentier, « Projet pétrolier Willow en Alaska: le revirement de Joe Biden, sous pression juridique et politique », *Le Monde*, 15 mars 2023, [En ligne], https://www.lemonde.fr/planete/article/2023/03/15/projet-petrolier-willow-en-alaska-le-revirement-de-joe-biden-sous-pression-juridique-et-politique_6165490_3244.html.

78. Laurence Nardon a été interviewée par Fabienne Sintès dans l'émission *Un jour dans le monde* sur France Inter, le 15 mars 2023. Transcription disponible sur le site de l'Institut français des relations internationales (IFRI), [En ligne], https://www.ifri.org/fr/espace-media/lifri-medias/projet-willow-alaska-trahison-ecolo-de-biden.

79. A. Leparmentier, *op. cit.*

80. D. Rakov, « Russia's New Naval Doctrine: A "Pivot to Asia" ? », *The Diplomat*, 19 août 2022, [En ligne], https://thediplomat.com/2022/08/russias-new-naval-doctrine-a-pivot-to-asia/.

81. Voir A. Oudot de Dainville, « Stratégie navale russe et conséquences maritimes de la guerre en Ukraine », *Revue Défense nationale*, vol. 2, n° 857, 2023, p. 85 à 89, spéc. p. 86.

82. OMI, « Declaration by Canada pursuant to Article 16(2)(f)(ii) of MARPOL », 20 octobre 2022, PMP.1/Circ.227.

83. OMI, « Declaration by the Russian Federation pursuant to Article 16(2)(f)(ii) of MARPOL », 20 octobre 2022, PMP.1/Circ.228.

sur insistance de la Russie que les navires battant pavillon d'un État arctique avaient obtenu un délai de cinq ans, jusqu'en 2029 au lieu de 2024, pour se conformer à cette interdiction.

Par ailleurs, la guerre en Ukraine, si elle remodèle l'ensemble des relations dans l'Arctique, a aussi des incidences sur la position institutionnelle de l'UE. S'il n'est pas certain que la suspension de la Russie des activités du Conseil de l'Arctique soit juridiquement valide[84], la situation qui en découle ne risque guère de faire avancer la demande d'obtention du statut d'observateur de l'UE au Conseil de l'Arctique. En tout état de cause, la Russie s'opposait à cette demande depuis les sanctions émises par l'UE en réaction à l'invasion de la Crimée en 2014[85]. Plus globalement, l'influence de l'UE, comme celle des sept États occidentaux de l'Arctique, risque d'être diluée à mesure que la Russie se concentre sur le développement de sa propre stratégie arctique et se tourne vers de nouveaux partenaires, non arctiques, mais désireux d'accroître leur influence dans la région, comme l'Inde ou la Chine. Cette dernière aspire d'ailleurs à devenir incontournable, après avoir dévoilé, en 2018, le volet arctique de sa stratégie des routes de la soie[86]. Elle entend ainsi bénéficier des immenses ressources en hydrocarbures de la région et tirer profit de futures routes commerciales. Au détriment de la protection de l'environnement marin.

84. La déclaration d'Ottawa sur la création du Conseil de l'Arctique de 1996 ne permet pas une telle suspension. Elle prévoit par ailleurs, dans son considérant 7, que toutes ses décisions sont prises par consensus.

85. L. Mayet, « Nouveau cap de l'Union européenne sur l'Arctique », 2014, p. 1.

86. State Council Information Office, « China's Arctic Policy », janvier 2018, [En ligne], http://english.www.gov.cn/archive/white_paper/2018/01/26/content_281476026660336.htm, consulté le 9 juin 2023.

CHAPTER 18

The Role of International Investment Law in Fostering Sustainable Investment in the Marine Environment

An Analysis on the Most Recent Trends in Treaty Drafting and Investor–State Dispute Settlement

Vu Kim Ngan and Tran Duc Phu

ABSTRACT

The inclusion of sustainable development provisions in international investment agreements (IIAs) has proliferated. Compared with the initial purpose of investment protection, the creation of IIAs has been moving towards balancing the interests of investors and the right of states to regulate for public purposes. The environment, including the marine environment, has been indicated as among the public interests that states aim to protect. Yet the extent to which IIA provisions can foster responsible investment remains unclear, given the different approaches reflected in IIAs and the limited references to domestic law and regulations in this area. At the same time, even if sustainable development provisions can provide the legal basis for a tribunal to consider environment protection when settling investor–state disputes (ISDS), there has not been a uniform approach to tackling these provisions or the concept of public interest. Furthermore, given that the marine environment is increasingly affected by climate change, and that investment can contribute to the mitigation and adaptation of climate change adverse effects, there is a need to promote sustainable investment in this field. On such a basis, this paper aims to conduct an analysis on the most recent trends in drafting IIA treaties as well as investor–state dispute settlement to assess the role of international investment law in fostering sustainable investment in the marine environment, thereby providing recommendations to further promote this role in future IIAs and ISDS cases.

Keywords: *Sustainable investment, marine environment, treaty drafting, investor-state dispute settlement*

The landscape of international investment agreements (IIAs) has witnessed a notable surge in the inclusion of sustainable development provisions. Originally designed to safeguard investments, the evolution of IIAs has progressively shifted towards achieving a balance between investors' benefits and the sovereign right of states to regulate for public interest. Significantly, public interests such as environmental protection, including the marine environment, have emerged as focal points for state safeguarding endeavours. However, the effectiveness of these IIA provisions in promoting responsible investment remains ambiguous, given the divergent approaches within IIAs and the scant integration of domestic laws and regulations in this context.

Despite the potential for sustainable development provisions to serve as a legal foundation for tribunals to consider environmental protection in investor–state dispute settlement (ISDS), a consistent approach to address these provisions or the concept of public interest is lacking. Given the compelling evidence pointing to the adverse environmental impacts of foreign investment, it is imperative that efforts be made to promote sustainable investment in host states.

Building upon this foundation, the initial part of this paper attempts to analyze the most recent trends in drafting IIA treaties and ISDS. This analysis serves as a critical foundation for the subsequent exploration, in which the paper examines the coverage of IIAs and analyzes a number of investor–state disputes, with a specific focus on assessing the role of international investment law in fostering sustainable investment in the marine environment. Through this analysis, some evaluations and recommendations are made to provide insights on enhancing the role of international investment law in shaping future IIAs and ISDS cases towards fostering sustainable investment in the marine environment.

1. THE INCLUSION OF SUSTAINABLE DEVELOPMENT PROVISIONS IN INTERNATIONAL INVESTMENT AGREEMENTS

1.1 Current trends of international investment agreements

There are two types of IIA. One is a plain investment agreement, commonly in the form of a bilateral investment treaty (BIT), and the other takes the form of a chapter embedded in an international treaty, usually an economic agreement other than a BIT, which includes investment-related provisions (a "treaty with investment provisions," or TIP). According to statistics from the United Nations Conference on Trade and Development (UNCTAD), as of 2023, approximately 2,584 IIAs are in force, of which BITs account for a dominant fraction, with 2,219 treaties.

The first IIA in the form of a BIT was recognized in 1959, concluded between Germany and Pakistan on 25 November 1959 and entering into force on 28 April 1962.[1] Since then, the world has witnessed a continuing upward trend in the number of IIAs signed, reaching a peak of 1,285 treaties signed during the period of 1990–1999 (Figure 18.1). Recently, however, the number of IIAs signed suffered a noticeable downswing to 539 treaties recorded in 2022 (Figure 18.1), excluding IIAs that had effectively been terminated. The World Investment Report 2023, executed by UNCTAD, also identified the dominance of treaty terminations over new IIAs for the third consecutive year. The crucial factor explaining this trend is the growing number of nations that are reviewing their existing international investment agreements in a critical manner. This practice has been motivated in part by the increasingly contentious use of the ISDS mechanism to enable foreign investors to file lawsuits at international tribunals against their host states and claim compensation when they claim the host state has violated the agreements of the treaty, thereby turning hosts against such treaties.[2]

1. Sauvant K.P. & Sachs L.E., *The Effect of Treaties on Foreign Direct Investment: Bilateral Investment Treaties, Double Taxation Treaties and Investment Flows*, Oxford University Press, Oxford and New York, 2009.
2. Waibel M., Kaushal A., Kyo-Hwa C. & Balchin C., *The Backlash Against Investment Arbitration: Perceptions and Reality*, Kluwer Law International, 2010.

FIGURE 18.1 – Number of IIAs signed and in force, by date and signature, 1959–2022

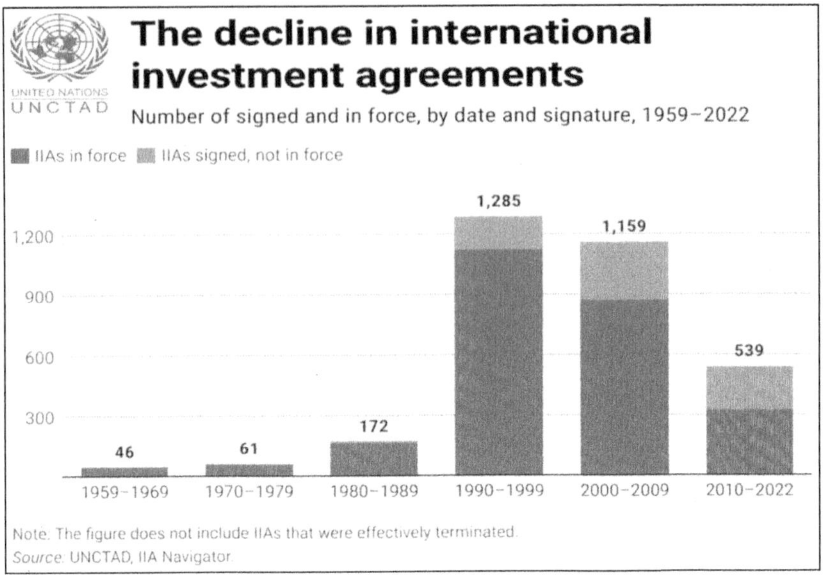

Source: UNCTAD, World Investment Report 2023, Available online: https://unctad.org/conference/ntfc-global-forum-2022/publication/world-investment-report-2023.

Efforts to reform the IIA regime have continued in 2023 with the creation of new types of investment-related agreements, the termination of existing bilateral investment treaties, and ongoing multilateral negotiations to reform ISDS mechanisms. In addition, adverse impacts on host states caused by the investment and investors have also effectively driven the current changes in the nature and content of IIAs.

1.2 Serious damages caused by investment activities to host states

Since the 1990s, environmental degradation has been acknowledged as a serious threat at a global level, mainly caused by increasing economic activity, including foreign direct investment (FDI).[3] Notwithstanding the variety of benefits FDI brings to host states, it can also generate numerous negative externalities, especially regarding environmental pollution and

3. Mabey N. & McNally R., *Foreign Direct Investment and the Environment: From Pollution Havens to Sustainable Development*, WWF-UK, UK, 1998, p. 3.

natural resource exploitation,[4] with devastating effects on the host state's environment, and even contribute to global climate change. In addition, it is obvious that investment inflows have increasingly shifted towards developing nations with lax regulations on environmental protection. This trend results from the seemingly hidden agenda of a group of foreign investors who seek to avoid the cost of observing environmentally friendly standards.

Three specific cases, *Union Carbide* vs. *India, Gabriel Resources* vs. *Romania,* and *Biwater* vs. *Tanzania,* illustrate solid evidence of severe damages caused by investment activities to both the environment and the inhabitants of host states.

- *Union Carbide* vs. *India:* In 1984, the methyl isocyanate (MIC) gas leak from the factory owned by the U.S. multinational Union Carbide Corporation, located in Bhopal, India, was the worst industrial catastrophe in history. At least 40 tonnes of toxic gas were released from the factory, immediately killing at least 3,800 people, with lasting consequences in the subsequent two decades, including significant morbidity and premature deaths reported for between 15,000 and 20,000 people.[5]
- *Gabriel Resources* vs. *Romania:* This is an outstanding dispute between a foreign investor and a state under the ISDS mechanism regarding an open-pit gold and silver mine in Rosia Montana, Romania. This project encountered strong protests from non-government organizations and local opposition due to its severe potential impact on the environment and residential value. If approved, it was estimated that tens of thousands of tonnes of cyanide, an extremely toxic chemical, would be discharged annually into the environment. Moreover, nearly 1,000 houses and churches would be destroyed, including many national treasures, and many residents would lose their homes.[6]
- *Biwater* vs. *Tanzania:* The World Bank financed Tanzania for a project to renovate the water infrastructure in Dar es Salaam, provided that Tanzania shall nominate a private company to operate this project.

4. Jorgenson A., "The Sociology of Ecologically Unequal Exchange, Foreign Investment Dependence and Environmental Load Displacement: Summary of the Literature and Implications for Sustainability," *Journal of Political Ecology*, 2016, vol. 32, pp. 334–341.
5. Law and Environment Assistance Platform, Union Carbide Corporation (Appellant) v. Union of India and others (Respondents), available at: https://leap.unep.org/en/countries/in/national-case-law/union-carbide-corporation-appellant-v-union-india-and-others.
6. Italaw, available at: https://www.italaw.com/cases/8647.

> Biwater Gauff, a British-German company, was designated and then entered into sub-contracts with local companies in Tanzania. Later, the assets of one such sub-contractor, City Water, were seized and overtaken by the Tanzanian Government due to its financial inability to perform infrastructure improvements, causing a danger to public health and welfare.[7]

Based on these lessons from the past, and acknowledging serious damages that the investment and investors could cause to the host states, the scope of recent IIAs not only includes provisions on investment issues, but also non-investment provisions to promote sustainable development in general and particularly to protect the environment, including the marine environment.

1.3 The inclusion of sustainable development provisions in IIAs

There are several underlying explanations for the inclusion of sustainable development provisions (SDPs) in IIAs.

First, the inclusion of SDPs is deemed to be a reaction to the demand to reform old-generation investment agreements towards a more balanced approach between investors' benefits and host states' interests. The first BIT (Germany–Pakistan) signed in 1959 created a solid foundation for a "treatification" process of international investment law, which has primarily aimed at protecting and promoting foreign investment. This objective was demonstrated by creating various standards of treatment, including most-favoured nation (MFN), national treatment (NT), and fair and equitable treatment (FET), in the form of binding obligations for host states towards investors and investment protection, with a few exceptions, and without reciprocal obligations for investors. Obviously, the idea of protecting foreign investors, regardless of actual or potential adverse impacts that foreign investment could cause to the economic development of host states, might result in severe damages to local communities in the host states. Acknowledging the highly important need to confront sustainability challenges associated with foreign investment, there have been calls for reforms of the global investment regime to become oriented toward sustainable development,[8] as highlighted by the United Nations Sustainable Development Goals (SDGs) 2023 and the UNCTAD Investment Policy Framework

7. UNCTAD, Investment Policy Hub, available at: https://investmentpolicy.unctad.org/investment-dispute-settlement/cases/202/biwater-v-tanzania.

8. Chi M., *Sustainable development provisions in investment treaties*, UNESCAP ARTNeT, 2018, pp.12–15.

Roadmap for IIA Reform, which specifies its first element as "an orientation towards sustainable development."[9]

Second, the inclusion of SDPs helps limit the risks of the host state taking measures for the purpose of public policy or sustainable development. The devasting damages that local communities have incurred from foreign investment in the past, and concerns about sustainability, force host states to take actions against investors, which could then raise conflicts between host states and investors, and eventually lead to international disputes against host states.[10] Within the scope of old BITs, several host states were challenged by investors under the ISDS mechanism because of their measures to protect the environment, human rights, or public health. Notably, not only are provisions under old BITs seemingly biased in favour of investors, but also arbitrators in ISDS mostly emphasize the obligations of states under BITs rather than their duties on international human rights and environmental conservation.[11] In turn, existing treaties focused on international human rights or environmental law remain inadequate to cover such matters in the context of transnational investment activities.[12] Therefore, the necessity of including SDPs in new IIAs appears to be a high priority to safeguard policy space for host states pursuing sustainable development objectives.

Third, acknowledging the relationship between sustainable development and investment activities, several host states, including both developed and developing nations, are endeavouring to integrate SDPs into their international investment agreements. Even if SDPs are non-investment or non-economic issues by nature, in the context of foreign investment outbreaks, SDPs appear to be indispensable within the framework of an international investment agreement. Especially during COVID-19 period, the pandemic led to a push for further for SDP reform, as governments took an increasing number of measures to handle the negative impacts caused by the pandemic in a sustainable manner, and faced challenges from foreign investors who were directly affected by them.

---

9. UNCTAD, *International Investment Agreements: Reform Accelerator*, 2020, p. 3.
10. *Ibid.*, supra note 4.
11. Levashova Y., "Role of sustainable development in Bilateral Investment Treaties: Recent trends and developments," *Journal of Sustainable Finance and Investment*, 2012, pp. 1–3. See, for instance: *Bear Creek Mining Corporation vs. Republic of Peru*, ICSID Case No. ARB/14/2.
12. *Bear Creek Mining Corporation vs. Republic of Peru*, ICSID Case No. ARB/14/2 (dissenting opinion).

To sum up, the ultimate objective of including SDPs in IIAs is to promote an approach that is more balanced between the benefits and duties of foreign investors. Simultaneously, it also creates a level playing field between developed and developing countries by incorporating a variety of international standards on public health, human rights, and environmental protection, including protecting the marine environment, into the BITs that govern transnational investment activities. The analysis below focuses on the extent to which the treaty practice of IIAs has provided protection for the marine environment of host states.

2. THE ROLE OF INTERNATIONAL INVESTMENT AGREEMENTS IN FOSTERING SUSTAINABLE INVESTMENT IN THE MARINE ENVIRONMENT

2.1 Protection of the marine environment: Assessing the coverage of IIAs

To identify the geographical scope of investment treaties, the terms of the treaties themselves should first be considered. Regarding their scope, most BITs merely refer to investment "in the territory"[13] or "situated in the territory of"[14] a contracting party, without providing any elucidation about the concept of "territory." Even the North American Free Trade Agreement (NAFTA) 1992, considered to represent a new style of investment agreement, only indicates that the investment protection chapter applies to "investments of investors of another Party in the territory of the Party."[15] Until more recent TIPs, such as the Comprehensive and Progressive Agreement for Trans-Pacific Partnership (CPTPP), the term "covered investment" was only defined as "an investment in the territory of an investor of another Party."[16]

It is obviously ambiguous to determine the precise geographical scope of these treaties with the general term "territory." In fact, the absence of either jurisprudence or literature has led challenges to the application of such treaties regarding peculiar investment activities such as seabed exercises. Due to the unclear interpretation of the term "territory," the governance of investment activities within maritime zones has raised a variety of issues over whether "territory" includes other maritime zones where states exercise

13. E.g. Article 3(2) of Austria-Korea BIT 1991; Article 3 of Germany-Pakistan BIT 1959.
14. E.g. Article 5 of Belgium-Indonesia BIT 1970.
15. Article 1101(1)(b) of NAFTA.
16. Article 9.1 of CPTPP.

their sovereignty to exploit natural resources[17] or even the seabed, or situations in disputed maritime areas.[18]

However, in practice, this issue seems less controversial than the aforementioned analysis would suggest. In *Mobil & Murphy Oil vs. Canada,* an investment dispute involving two companies regarding their investment in the continental shelf of Canada,[19] an assumption made by the tribunal demonstrates that "territory" includes the area of the continental shelf under dispute, even though NAFTA does not indicate as such.

Regardless, to avoid inconsistency in the perspectives of tribunals in different cases, the term "territory" needs a more adequate interpretation. Acknowledging the urgency of this matter, more recent developments in treaty drafting also pay attention to broadening the geographical application of international investment law to maritime zones beyond the territorial sea. Practice on this issue appeared in some earlier IIAs, notably BITs with the EU, which specify "the territory of either of the Contracting Parties, as defined by their respective laws, including the territorial sea, and any other zone over which the Contracting Party concerned exercises, in accordance with international law, sovereignty, sovereign rights, or jurisdiction."[20] However, regardless of the existing effort to include maritime zones within the concept of "territory", seabed investment and investment occurring in areas beyond national jurisdiction (i.e., not within the territory or maritime zones of a coastal state) seem to be missing from the coverage of IIAs.

2.2 Promoting sustainable investment in the marine environment: Evidence from Investor-State Dispute Settlement

2.2.1 Case no. 1: *Windstream Energy* vs. *Canada* (2013, NAFTA 1992, UNCITRAL Arbitration rules, PCA)

Windstream Energy vs. *Canada* is an investment case in which a precautionary approach was raised to justify the protection of the environment. In this case, a US investor challenged a moratorium on offshore wind farms in Lake Ontario, Canada.

17. Article 2 of UNCLOS.
18. Articles 56 and 77 of UNCLOS.
19. *Mobil and Murphy Oil* vs. *Canada*, ICSID Case No. ARB(AF)/07/4, Decision on Liability and Principles of Quantum, 22 May 2012.
20. Article 1(4) of Portugal-Korea BIT. See also Article 1(4) of Paraguay-Switzerland BIT.

Windstream Energy LLC, a US company, submitted an application to the Ontario Feed-in-Tariff (FiT) Program through its Canadian subsidiary, Windstream Wolfe Island Shoals (WWIS), in order to gain a contract to establish an offshore wind energy facility.[21] The FiT Program set a 20-year fixed-premium price for renewable energy producers by the Ontario Power Authority (OPA) to attract investors. The FiT Program thereby assisted energy project developers to get access to finance. In 2010, OPA offered Windstream a FiT Contract for its offshore wind energy project.

In February 2011, the Government of Ontario announced a moratorium on offshore wind projects until further research was completed on the potential environmental impact of those projects and an adequate policy framework was developed. This reflects the Government's efforts to protect the marine environment. Not surprisingly, Windstream complained that the government's moratorium on offshore wind projects had rendered its project worthless and not financeable.[22] In 2013, Windstream served a Notice of Arbitration in which it alleged that Canada had breached its obligations under NAFTA.

Windstream contended, *inter alia*, that Canada breached Article 1105(1) of NAFTA[23] by imposing a moratorium on offshore wind development, which was contrary to the Respondent's representations and commitments made when encouraging the Claimant to invest in the development of offshore wind in Ontario, and by failing to respect its promise to ensure that the Claimant would not be penalized by the moratorium.[24]

Canada justified its decision to take "a cautious approach and develop a comprehensive regulatory framework before allowing any offshore wind energy facilities to be built" as a reasonable use of its regulatory powers.[25] This position was supported by the Tribunal, which accepted that Ontario's policy was "at least in part driven by a genuine policy concern that there was

21. *Windstream Energy* vs. *Canada*, UNCITRAL Arbitration, Award, 27 September 2016, para. 5.
22. *Ibid.*, para. 192.
23. Article 1105(1) of NAFTA: *"Each Party shall accord to investments of investors of another Party treatment in accordance with international law, including fair and equitable treatment and full protection and security."*
24. *Windstream Energy* vs. *Canada*, UNCITRAL Arbitration, Award, 27 Sep 2016, para. 363–364.
25. *Windstream Energy* vs. *Canada*, Government of Canada's amended Response to the Notice of Arbitration, 5 December 2013.

not sufficient scientific support for establishing an appropriate setback, or exclusion zone for offshore wind projects."[26]

However, the Tribunal found reproachable that following the moratorium, the Canadian government did little to address the scientific uncertainty surrounding offshore wind projects that it had relied upon as the main publicly cited reason for the moratorium. Several research projects proposed by the government were not executed, and during the arbitration proceeding, the counsel for Canada confirmed that the government did not plan to conduct any additional studies. Significantly, as per the Tribunal's findings, Canada did little to resolve the "legal and contractual limbo" that Windstream encountered subsequent to the imposition of the moratorium. The Tribunal additionally determined that the government did not fulfil its obligation to promptly conduct necessary scientific research for the development of its policy framework, nor did it exclude offshore wind as a viable source of renewable energy or terminate Windstream's FiT Contract. The Tribunal concluded that the government's failure to promptly implement the required actions following the implementation of the moratorium, in order to address the uncertain regulations surrounding the Windstream project, constituted a violation of fair and equitable treatment under Article 1105(1) of NAFTA.[27]

In this case, the term "genuine" policy concern emphasizes that the precautionary approach requires a minimum level of evidence. Even if a moratorium would be appropriate, the precautionary approach does not give a state the freedom to postpone a project for as long as it wants. The precautionary approach may justify provisional restrictions on an investment, but a state should gather more scientific evidence to fully assess an activity's environmental impacts. This requires them to seek out additional information in order to conduct a more objective risk assessment and review of provisional measures. In short, a moratorium imposed by the Canadian government in order to re-assess the environmental impacts, mostly to identify marine environmental adverse impacts of offshore wind energy project, could be justified. However, the Government's failure to perform any actions following such moratorium has constituted a violation of IIA provision.

26. *Windstream Energy* vs. *Canada*, UNCITRAL Arbitration, Award, 27 September 2016, para. 376.

27. *Ibid.*, para. 378–382.

2.2.2 Case no. 2: *Metalclad* vs. *Mexico* (ICSID)

A key indicator of SDG 14.5.1[28] on the protection of the marine environment is the establishment of marine protected areas (MPAs), which can significantly impact investment activities of foreign investors. Similar findings can be consulted in some cases concerning the establishment of terrestrial protected areas, such as *Metalclad* vs. *Mexico*.

In 1993, Metalclad, a US enterprise, purchased COTERIN, a Mexican company, with the intention of acquiring, developing, and operating COTERIN's hazardous waste transfer station and landfill in La Pedrera Valley, Guadalcazar. COTERIN is the registered owner of the landfill property as well as the permits and licenses that form the basis of this dispute.[29]

In September 1997, the Governor of the State issued an Ecological Decree designating the land as a Natural Area for the preservation of rare cacti. The Decree created a national or state-level nature reserve or park over most of the jurisdictional area, which resulted in prohibiting Metalclad from using its facility. Metalclad claimed that the Ecological Decree in itself constituted a breach of Article 1110 of NAFTA.[30]

In its turn, the Tribunal held that the Ecological Decree designating a cacti reserve in the area of the investment constituted an act tantamount to expropriation because it severely restricted activity within the area. Mexico indirectly expropriated Metalclad's investment without compensating Metalclad for the expropriation, which constituted a violation of Article 1110 of the NAFTA.[31]

In the case of a declaration of a MPA, it should be noted that the international community's efforts to promote the development of MPA networks in SDG 14.5 to conserve at least 10% of coastal and marine areas[32] will not have an impact on this particular finding. Ultimately, states possess significant autonomy in the establishment of MPAs, as well as the types of activities they choose to regulate within these areas. Furthermore, it must be understood that international investment law would not prevent the establishment of a MPA, but the state would be required to pay compensation to investors

---

28. SDG indicator 14.5.1: *"Coverage of protected areas in relation to marine areas."*
29. *Metalclad* vs. *Mexico*, ICSID Case No. ARB(AF)/97/1, Award, 30 August 2000, para. 2.
30. *Ibid.*, para. 1.
31. *Ibid.*, para. 109–112.
32. SDG 14.5: *"By 2020, conserve at least 10 percent of coastal and marine areas, consistent with national and international law and based on the best available scientific information."*

that are prevented from continuing activities that had been previously authorized in that area.[33]

2.2.3 Case no. 3: *Santa Elena Development Company* vs *Costa Rica* (ICSID)

Santa Elena Development Company vs. *Costa Rica* is a dispute involving the expropriation of coastal real estate. In this case, the Tribunal determined the compensation obligation for property expropriation.

In 1970, Compañia del Desarrollo de Santa Elena (CDSE), was founded in Costa Rica by a majority of shareholders who were US citizens. The primary purpose of this establishment was to purchase "Santa Elena," an area including more than 30 km of Pacific coastline, to develop tourism and residential communities. Following the acquisition of the property at an estimated cost of around 395,000 USD, CDSE initiated the formulation of a land development program and conducted comprehensive financial and technical assessments of the property in order to facilitate future development.[34] In 1978, Costa Rica issued an expropriation decree for Santa Elena (the "1978 Decree") in order to use Santa Elena for environmental purposes. Costa Rica proposed to pay CDSE the amount of approximately 1.9 million USD as compensation for the planned expropriation of the Property.[35]

The Claimant informed the Respondent that it had no objection to the expropriation but contested the price fixed by the Respondent. CDSE then claimed, as compensation, the sum of approximately 6.4 million USD, based on its own appraisal of the property. During the subsequent twenty-year period, the parties were involved in litigation before Costa Rican courts, with the amount of compensation remaining unresolved. In response to political pressure from the US Government, Costa Rica agreed to submit this issue to ICSID arbitration in 1995.[36]

The Tribunal held that international law permits the Government of Costa Rica to expropriate foreign-owned property within its territory for a public purpose, provided that it offers the prompt payment of adequate and effective compensation. While an expropriation or taking for *environmental*

33. James Harrison, "Chapter 20 International Investment Law and the Regulation of the Seabed," in *The Law of the Seabed*, Brill | Nijhoff, 2020, p. 501.

34. *Santa Elena Development Company* vs. *Costa Rica*, ICSID Case No. ARB/96/1, Award, 17 February 2000, para. 16.

35. *Ibid.*, para. 17.

36. *Ibid.*, para. 19–20.

reasons may be classified as a taking for a public purpose, and thus may be legitimate, the fact that the property was taken for this reason *does not affect either the nature or the measure of the compensation to be paid for the taking*. In other words, the expropriation of the property for environmental purposes does not change the legal character of the taking, for which adequate compensation must be paid.[37] Then, the central objective of the arbitration was to determine the valuation of the expropriated property and the amount of compensation that had to be paid to CDSE by Costa Rica.

3. EVALUATIONS AND RECOMMENDATIONS

With the goal of fostering sustainable investment in the marine environment, the aforementioned analyses of practice in treaty drafting and ISDS cases are the basis for recommendations provided below to further promote such a role in future IIAs and ISDS cases.

3.1 The extent to which IIAs can foster responsible investment in the marine environment

As analyzed above, even when IIAs are applied to investments in maritime zones of coastal countries, the extent to which IIAs can foster responsible investment in the marine environment remains unclear. It is noted that international law regulates obligations on the coastal state to "adopt laws and regulations to prevent, reduce, and control pollution of the maritime environment arising from or in connection with seabed activities subject to their jurisdiction and from artificial islands, installations, and structures under their jurisdiction."[38] This provision clearly encourages the host state to exercise its regulatory powers in the first instance to carry out due diligence to minimize the risk of causing damage to the marine environment.[39] To clarify, the provision emphasizes a precautionary approach to regulation of seabed industries in the context of uncertainties concerning the impact of new technologies on the marine environment, implying that states should adopt measures to prevent potential harm even in cases of unclear background evidence for that possibility. In this way, IIAs could foster the

37. *Ibid.*, para. 71.
38. Article 208(1) of UNCLOS.
39. On the due diligence standard, see South China Sea Arbitration, PCA Case No. 2013-19, Merits Award, 12 July 2016, para. 944. See also Harrison J., *Saving the Oceans through Law: The International Legal Framework for the Protection of the Marine Environment*, Oxford University Press, 2017, pp. 209-225.

protection of the marine environment by defining the concept of "territory" so that the scope of application not only includes different maritime zones of the host states but also seabed investment and investment occurring in areas beyond national jurisdiction (which may not belong to a single coastal state). At the same time, as mentioned, IIAs should also materialize a precautionary approach to allow a state to exercise its due diligence to protect the environment and particularly the marine environment.

3.2 Different approaches from investment cases to protect the marine environment

Based on the aforementioned cases, different approaches could be utilized in different investment cases in relation to the protection of the marine environment.

3.2.1 Precautionary approach

The precautionary approach may be invoked to justify taking action to safeguard the environment, even in the absence of definitive evidence of potential environmental harm. Nevertheless, the precautionary approach itself has inherent limitations. To invoke the precautionary approach, it is necessary for states to provide evidence at a minimum threshold, demonstrating a "genuine" policy concern. Even a precautionary approach requires that "there are plausible indications of potential risks." This understanding ensures that environmentalism is not used as a pretext for measures that substantially interfere with investment activity.[40]

The interpretation of the precautionary approach should follow the "precautionary principle" in the World Trade Organization Agreement on the Application of Sanitary and Phytosanitary Measures (SPS Agreement). Article 5.7 of the SPS Agreement[41] allows states to provisionally adopt restrictive measures to deal with scientific uncertainty, but states must "seek to obtain the additional information necessary for a more objective assessment

40. Harrison J., "Chapter 20 International Investment Law and the Regulation of the Seabed," in *The Law of the Seabed*, Brill | Nijhoff, 2020, p. 500.

41. Article 5.7 of the SPS Agreement: "In cases where relevant scientific evidence is insufficient, a Member may provisionally adopt sanitary or phytosanitary measures on the basis of available pertinent information, including that from the relevant international organizations as well as from sanitary or phytosanitary measures applied by other Members. In such circumstances, Members shall seek to obtain the additional information necessary for a more objective assessment of risk and review the sanitary or phytosanitary measure accordingly within a reasonable period of time."

of risk and review the measures accordingly within a reasonable period of time." The instance of Canada, in the case of *Windstream Energy* vs. *Canada* mentioned above, is a typical example of the state's failure to carry out the requisite research within a reasonable period of time, thereby constituting a breach of the FET standard.

3.2.2 The establishment of an MPA

As analyzed in the case of *Metaclad* vs. *Mexico*, international investment law does not prevent states from establishing MPAs; however, it requires that protection be afforded to the investor, despite the environmental concerns of the state. In such circumstances, the state is unable to argue exemption from compensating investors for impeding their business activities, even if the rationale behind such impediment is environmental protection.

It is important to note that coastal states must consider the effects of international investment law when performing their regulatory responsibilities regarding marine activities and the establishment of MPAs. Additionally, coastal states should prioritize the identification of ecosystems that need protection before granting authorization for investments in the corresponding regions, with the aim of mitigating conflicts.

Regarding expropriation, the state needs to consider whether its measures will seriously affect investment activities and avoid falling short of the original objective of generating profits for international investors (see the aforementioned case of *Santa Elena Development Company* vs. *Costa Rica*). Moreover, the state must take into account the promotion of environmental protection measures when developing an IIA, which should delimit the cases of expropriation and set forth specific factors to be considered by investment tribunals, in order to restrict situations where host states are liable to pay compensation.

3.3 Interaction between international law and international investment law

While the first generation IIAs barely considered environmental protection, subsequent generations have included more detailed provisions regulating their relationship with host states' other international obligations. In that context, the interaction between international law and international investment law with respect to the protection of the sea remains unresolved. The most notable proof of increasing interactions between these is the surge in investment disputes relating to environmental issues. There is a growing concern that the expansive interpretation of investment protection disciplines may contradict the implementation of international environmental duties. In particular, international investors frequently dispute host states' environmental protection regulations, arguing they violate investment protection obligations. These normative interactions can cause a genuine conflict when the host state cannot meet all investment and environmental obligations at once and chooses to prioritize one over the other.

In light of this, international investment law cannot exist apart from the larger international legal framework governing the environmental impacts of investment plans. Furthermore, the obligations of states under the United Nations Convention on the Law of the Sea (UNCLOS) and several environmental agreements on the protection of the marine environment against risks from investment activities have significant implications for the regulation of marine investments.

In addition, investment tribunals generally have a great deal of discretion in determining the rules that apply to investment disputes under most IIAs. But even when the relevant applicable law provisions in IIAs limit the ability of tribunals to apply other rules of international law, the provisions of IIAs can still be interpreted in light of environmental obligations. Due to its mandate, an investment tribunal must interpret the IIA under examination in light of all other applicable rules of international law.[42]

The proposed solution entails the construction and modernization of IIAs in order to strengthen the synergistic interaction between investment activities and marine environmental responsibilities. Such an approach aims to provide host governments with increased flexibility in protecting and conserving the marine environment, and to foster sustainable development in investment. Refining IIAs, by using preambles, substantive provisions, and exception clauses, is necessity to limit the interpretative discretion of arbitral tribunals. Greater precision in the formulation of IIAs would enable states to exert greater control over the interpretation of the IIAs, and encourage investment tribunals to engage in a balancing exercise, taking into account the rights and obligations of the host state to implement environmental measures. This balance is particularly important when investment disputes involve environmentally sensitive industries, such as the offshore energy sector.[43]

42. Giannopoulos N., "International Protection of Foreign Investments in Offshore Energy Production and Marine Environmental Protection: Birds of a Feather or Frenemies Forever?", *Netherlands International Law Review*, 2021, no. 68, pp. 254–255.

43. *Ibid.*, p. 271.

4. THE WAY FORWARD

In the current context of IIAs, achieving a balance between interests is indispensable to accomplish a sustainable result and thus, reconcile marine environmental protection with foreign investment protection. Protecting investments has always played an important role in attracting foreign capital and expertise. In that respect, it is crucial to view investment protection as a matter of public interest rather than solely as a measure to safeguard the interests of private entities. At the same time, the preservation of the marine environment and the conservation of biodiversity are equally significant for the sustainability, not only of marine investments, but of all other economic endeavours worldwide.

Despite the obvious tensions, the interactions between investment protection rules and rules on the protection of the marine environment should be neutral or synergistic. This means they should be able to co-exist without giving rise to any conflict. In such a case, host states would be able to fully comply with both their investment and marine environmental obligations simultaneously.

The enhancement of new-generation IIAs, along with efforts to improve the ISDS mechanism, contribute to enhancing the legal autonomy of states in implementing international marine environmental measures, as well as the ability to promote sustainable development of the marine environment in international investment activities.

Liste des auteurs et autrices
List of Authors

Adriana Isabelle Barbosa Sá Leitão Di Pasquale est doctorante en droit commercial, droit international et européen et processus à l'Université de Pise, en Italie. Elle a fait des études au niveau du master et de la licence en droit à l'Université fédérale du Ceará (UFC). Elle est aussi collaboratrice du Centre international de droit comparé de l'environnement (CIDCE) et chercheuse, courriel : adrianasaleitaoadv@gmail.com.

Bui Thi Dieu Thuy is a senior student in International Trade and Business Law at Ha Noi Law University, Viet Nam, and project coordinator for one of the first offshore wind power projects proposed by a Danish investor in Viet Nam, email : dieuthuy109nb@gmail.com.

Cao Duc Anh is a lecturer at Ho Chi Minh City University of Law, Viet Nam, email : anhcao@lawrel-law.com.

Christian Vidal-León est conseiller au Centre consultatif sur la législation de l'Organisation mondiale du commerce (ACWL : Advisory Centre on World Trade Organization Law), en Suisse, courriels : christian.vidal@acwl.ch ; christian.vidal.leon@gmail.com.

Danielle Charles-Le Bihan est professeure émérite et chercheuse à la Chaire Jean-Monnet, à l'Institut de l'Ouest : droit et Europe, du Centre national de la recherche scientifique (UMR-IODE-CNRS 6262), à l'Université de Rennes 2, en France, courriel : danielle.lebihan@univ-rennes2.fr.

Émilie Delcher est maîtresse de conférences de Nantes Université : droit et changement social (DCS-UMR 6297), en France, courriel : Emilie.Delcher@univ-nantes.fr.

Gérard Blanc est professeur émérite de l'Université d'Aix-Marseille, en France, courriel : g-blanc@wanadoo.fr.

Hélio Parente de Vasconcelos Neto is a Masters student in the Post-graduate Program in Translation Studies (PPG-POET) at the Federal University of Ceará (UFC), Brazil. He is a translator, proofreader, and student representative in the aforementioned program.

Le Minh Nhut is a lecturer at the Faculty of International Law, Ho Chi Minh City University of Law, Viet Nam, email : lmnhut@hcmulaw.edu.vn.

Ly Van Anh est docteure, chercheuse et vice-directrice de la Chaire de recherche sur les nouveaux enjeux de la mondialisation économique, à l'Université Laval, au Canada. Elle est aussi professeure de la Faculté de droit international à l'Académie diplomatique du Vietnam, courriel : Van-Anh.Ly@fd.ulaval.ca.

Ly Vuong Thao is a lecturer at the Faculty of Law, Foreign Trade University, Vietnam.

Michel Trochu est professeur émérite de l'Université de Tours et ancien expert juridique auprès du Parlement européen, courriel : michel.trochu@univ-tours.fr.

Mirella Ribeiro Parente de Vasconcelos is Masters student in the Postgraduate Program in Law (PPGD) at the Federal University of Ceará (UFC); she is a lawyer and researcher on the project "Resilience strategies for blue carbon ecosystems : Public policies innovations for adaptation and mitigation of climate change impacts through the carbon market and ecosystem services" financed by CAPES, email : advmirellaparente@gmail.com.

Nguyen Khac Vuot is head of the Military Science Division, High Command Coast Guard (Viet Nam), email : nguyenkhacvuot@gmail.com.

Nguyen Minh Anh is a lecturer at the School of Economics and International Business, Foreign Trade University, Viet Nam, email : nguyenminhanh.ktkdqt@ftu.edu.vn.

Nguyen Ngoc Ha est professeur, directeur de l'Institut de la recherche créative à l'École supérieure de commerce extérieur, au Vietnam, courriel : hann@ftu.edu.vn.

Nguyen Thi Binh is a lecturer at the School of Economics and International Business, Foreign Trade University, Viet Nam, email : ntbinh@ftu.edu.vn.

Nguyen Thi Lan Huong is a PhD. candidate at the University of Lausanne, Switzerland, and a lecturer of the International Law Faculty, Ho Chi Minh City University of Law, Viet Nam; email : ntlhuong@hcmulaw.edu.vn.

Nguyen Vu Diem Quynh has an LL.B in International Trade Law at Foreign Trade University, Viet Nam, and is a trainee lawyer at Watson Farley & Williams (Ha Noi) with a focus on the power sector, email : quynhnguyenvd.0209@gmail.com.

Pham Ba Phong is student at the Ho Chi Minh City University of Law, Viet Nam, email : phongchimai@gmail.com.

Phan Thi Truc Linh is a lecturer in international trade law at the Faculty of Law, Foreign Trade University, Viet Nam, email: linhptt@ftu.edu.vn.

Phung Thi Yen is a lecturer at the Faculty of Law, Foreign Trade University, Viet Nam, email: phungthiyen@ftu.edu.vn.

Tarin Cristino Frota Mont'Alverne est professeure à la Faculté de droit de l'Université fédérale du Ceará (UFC). Elle a obtenu un doctorat en droit international de l'environnement à l'Université de Paris V et l'Université de São Paulo (USP), un master en droit international public à l'Université de Paris V et une licence en droit à l'Université de Fortaleza, au Brésil, courriel: tarinfmontalverne@yahoo.com.br.

Tran Duc Phu is lecturer at the Faculty of Law, Foreign Trade University, Viet Nam, email: phutd@ftu.edu.vn.

Tran Phuong Ngoc is a lecturer in international trade law at the Faculty of Law, Foreign Trade University, Viet Nam, email: ngoctp@ftu.edu.vn.

Tran Thi Thuy Duong is a professor, vice editor-in-chief of the *Vietnamese Journal of Legal Sciences,* and lecturer at the Ho Chi Minh City University of Law, Viet Nam, email: tttduong@hcmulaw.edu.vn.

Trinh Thi Thu Huong is a professor, director of the Management Board of the WTO Chair – FTU and vice-dean of the School of Economics and International Business, Foreign Trade University, Viet Nam, email: ttthuhuong@ftu.edu.vn.

Vu Kim Ngan is a doctor, deputy head of Management Board of FTU WTO Chair Program, and lecturer at the Faculty of Law, Foreign Trade University, Viet Nam, email: nganvk@ftu.edu.vn.